中国省市文化产业发展指数报告

2017

REPORT ON DEVELOPMENT INDEX OF CULTURAL INDUSTRIES IN CHINESE PROVINCES, AUTONOMOUS REGIONS AND MUNICIPALITIES

主编　彭　翊

中国人民大学出版社
· 北京 ·

总 序

陈雨露

当前中国的各类研究报告层出不穷，种类繁多，写法各异，成百舸争流、各领风骚之势。中国人民大学经过精心组织、整合设计，隆重推出由人大学者协同编撰的“研究报告系列”。这一系列主要是应用对策型研究报告，集中推出的本意在于，直面重大社会现实问题，开展动态分析和评估预测，建言献策于咨政与学术。

“学术领先、内容原创、关注时事、咨政助企”是中国人民大学“研究报告系列”的基本定位与功能。研究报告是一种科研成果载体，它承载了人大学者立足创新，致力于建设学术高地和咨询智库的学术责任和社会关怀；研究报告是一种研究模式，它以相关领域指标和统计数据为基础，评估现状，预测未来，推动人文社会科学研究成果的转化应用；研究报告还是一种学术品牌，它持续聚焦经济社会发展中的热点、焦点和重大战略问题，以扎实有力的研究成果服务于党和政府以及企业的计划、决策，服务于专门领域的研究，并以其专题性、周期性和翔实性赢得读者的识别与关注。

中国人民大学推出“研究报告系列”，有自己的学术积淀和学术思考。我校素以人文社会科学见长，注重学术研究咨政育人、服务社会的作用，曾陆续推出若干有影响力的研究报告。譬如自 2002 年始，我们组织跨学科课题组研究编写的《中国经济发展研究报告》、《中国社会发展研究报告》、《中国人文社会科学发展研究报告》，紧密联系和真实反映我国经济、社会和人文社会科学发展领域的重大现实问题，十年不辍，近年又推出《中国法律发展报告》等，与前三种合称为“四大报告”。此外还有一些散在的不同学科的专题研究报告也连续多年，在学界和社会上形成了一定的影响。这些研究报告都是观察分析、评估预测政治经济、社会文化等领域重大问题的专题研究，其中既有客观数据和事例，又有深度分析和战略预测，兼具实证性、前瞻性和学术性。我们把这些研究报告整合起来，与人民大学出版资源相结合，再做新的策划、征集、遴选，形成了这个“研究报告系列”，以期放大规模效应，扩展社会服务功能。这个系列是开放的，未来会依情势有所增减，使其动态成长。

中国人民大学推出“研究报告系列”，还具有关注学科建设、强化育人功能、推进协同创新等多重意义。作为连续性出版物，研究报告可以成为本学科学者展示、交流学术成果的平台。编写一部好的研究报告，通常需要集结力量，精诚携手，合作者随报告之连续而成为稳定团队，亦可增益学科实力。研究报告立足于丰厚素材，常常动员学生参与，可使他们在系统研究中得到学术训练，增长才干。此外，面向社会实践的研究报告必然要与政府、企业保持密切联系，关注社会的状况与需要，从而带动高校与行业企业、政府、学界以及国外科研机构之间的深度合作，收“协同创新”之效。

为适应信息化、数字化、网络化的发展趋势，中国人民大学的“研究报告系列”在出版纸质版本的同时将开发相应的文献数据库，形成丰富的数字资源，借助知识管理工具实现信息关联和知识挖掘，方便网络查询和跨专题检索，为广大读者提供方便适用的增值服务。

中国人民大学的“研究报告系列”是我们在整合科研力量，促进成果转化方面的新探索，我们将紧扣时代脉搏，敏锐捕捉经济社会发展的重点、热点、焦点问题，力争使每一种研究报告和整个系列都成为精品，都适应读者需要，从而铸造高质量的学术品牌、形成核心学术价值，更好地担当学术服务社会的职责。

前 言

文化产业作为文化、科技和经济深度融合的产物，凭借其独特的产业价值取向、广泛的覆盖领域和快速的成长方式在全球蓬勃发展。据联合国统计，全世界文化创意经济现在每天创造220亿美元产值，并以10%的速度递增。文化创意经济渐成浪潮，并伴随着经济全球化席卷世界。我国的文化产业自20世纪80年代中期以来蓬勃兴起，已经经历了近30年的发展历程。总体来看，文化产业增长势头强劲，对国民经济的贡献率不断上升、促进作用日益凸显。文化产业发展水平已经逐渐成长为衡量国家竞争力的主要依据。

党的十九大报告提出，要坚定文化自信，推动社会主义文化事业和文化产业发展，提高国家文化软实力。可见党和国家对文化产业的发展愈加重视。因此，以指数化形式对我国各省市文化产业发展进行直观的分析和评价，厘清地区文化产业发展优势与短板，是非常有益而且必要的，本书即是因应这样的现实而诞生的。

在此，需要特别说明的是，本书书名及正文中的“省市”是指除台湾省、香港特别行政区、澳门特别行政区之外的22个省、5个自治区和4个直辖市。

本书是集体智慧的结晶。编委会成员如下：

主任委员：

牛维麟　中国人民大学文化产业研究院院长

副主任委员：

彭　翊　中国人民大学创意产业技术研究院院长

编委：

曾繁文　中国人民大学文化产业研究院执行院长

郭林文　中国人民大学文化产业研究院助理院长

张晓楠　中国人民大学文化产业研究院咨询师

李晓洋　中国人民大学文化产业研究院咨询师

刘欣竺　中国人民大学文化产业研究院咨询师

陶冠华　中国人民大学文化产业研究院咨询师

王　晴　中国人民大学文化产业研究院咨询师

全书由彭翊负责审定。

最后，希望本书能够使读者开卷有益，为政府相关部门提供决策参考依据，为产业研究人员提供一份基础资料，同时也恳请各界人士批评指正！

本书编委会

2018年5月

目 录

第一章　2016年中国文化产业发展概况

“十二五”时期，我国文化建设全面快速发展，文化产业发展的各项基础不断夯实，文化经济对国民经济贡献持续增加，国家文化软实力不断增强。2016年作为我国经济发展的转承之年，既是我国文化产业繁荣发展的全新开端，也是文化产业最终成为国家战略性支柱产业的决胜阶段。回顾过去一年，文化及相关产业在促改革、调结构、惠民生方面作用日益凸显。文化产业增加值在国民经济GDP占比首次突破4%，文化产业体系进一步完善，产业结构加速优化，产业转型升级稳步推进，产业融合创新发展势头强劲。供给侧改革加大推进，文化消费日趋合理，对产业发展的促进作用逐渐显现。文化产业集群发展和向外发展态势明显，区域发展的均衡性和协调性得以完善，文化产业进出口贸易逐渐扩大，文化产业软实力的国际影响持续扩大。文化及相关产业的平稳快速增长，对促进国民经济转型升级、平稳健康可持续发展发挥了重要作用，实现了“十三五”时期的可喜开局。

一、文化产业体系完善成果显著

2016年，我国现代文化产业体系和市场体系进一步完善。国家政策引导、财政资金扶持、供给侧结构改革、政府简政放权等各方利好因素，为文化产业又好又快地稳定发展创造了条件。产业规模持续扩大，部分省市文化产业呈现裂变式发展，产业间融合创新日益驱动新兴产业门类的发展壮大。国家各省市相继出台产业政策，规范行业运行机制，加强市场主体管理，优化产业发展环境，行业发展的公平性、均衡性、协调性进一步完善，产业向外发展趋势日益明显，文化产业园区建设速度加快，发展质量提升，集群化发展取得丰硕成果。

(一) 文化产业发展规模创“双突破”

根据国家统计局最新消息，2016 年中国文化及相关产业增加值为 30 785 亿元，同比增长 13%，比同期 GDP 名义增速高 4.4 个百分点；占 GDP 的比重为 4.14%，比上年提高 0.17 个百分点①。增加值和增长速度的“双突破”，打造了“十三五”时期文化产业发展的良好开端。同年，全国规模以上文化及相关产业实现营业收入 80 314 亿元，比上年增长 7.5%（名义增长未扣除价格因素），增速比上年提高了 0.6 个百分点，文化及相关产业的 10 个行业营业收入均保持增长。其中，增速排名前三位的行业分别是：文化信息传输服务业营业收入 5 752 亿元，较上一年增长 30.3%；文化艺术服务业 312 亿元，较上一年增长 22.8%；文化休闲娱乐服务业 1 242 亿元，较上一年增长 19.3%。增速均超过两位数②。

广电行业整体发展趋向平缓稳定，但稳定中有升有降，可以说是机遇与挑战并存的一年。《2016 年中国广电行业发展报告》相关数据显示，2016 年全国广播影视业创收 13 625.88 亿元（不含财政补助收入），比 2015 年增长 5.14%。2016 年全国广播电视广告收入 1 547.22 亿元，比 2015 年增加 17.68 亿元，其中，全国广播广告收入为 145.83 亿元，占广告收入的 9.42%；全国电视广告收入 1 004.87 亿元，占广告收入的 64.95%；以新媒体广告为主的其他广告业务收入占比 25.63%。2016 年全国广播电视节目销售收入 365.05 亿元，比 2015 年增加 84.48 亿元，其中，电视剧国内销售额 147.96 亿元，比 2015 年减少 6.52 亿元；动画电视国内销售额 11.70 亿元，比 2015 年减少 2.93 亿元；纪录片国内销售额 7.25 亿元，比 2015 年增加 1.01 亿元。2016 年全国广播电视有线电视网络收入 910.26 亿元，比 2015 年增加 44.20 亿元，其中全国有线广播电视收视费收入 457.92 亿元，比 2015 年减少 17.23 亿元；全国付费数字电视收入 76.44 亿元，比 2015 年增加 6.21 亿元；三网融合业务收入 122.40 亿元，同比增长 44.80%。互联网视听节目服务收入 1070.86 亿元，比 2015 年增加 616.82 亿元③。

出版业务方面，传统报刊出版发展情况有所好转，行业形势和主要经济指标依然呈下降趋势，但降幅趋缓；数字出版业务发展势头强劲，对新闻出版产业总体发

---

① 国家统计局. 2016 年我国文化及相关产业增加值比上年增长 13%.（2017-09-26）. http://www.stats.gov.cn/tjsj/zxfb/201709/t20170926_1537729.html.

② 国家统计局. 2016 年全国规模以上文化及相关产业企业营业收入增长 7.5%.（2017-02-06）. http://www.stats.gov.cn/tjsj/zxfb/201702/t20170206_1459430.html.

③ 全中看传媒. 2016 年广播影视业创收收入超 1.3 万亿元；数字出版产业去年总收入 5 720 亿元.（2017-07-16）. http://www.sohu.com/a/157644428_481352.

展规模壮大贡献突出。与 2015 年相比，全国期刊出版总印数降低 6.3%，总印张降低 9.4%；报纸出版总印数降低 9.3%，总印张降低 18.5%；平均期印数超过百万册（份）的期刊和报纸分别减少 3 种和 1 种，平均期印数排名前 10 位的报刊总印数继续整体下降。报刊出版发展虽继续收窄，但主要经济指标下滑速度趋缓，2016 年报纸出版营业收入降低 7.6%，较 2015 年收窄 2.7 个百分点；利润总额降低 15.7%，收窄 37.5 个百分点①。数字出版继续保持高速增长，实现营业收入 5 720.9 亿元，较 2015 年增加 1 317.0 亿元，增长 29.9%②，对全行业营业收入增长贡献率达 67.9%，提高 7.7 个百分点，增长速度与增长贡献在新闻出版各产业类别中继续位居第一，已成为促进产业增长的主体力量。

新媒体上市公司发展势头强劲，净利润持续增长，对 2016 年度出版传媒行业的发展贡献突出。2016 年，33 家在中国内地上市的出版传媒公司共实现营业收入 1 368.9亿元，增加 235.1 亿元，增长 20.7%；实现利润总额 170.6 亿元，增加 36.7 亿元，增长 27.4%，拥有资产总额 2 489.4 亿元，增加 520.8 亿元，增长 26.5%。10 家出版公司的出版、发行、印刷业务收入在营业收入中所占比重平均为 61.0%。其中江苏凤凰出版传媒股份有限公司、中南出版传媒集团股份有限公司、中文天地出版传媒股份有限公司 3 家公司资产总额、营业收入和所有者权益均超过百亿元，共同组成“三百亿”公司阵营。中原大地传媒股份有限公司、安徽新华传媒股份有限公司和北京掌趣科技股份有限公司资产总额首次超过百亿元，加入“百亿”公司阵营，至此传媒上市公司“百亿”阵营共有 11 位成员，占出版传媒上市公司总数的 1/3③。

网络游戏市场增长保持稳定，增速放缓的同时各个细分市场发展逐渐明朗。2016 年 12 月，由中国音数协游戏工委、伽马数据、国际数据公司（IDC）共同编写的《2016 年中国游戏产业报告》正式发布。报告显示，2016 年中国游戏产业规模实现 1 655.7 亿元，同比增长 17.7%。2016 年，中国游戏用户规模达到 5.66 亿人，同比增长 5.9%，增长率小幅上升。从细分市场来看，2016 年，移动游戏市场占比超过客户端游戏市场，达到 49.5%，移动游戏市场实际销售收入为 819.2 亿元，同比增长 59.2%，成为份额最大、增速最快的细分市场。自主研发网络游戏市场实际销售收入达到 1 182.5 亿元，同比增长 19.9%，网页游戏市场实际销售收入为 187.1 亿元，同比下降 14.8%，首次出现负增长。从游戏类型来看，角色扮演类

①②③　人民网-传媒频道. 我国报纸出版下滑趋缓　数字出版持续高速增长.（2017-07-26）. http://media.people.com.cn/n1/2017/0726/c120837_29429940.html.

游戏占据最大市场份额，占比达到66.8%，成为市场收入主力。卡牌类游戏依然是移动游戏的重要类型，占比13.5%，位列第二。从玩法特征来看，游戏产品可分为电子竞技游戏与非电子竞技游戏，其中电子竞技游戏市场实际销售收入达到504.6亿元，占中国游戏市场实际销售收入的30.5%[①]。

2016年，文化产业向外发展趋势明显，对外文化贸易增长迅速。全年文化产品进出口总额885.2亿美元，其中出口786.6亿美元，实现贸易顺差688亿美元；文化服务出口中的文化娱乐和广告服务出口额54.3亿美元，同比增长31.8%；文化体育和娱乐业对外直接投资39.2亿美元，同比增长188.3%[②]。其中，版权产业对外发展成绩斐然，对外版权输出增速加快，数字出版物出口占出版物出口比重进一步提高。2016年，全国共输出版权11 133种，较2015年增长6.3%，增长速度提高4.6个百分点；其中，输出出版物版权9 811种，增长10.7%，增长速度提高9.2个百分点，且较引进出版物版权增长速度高出3.2个百分点；电子出版物版权贸易实现大幅顺差，净输出1 047种，增长192.5%，输出品种数量为引进品种数量的5.8倍。全国累计出口图书、报纸、期刊、音像制品、电子出版物和数字出版物11 010.8万美元，增长5.0%，其中数字出版物出口3 055.3万美元，增长29.1%，占全部出口金额的27.7%，提高5.1个百分点[③]。

“十二五”以来，随着文化产业成为国民经济支柱性产业目标的日益接近，文化对城市经济发展的支撑作用日益增加，各省市也纷纷推进文化产业的发展，加大对文化产业的倾斜支持，建立健全现代文化产业市场体制，完善投融资服务体系，加大骨干文化企业培育力度，深度挖掘文化产业的发展内涵，将文化产业打造成“十三五”时期城市经济转型升级的重要动力。

继率先实现“文化产业成为支柱性产业”目标后，广东省文化产业发展再创新高度。2016年广东文化及相关产业增加值4 256.63亿元，连续第14年占据全国文化产业增加值首位，约占全国文化产业总量的1/7。增加值同比增长16.67%，增速创近五年新高，占全省GDP的5.26%，比2015年的比例提高了0.25个百分点。此外，广东省还包揽全国APP总榜安装量前3名，动漫业总产值占全国1/3，网络音乐总产值约占全国1/2。文化会展方面，2016年广州国际纪录片节上，共有111个国家和地区的4 059部（集）纪录片参展，总交易额近4亿元，均创历史纪录，

---

① 中科动漫. 2016年中国游戏产业报告.（2016-12-19）. http://sohu.com/a/121998140_502900.

② 2016年我国文化产品出口增长迅速. 光明日报，2017-03-10.

③ 国家新闻出版广电总局. 2016年新闻出版产业分析报告（摘要版·上）.（2017-07-25）. http://www.chinaxwcb.com/2017-07/25/content_358659.htm.

有力地推动了中国纪录片迈向国际市场。文化产品和服务进出口方面，2016 年，广东文化产品进出口 437.9 亿美元，其中出口 418.1 亿美元，居全国榜首，实现贸易顺差 398.3 亿美元。新媒体海外拓展方面，UC 浏览器服务的国家和地区达到 150 多个，海外用户超过 1 亿，在印度和印尼两地市场份额分别达到 55.4% 和 47.5%①。

2016 年，江苏省先后出台《关于加快提升文化创意和设计服务产业发展水平的意见》和《加快提升文化创意和设计服务产业发展水平行动计划》，大力推动文化产业体制机制创新，优化文化产业结构，文化产业取得喜人成绩，在文化科技融合发展方面成绩尤其突出。截至 2016 年底，全省文化产业增加值约 3 800 亿元，占地区生产总值比重超 5%。全省共有文化企业 10 万多家，居全国第二位，从业人员超过 220 万人。其中，规模以上企业 6 800 多家，数量居全国第一位。文化类上市挂牌企业 67 家，净资产总额达 562 亿元，总市值超 1 930 亿元；省属文化企业 6 家，资产总额达到 1 156.22 亿元，同比增长 27.98%。文化科技融合发展方面，2016 年底，全省文化科技申报专利近 5 000 项，省级财政科技专项资助近 6 亿元，共支持文化科技创新项目研发 320 多项；共认定 186 家高新技术文化企业。文化产业园区建设方面，无锡国家数字电影产业园和常州创意产业基地以被认定为国家级文化科技融合示范基地②。

（二）文化产业集群发展提质增效

任何产业的发展后期都会向集群发展，文化产业集群发展的思路早在十多年前就被纳入国家发展战略体系。2006 年文化部印发的《文化建设“十一五”规划》明确提出“建设一批文化产业强省、强市和区域性特色文化产业群，形成文化产业协调发展格局”。2016 年 4 月文化部印发的《文化部“十三五”时期文化产业发展规划》也明确提出将“创建一批具有显著示范效应的国家级文化产业园区”作为“十三五”期间文化产业发展的重要目标之一。

文化产业是我国新兴战略性和支柱性产业，产业发展仍处于初期迅速发展阶段，为了进一步提升我国文化产业发展的集约性、规范性、均衡性，近年来国家大力支持文化产业集群发展，集聚整合相关优质资源，加强政府引导和扶持，旨在打

---

① 王帆．广东文化产业增加值首破 4 000 亿元　连续 14 年居全国之首．(2017－09－26)．http://epaper.21jingji.com/html/2017-09/26/content_71312.htm.

② 江苏文化产业向全方位纵深化发展．(2017－09－25)．https://www.ce.cn/culture/gd/201709/25/t20170925_26284681.shtml.

造文化产业集群规模效益和经济效益。2016 年，国家结合“一带一路”等重大战略发展契机，出台相关文化产业园区基地认定管理制度，进一步规范文化产业集群发展，各省市也纷纷响应国家号召，结合各地区发展实际实施相关举措，加快推动本地区文化产业集群发展进程。

2016 年，文化部办公厅下发《关于进一步完善国家级文化产业示范园区创建工作的通知》，鼓励各地开展优质文化产业园区的创建，从顶层设计角度规范创新国家级文化产业园区创建和管理工作，明晰各层级政府及相关部门的主要权责。据统计，截至 2016 年末，全国共有 10 个国家级文化产业示范园区、10 个国家级文化产业试验园区和 335 个国家文化产业示范基地[①]。

全国各地也纷纷加速推进文化产业园区和基地的创建、认定、考核工作。北京市开展了对中国北京出版创意产业园区、清华科技园、星光影视园、莱锦文化创意产业园 4 个首批北京市级文化创意产业示范园区的考核评估，通过对园区的考核，进一步摸清各园区发展实况，明晰园区发展的优势与劣势，为开展下一阶段园区的建设工作奠定了基础。江苏省根据省文化厅印发的《江苏省重点文化产业示范园区、重点文化产业示范基地认定管理办法》，拟命名南京鼓楼环南艺文化创意产业功能区等 8 家省级重点文化产业示范园区。湖南省根据《湖南省文化产业示范园区和基地管理办法》和《关于开展省级特色文化产业示范基地和园区申报工作的通知》的精神，拟命名浏阳河文化产业园等 3 家湖南省特色文化产业示范园区，及以湘中民俗文化旅游基地为代表的 12 个文化产业基地。浙江省拟认定以凤凰御元艺术基地、运河天地文化创意产业园等为代表的 20 家文化产业园区。

目前我国文化产业集群发展条件和环境仍有待于进一步完善，过去一年，国家在创新园区创建、认定、评估、管理等方面，持续加大引导完善力度，以真正实现培育一批核心竞争力强、辐射作用强、创新能力强的文化产业集群。如文化部明确此次“10 个国家级文化产业试验园区”的创建周期为 3 年，从 2016 年开始分 3 批开展示范园区创建工作，期满验收合格的，命名为“国家级文化产业示范园区”，期满验收不合格的，撤销其创建资格。同时严格规定了园区创建的工作程序，验收命名、动态管理等环节，并对现有国家级文化产业示范园区、国家级文化产业试验园区和国家文化产业示范基地后续建设管理工作进行了明确规定。

各省市政府也根据文化部要求，相继编制相关制度文件，规范当地文化产业园

---

① 中国文化报. 中华人民共和国文化部 2016 年文化发展统计公报.（2017－05－18）. http://www.xinhuanet.com/culture/2017-05/18/c_1120994698.htm.

区创建管理工作，加强认定管理，提高认定条件，严格认定程序。江苏省文化厅明确规定申报省级重点文化产业示范园区，“园区内非文化类商业及其它配套面积不得超过园区总建设面积的 20%”，“园区内文化企业数量占园区企业总数的 70%以上”。《山东省文化产业示范园区创建管理办法》中规定，申报省级文化产业示范园区需满足“园区已集聚不少于 100 家文化企业，且文化企业数量占园区企业总数的 60%以上，园区年文化产业收入占总营业收入的 60%以上，拥有一定数量在行业内具有较强影响力的骨干企业”。《广东省文化厅省级文化产业示范园区管理办法》规定“园区每两年申报、认定一次。认定次年开始考核，一般每两年考核一次”，申报认定的园区需满足“规范运营两年以上，且经济和社会效益业绩显著”等条件。

值得注意的是，“互联网＋”模式正被逐步推广应用于文化园区管理工作中，这可以说是文化产业与科技融合发展的又一重要进展。国家有关部委及各省市都陆续采取“互联网＋政务”办公模式，相继创建文化产业园区基地专业管理平台（系统），同时结合传统实地调研考察访谈等工作方式，打造“线上＋线下”工作模式。各园区可通过线上方式完成申请认定流程，政府机构则定期录入采集维护数据，发布实时工作动态信息和通知，大大节约工作时间成本，增强了工作的透明性、公开性、公平性，并提升了工作的实效性和便捷性。

得益于上述一系列举措的有效实施，2016 年，我国文化产业园区基地建设发展取得了不俗的成绩。

从区域发展来看，2016 年北京市 20 个文化创意产业功能区共实现收入 8 975.9 亿元，增长 6.6%，占全市文化创意产业收入的 64.3%。文化创意产业功能区产业集聚度高、产业特色鲜明。中国北京出版创意产业园区作为首批通过考核的 4 个市级文化创意产业示范园区之一，在全国民营书业公司排名前 10 位的企业中，园区拥有 5 个席位。截至 2016 年 9 月底，园区集聚文化企业 46 家，均为规模以上文化企业，其中上市文化企业 3 家。2016 年前三季度，园区文化企业收入 527 553.6 万元，其中规模以上文化企业总收入 527 553.6 万元，园区文化企业获得利润71 369.31 万元，缴纳税收 21 788.78 万元。目前园区企业入驻率已达到 100%，优质出版企业的入驻也吸引了大量出版产业高端人才，园区文化企业从业人数 5 900 人，形成了优质出版企业的集聚区，发挥了良好的行业示范作用和企业标杆作用。

从细分行业来看，以新闻出版产业为例，2016 年，30 家国家新闻出版产业基地（园区）共实现营业收入 2 306.2 亿元，拥有资产总额 2 934.5 亿元，基地（园区）规模进一步壮大，集聚效应进一步显现。其中 14 家国家数字出版基地（园区）营业收入较 2015 年增长 17.4%，资产总额增长 36.6%。7 家基地（园区）营业收入和资产总额均超过百亿元，其中6家为数字出版产业基地（园区），新增广东国家网络游戏动漫产业发展基地和西安国家数字出版基地2家。上海张江国家数字出版基地营业收入突破400亿元①。

(三) 文化产业立法体系健全升级

2016年是经济两个“五年时期”的转承年份，文化产业政策立法工作同样进入全新阶段。全国各地充分结合新时期文化发展规划和地方产业发展实际，陆续发布本地文化产业的新“五年规划”，同时，结合文化产业发展当下需求及未来五年的发展需要，完善若干细分产业的立法工作，出台相关产业的支持政策，充分发挥政府的引导作用，规范优化产业发展环境，完善文化产业公共服务，为“十三五”时期我国文化产业的转型升级奠定制度基础、提供政策保障。

2016年，《文化部“十三五”时期文化产业发展规划》起草完成，此外，据不完全统计，我国共有17个省（区）市发布了19份文化“十三五”规划，其中山西、湖南、云南三省各发布了两份（部分规划发布单位为多个）。纵观各地文化产业“十三五”时期的发展规划，其共性主要体现在以下几点：

一是大部分规划均明确提出文化产业在2020年成为支柱性产业的发展目标。如内蒙古、广西、重庆、青海四地提出“2020年文化产业增加值占GDP的比重达到4%或以上”的目标，北京更是提出“2020年文化创意产业占GDP的比重达到15%左右”的目标，还有一些地区虽没有提出具体的数字目标，但也都对文化产业的发展提出了“成为支柱性产业”的要求。由此可见，各地区已纷纷将文化产业发展纳入国家发展战略体系中，文化产业在地方经济发展中的战略地位日益得到提升和认可。

二是各规划均制定了文化产业重点发展任务或实施路径，将抽象的数字目标内化为具体的发展举措，产业融合发展、多元化的市场主体、文化产业消费、特色文化产业、重大文化产业项目建设、产业集群发展、“互联网＋”、“文化＋”等高频词汇的出现，打造了各省市大力发展文化产业的多项抓手。《北京市“十三五”时期文化创意产业发展规划》表明，北京将从培育和壮大国有骨干文化企业、支持非公有制和中小文化企业发展、健全现代文化市场体系、大力促进文化消费、扩大对外文化贸易规模、推进重点项目落实等六方面着手，建立健全文化产业发展体系，

---

① 国家新闻出版广电总局．2016年新闻出版产业分析报告（摘要版·上）．(2017-07-25)．http://www.chinaxwcb.com/2017-07/25/content_358659.htm.

提升文化产业的核心竞争力。上海将“加快集聚国际高端优质旅游文化产业项目、国家级基地的产业能级和引领作用，推动产业载体建设”“促进大众文化消费，并提高文化开放水平”作为“十三五”阶段文化产业发展壮大的主要路径。江苏省将“推进文化与网络、科技、金融深度融合，促进文化产业与制造业、旅游、通信、会展、商贸、教育、培训、休闲等行业融合发展”“加快省级重点文化产业基地（园区）建设、培育壮大骨干文化企业”作为实现本省文化产业转型升级的主要措施①。

与此同时，党和国家有关部门多次召开各项商讨会议，加快推进文化领域法律法规制定修改等工作，文化立法工作取得重要突破。2016 年 11 月 7 日，十二届全国人大常委会第二十四次会议表决通过《中华人民共和国电影产业促进法》，这是我国文化产业领域的第一部专门法律，彻底结束了电影产业仅靠政策规制的历史，开启了电影产业法治化监管，特别是以法律促进为基础、法律促进和政策促进共同作用的新历程。2016 年 12 月 25 日，十二届全国人大常委会第二十五次会议表决通过《中华人民共和国公共文化服务保障法》。虽然不是一部文化产业领域的法律，但其有关公共文化服务提供，特别是关于鼓励和支持社会力量参与的一系列法律规定，对于培育未来的文化生产者和文化消费者、为文化产业发展提供基础设施和市场空间等都具有极其重要的作用。

各相关部门也陆续出台文化产业服务管理规定，进一步规范整顿文化产业市场体系，为文化产业发展创造了良好环境（见表 1－1）。2016 年 6 月 2 日，国家新闻出版广电总局下发了《关于移动游戏出版服务管理的通知》，进一步引导行业自律，加强移动游戏内容建设，促进移动游戏出版健康繁荣发展。2016 年 6 月 28 日，国家互联网信息办发布《移动互联网应用程序信息服务管理规定》，进一步加强对移动互联网应用程序（APP）信息服务的规范管理，促进行业健康有序发展，保护公民、法人和其他组织的合法权益。

表 1－1　2016 年国家相关部门发布的文化产业主要法律政策文件

发布时间	发布机构	文件名称
2016 年 12 月	全国人大常务委员会	《中华人民共和国公共文化服务保障法》
2016 年 11 月	全国人大常务委员会	《中华人民共和国电影产业促进法》
2016 年 3 月	国务院	《关于进一步加强文物工作的指导意见》

① 中经文化产业“十三五”文化产业要成支柱　各地如何立下“军令状”.（2017－06－24）. http://www.sohu.com/a/151646586_160257.

续前表

发布时间	发布机构	文件名称
2016年12月	文化部	《关于推进县级文化馆图书馆总分馆制建设的指导意见》
2016年12月	文化部	《网络表演经营活动管理办法》
2016年9月	文化部	《文化部关于推动文化娱乐行业转型升级的意见》
2016年7月	文化部	《文化部关于加强网络表演管理工作的通知》
2016年5月	文化部	《关于推动文化文物单位文化创意产品开发的若干意见》
2016年1月	文化部	《艺术品经营管理办法》
2016年2月	文化部	《文化市场黑名单管理办法（试行）》
2016年9月	国家新闻出版广电总局	《关于加强网络视听节目直播服务管理有关问题的通知》
2016年6月	国家新闻出版广电总局	《关于移动游戏出版服务管理的通知》
2016年6月	国家新闻出版广电总局	《关于支持实体书店发展的指导意见》

二、文化产业转型升级稳步推进

2016年，我国经济发展正式进入“十三五”时期，文化产业发展迎来战略发展的关键时期。承续“十二五”时期稳中有增的发展态势，新的一年里，文化产业供给侧结构性改革持续推进，产业结构加速优化，产业融合创新发展势头强劲，新业态日益涌现，相关利好政策连续出台，产业发展活力进一步释放，产业转型升级稳步推进，文化产业稳步迈入国民经济支柱性产业行列。

（一）文化产业结构优化进程加速

1. 总体结构

从总体来看，2016年我国文化产业对经济发展支撑作用稳步提升。其中，文化服务业增速明显提升，与文化制造业的发展水平差距日益缩小，逐渐成为推动文化产业发展的主体力量。文化领域供给侧改革有效实施，加速优化文化产业的供给结构，产业地区差异化特征突出，空间结构更趋合理，文化产业提质增效明显。

国家统计局相关数据显示，2016年全国文化及相关产业增加值为30 785亿元，比上年增长13.0%（未扣除价格因素，下同），比同期GDP名义增速高4.4个百分点；占GDP的比重为4.14%，比上年提高0.17个百分点。按行业门类分，2016年文化制造业增加值为11 889亿元，比上年增长7.6%，占文化及相关产业增加值的比重为38.6%；文化批发零售业增加值为2 872亿元，增长13.0%，占9.3%；文化服务业增加值为16 024亿元，增长17.5%，占52.1%。按活动性质分，文化产品的生产创造的增加值为19 655亿元，比上年增长15.1%，占文化及相关产业增加值的比重为63.8%；文化相关产品的生产创造的增加值为11 130亿元，比上年增长9.5%，占36.2%①（见表1-2）。

表1-2　　2016年文化产业及相关产业增加值

类别名称	绝对额（亿元）	同比增长（%）	构成占比（%）
文化及相关产业	30 785	13.0	100.0
第一部分　文化产品的生产	19 655	15.1	63.8
新闻出版发行服务	1 398	7.6	4.5
广播电视电影服务	1 373	11.9	4.5
文化艺术服务	1 443	15.0	4.7
文化信息传输服务	3 687	29.0	12.0
文化创意和设计服务	5 843	18.0	19.0
文化休闲娱乐服务	2 270	11.1	7.4
工艺美术品的生产	3 640	5.9	11.8
第二部分　文化相关产品的生产	11 130	9.5	36.2
文化产品的辅助生产	3 356	7.2	10.9
文化用品的生产	6 694	9.7	21.7
文化专用设备的生产	1 079	16.4	3.5

2. 供给结构

2016年，文化领域供给侧结构性改革有效推进，文化产品和服务在供给方式和质量上均有所提升，大众日益升级的个性化精神文化需求得到进一步满足。各类艺术院团演出，国家级文化馆、博物馆对公众开放，文交会文博会等文化供给渠道的增加和完善，使文化产业收入有所增加，同时有效缩短传统文化与大众的距离，拓宽文化传播渠道。大批适应互联网、移动终端等载体的文化产品及文化衍生品的出现，使传统文化以先进技术为载体得以在更大范围被传播和吸收。

据相关数据统计，截至年末，艺术表演场馆全年艺术演出19.09万场次，增长39.5%；艺术演出观众3 098万人次，增长8.6%。其中各级文化部门所属艺术表演场馆1 265个，全年共举行艺术演出6.81万场次，增长25.0%，艺术演出观众2 589万人次，增长8.4%。年末全国国有美术馆462个，比上年末增加44个。全年共举办展览6 146次，比上年增长16.8%，参观人次3 237万，增长4.8%。全年

① 数据显示：我国文化及相关产业对经济增长贡献稳步提升.（2017-09-26）. http://finance.sina.com.cn/roll/2017-09-26/doc-ifymenmt7034280.shtml.

全国群众文化机构共组织开展各类文化活动 183.97 万场次，比上年增长 10.6%；服务人次 57 896 万，增长 5.6%[①]。全年全国电子出版物出版数量 28 839 万张，比 2012 年增长 9.5%；成年国民各媒介综合阅读率为 79.9%，较 2012 年提升 3.6 个百分点[②]。

3. 空间结构

近年来国家引导东中西部地区文化产业实行差异化发展战略，鼓励东部地区重点加快发展动漫游戏、文化会展、艺术创意、网络文化、文化产品数字制作等优势产业，大力扶持中西部地区重点发展民族演艺、文化旅游、艺术品、工艺美术、会展节庆等特色产业，以避免无序发展，同质竞争。同时加强重点文化产业带建设，服务国家重大发展战略实施，产业发展空间格局日趋合理。

十八大以来，在国家相关政策的引导下，我国文化产业投资向发展水平较低的地区倾斜，东中西部地区投资差距逐步缩小趋势明显。2016 年文化产业固定资产投资中，中西部尤其是西部地区占比提高较快。西部地区文化产业固定资产投资所占比重达 25.1%，比 2012 年提高 8.6 个百分点；中部地区为 29.6%，比 2012 年提高 3.5 个百分点[③]。从全国规模以上文化及相关产业企业营业收入情况来看，2016 年东部地区规模以上文化及相关产业企业实现营业收入 59 766 亿元，占全国 74.4%，中部、西部和东北地区分别为 13 641 亿元、5 963 亿元和 943 亿元，占全国比重分别为 17.0%、7.4%和 1.2%。从增长速度看，西部地区增长 12.5%、中部地区增长 9.4%，均高于东部地区 7.0%的增速[④]。

(二) 文化产业创新势头保持强劲

经济发展新常态时期，创新成为时代发展内驱。以创新驱动产业发展，既是时代赋予文化产业发展的新使命，也是文化产业实现转型升级的内在要求。过去一年，文化产业创新势头保持强劲，文创行业发展加速，创新人才辈出，新模式、新亮点频现，为文化产业注入新生发展动力，更好地引领产业转型升级。

1. 新一代信息技术塑造传统文化产业新业态

以互联网、大数据、人工智能、VR、AR 等为代表的新一代信息技术的发展

---

① 中国文化报. 中华人民共和国文化部 2016 年文化发展统计公报.（2017-05-18）. http://www.xinhuanet.com/culture/2017-05/18/c_1120994698.htm.

②③ 文化强国建设稳步推进 文化改革发展成绩显著.（2017-07-28）. http://www.stats.gov.cn/ztjc/ztfx/18fczj/201802/t20180212_1583201.html.

④ 2016 年全国规模以上文化及相关产业企业营业收入增长 7.5%.（2017-02-06）. http://www.stats.gov.cn/tjsj/zxfb/201702/t20170206_1459430.html.

应用，成为“互联网+”经济时代下文化产业创新的驱动引擎，为传统文化产业创新提供技术工具支持。回顾 2016 年，信息技术成为传统文化产业转型升级的重要引擎，新业态、新增长点不断被挖掘，产业内涵得以深挖，产业空间得以拓展。

文博文化方面。故宫博物院用三年的时间建成了当今世界博物馆最强大的平台之一——数字故宫社区，故宫数字博物馆更是利用先进的技术和设备，向游客呈现出 1 500 块地毯等一些无法实体展示的珍稀收藏项目。而“数字书法”、“数字绘画”、“数字长卷”、“数字多宝阁”、“数字织绣”、虚拟现实的 VR 剧院等亮点，无一不是通过新一代信息技术建立起连接传统文化和大众生活的桥梁，以独特新颖的方式普及传播历史文明，与此同时给予观众更好的视听享受。据有关部门统计，现在故宫网站每天的平均点击率可达到 100 万人次以上。

影视文化方面。拥有自主知识产权的“第三代中国巨幕系统”年内研发成功，彻底打破了发达国家对电影技术的垄断，也意味着中国数字电影放映进入高端品质、全景声效的世界先进技术行列。截至 2016 年 6 月底，全国投入运营的“中国巨幕”影院已达 143 家，比去年同期实现了 54%的增长，并与国际知名影院认证机构 THX 和好莱坞电影服务提供商 DELUXE 开展合作，使“中国巨幕”逐步走向世界市场。中影光峰利用国际专利的先进荧光粉激光技术（ALPD），完成数字电影放映机的“全系列激光化”升级，实现了电影激光光源的技术突破与产业化。截至 2016 年 6 月底，已完成 600 台 Barco 20C 的激光光源改造，并建立了“全球首家全激光影城”——中影国际影城北京千禧街店。

文化出版方面。新华社 2016 年推出了中英双语的微纪录片《红色气质》，将前沿技术与国家的宝贵财富结合起来，激活了那些代表国家民族记忆数据历史图片背后的故事，将历史照片的脉络、故事、人物、事件多元化地还原。目前已做了 19 期的《国家相册》，在海外的 Twitter、Facebook、YouTube 三个社交媒体上每一集的播放量均达到 300 多万。

2. 数字文化产业引发产业新热点

2016 年，国家正式发布《“十三五”国家战略性新兴产业发展规划》，数字创意产业首次被列入国家新兴战略产业发展规划，并被列入国民经济五大支柱产业之一，与数字创意产业密切相关的数字文化产业再度成为产业热点。随着互联网和数字技术的广泛应用，动漫游戏、网络文学、网络音乐、网络视频等相关数字文化产业在年内均取得较大的发展。

数字文化产业是指以文化创意内容为核心，依托数字技术进行创作、生产、传播和服务，引领新供给、新消费，高速成长的新型文化产业门类，以生产数字化、传播网络化、消费信息化为基本特征，是数字创意产业在文化领域的体现。推动数字文化产业创新发展，是在文化产业领域落实发展壮大数字创意产业的具体举措。

网络游戏领域。2016 年中国游戏市场销售收入达到 1 655.7 亿元，同比增长 17.7%。移动游戏市场收入占游戏产业收入的比重超过客户端，达到 49.5%[①]。上半年移动游戏、电脑客户端网络游戏、网页游戏市场的销售收入分别为 359.3 亿元、344.5 亿元、135.1 亿元，同比分别增长 43.2%、11.5%和 9.4%[②]。

网络文学领域。截至 2016 年 6 月，网络文学用户规模达到 3.08 亿，较 2015 年底增加 1 085 万，占网民总体的 43.3%，其中手机网络文学用户规模为 2.81 亿，较 2015 年底增加 2 209 万，占手机网民的 42.8%[③]。

网络视听领域。2016 年上半年网络音乐市场营收 25.4 亿元，网络表演（直播）市场营收 82.6 亿元，网络动漫市场营收 70.3 亿元。网络音乐市场同比增长 43.5%，网络表演（直播）同比增长 209.3%，网络动漫市场同比增长 77.1%[④]。

数字文化产业的迅速发展有效释放了“双创”新动能。据不完全统计，2015 年国内网站签约作者约 250 万人，另有超过 2 000 万人在网上不定期创作。阅文集团作为中国最大的数字阅读平台企业，截至 2016 年 7 月，已累计为 400 万名作家提供创作平台，其中日销售过万元的作家近 100 位。

3. “双效统一”理念引领产业创新主方向

相同的文化认同是一个民族得以传承发展的重要内因，也是国家发展和社会进步的重要支撑，这使社会效益成为文化产业区别于其他国民经济产业的主要特征。同时“文化”作为产业，也需要实现一定的经济效益，为国民经济的发展做出一定贡献。2015 年，中办、国办印发《关于推动国有文化企业把社会效益放在首位、实现社会效益和经济效益相统一的指导意见》（以下简称《意见》），明确指出“社会效益”是文化企业所承担的独特使命。过去一年里，社会效益和经济效益“双效统一”的创新理念愈发深入文化产业创新实践，而事实也证明唯有“双效统一”的文化创新精品才能经得起时间考验，得到市场的认可。

---

① 中科动漫. 2016 年中国游戏产业报告.（2016-12-19）. http://sohu.com/a/121998140_502900.

②④ 今年上半年我国网络文化市场营收破千亿元.（2016-08-10）. http://culture.people.com.cn/n1/2016/0810/c22219_28624975.html.

③ 第 38 次中国互联网络发展状况统计报告.（2016-08-03）. http://www.cac.gov.cn/2016-08/03/c_1119326372.htm.

中国电影股份有限公司是践行文化创新“双效统一”的典型，一直坚持将“以人民为中心，讲好中国故事”作为创作导向，积极创作反映历史大势、讴歌人间真情、紧扣时代脉搏、引起市场共鸣的优秀影视作品。2016 年上半年，公司出品并投放市场各类影片 12 部，实现票房收入 73.96 亿元，占全国同期影片票房总额的 30.09%。其中，《美人鱼》和《西游记之孙悟空三打白骨精》票房排名分列上半年国产影片票房的前两位，《美人鱼》更是刷新了华语电影票房纪录；国内首部佛教题材重点电影《大唐玄奘》，生动展现和弘扬了中华优秀传统和佛学文化，以精良的制作品质备受业界赞誉。而由浙江杭州宋城打造的《宋城千古情》《丽江千古情》《三亚千古情》等系列歌舞演出，在取得高票房收入的同时更是带动了浙江、云南、海南当地的旅游发展，促进了周边地区经济的繁荣。

（三）文化骨干企业成为发展主力

相较于西方发达国家，我国文化企业发展起步较晚，基础较薄弱，发展相对落后，整体上还处于企业发展的初级阶段。文化产业要发展，重点是发展文化骨干企业。2016 年，随着文化产业稳步迈入国民经济支柱性产业战略目标逐步实现，我国文化骨干企业数量有所增加，企业规模持续扩大，发展质量进一步提升，从整体上支撑壮大了文化产业的发展，对文化产业转型升级的贡献度突出。

骨干企业是一个行业中在经济规模、生产效率、技术含量、发展势头、社会影响力等方面均具有重要影响和地位的企业。文化骨干企业的质量和水平决定着文化产业发展的规模、方向、整体实力。拥有一批核心竞争力强、市场占有率高的文化骨干企业，是文化产业发展实力和水平的标志。据统计，2016 年全国共有文化骨干企业 5.5 万家，比 2012 年增长 50.1%，年均增长 10.7%；企业从业人员为 872 万人，比 2012 年增长 24.6%，年均增长 5.7%；实现营业收入 94 051 亿元，比 2012 年增长 67.2%，年均增长 13.7%[①]。

文化骨干企业是文化产业快速发展的主体力量。2016 年，诸多文化骨干企业在产业规模和增长速度上均取得了较大进展。江苏凤凰出版传媒集团有限公司连续 9 届入选“全国文化企业 30 强”，2016 年实现营业收入 160.43 亿元，比上年增长 11.77%；实现净利润 20.75 亿元，比上年增长 12.74%。截至 2016 年末，集团净资产 259.61 亿元，同比增长 13.28%。浙江出版联合集团有限公司 2016 年资产总

① 文化强国建设稳步推进 文化改革发展成绩显著.（2017-07-28）. http://www.stats.gov.cn/ztjc/ztfx/18fczj/201802/t20180212_1583201.html.

额达到 172.7 亿元，净资产 105.2 亿元，合并主营业务收入 117.6 亿元，增长 14.1%，利润总额 11.98 亿元，增长 17.2%。从 2016 年第九届“全国文化企业 30 强”有关情况看，“30 强”企业营业收入 3 515 亿元、净资产 4 318 亿元、净利润 381 亿元，分别比上届增长 8%、29%和 21%，三项指标均创历史新高，且净资产首次突破 4 000 亿元大关①。多年发展实力的积累、产业供给侧结构性改革、国家政策资金扶持是文化骨干企业得以优质高速发展的主要原因。

文化骨干企业还是打造文化领域创作精品的主力大军。文化骨干企业发挥各自优势，在各自领域内发扬精耕细作的“工匠精神”，始终坚持把“社会效益”放在发展首位。《文成公主》是一部历时五年精心打磨出的藏文化大型史诗剧。“从 2011 年开始筹备，到 2013 年首演，再到逐渐成熟并打造成品牌，整整花了 5 年时间。”域上和美集团董事长邱伟这样说。他也因这部佳作成为“2016 中国文化产业年度人物”中唯一来自民营企业的企业家。上海电影集团主导出品的电视剧《彭德怀元帅》、华侨城集团的《凤舞东方》、中国出版集团的《一带一路中国情丛书》《中华文明的核心价值》《中华传统文化经典百篇》等一部又一部文化精品力作，用好故事、好创意、好作品建立起国民的文化自信和价值观自信，实现社会效益和经济效益双丰收，引领着全国文化产业的创新发展。

三、文化产业融合发展持续发力

融合发展已成为“互联网＋”时代经济发展的大趋势，“十三五”期间我国文化产业将进入产业 3.0 时代，将继续在更广范围、更深程度、更高层次上推动文化产业与经济社会各领域的融合创新发展。过去一年，我国文化产业“对内融合”“对外跨界”“跨平台融合”的发展趋势持续加力，“文化科技”“文化金融”“文化城市”“文化小镇”……“文化＋”不断推动业态裂变，推动产业持续发展，焕发产业生命力，加速打造新经济常态下“互联网＋”之外的又一经济发展引擎。

（一）文化科技融合打造产业发展新引擎

2016 年，《文化部“十三五”时期文化科技创新规划》完成起草，从顶层设计

① 第九届“全国文化企业 30 强”名单.（2017－05－12）. http://www.ce.cn/culture/gd/201705/12/t20170512_22738843.shtml.

层面为“十三五”时期科技创新引领文化发展提供了明确的指导方向，规定了文化科技创新工作的基本思路、主要任务、重点工程及保障措施。文化与科技的融合，让科技为文化发展注入强劲的创新动力，也为富有文化底蕴的科技成果顺利转化带来新的契机，同时进一步优化文化产业供给侧结构性改革，已成为新一轮文化产业升级的重要动力。从总体上看，2016 年我国文化产业与科技融合在广度、高度、深度、跨度四个维度上继续发展，并取得了较为丰硕的成果。

从国家整体情况看，《文化部科技创新项目管理办法（暂行）》《文化行业标准化工作管理办法（暂行）》《全国艺术科学规划项目管理办法》等政策规范陆续出台，进一步完善顶层设计，规范产业发展。2016 年度文化部文化艺术智库评选、2016 年度国家文化创新工程（见表 1－3）、2016 年度国家社科基金艺术学等项目的立项，为文化科技融合优质成果培育提供了更广阔的发展空间和优良的实施条件。据统计，2016 年由文化部推进实施的 40 余项文化与科技融合项目通过专家验收，如“展览展陈灯光智能控制关键技术研究与示范”“博物馆文物多维展示系统平台研究”“中文字符数转模技术研究”等，项目内容涵盖舞台科技、文化遗产保护、公共文化服务、传统工艺等领域，既有文化领域的理论研究和体制创新，也包括针对某一领域的资源集成和技术改进。此外，公共文化服务大数据应用文化部重点实验室、互动媒体设计与装备服务创新文化部重点实验室、丝绸文化传承与产品设计数字化技术文化部重点实验室、沉浸式媒体技术文化部重点实验室、数字舞台设计与服务文化部重点实验室等 12 家文化部重点实验室通过公示获批，我国文化科技融合实力进一步壮大。

表 1－3　　2016 年度国家文化创新工程立项名单

序号	项目名称	承担单位	申报单位
1	“珠联璧合 邑邑生辉”五邑城乡四级公共文化建设互联互通实现资源共建共享整合项目	江门市文化广电新闻出版局、中国文化传媒集团战略发展中心	中国文化传媒集团
2	大数据条件下文化民意实时测报系统及其常态运行	青岛市黄岛区文化广电新闻出版局	山东省文化厅
3	县域文化馆总分馆体系探索与示范	中共张家港市委宣传部、张家港市文化广电新闻出版局	江苏省文化厅
4	基本公共文化服务实施标准监测机制建设	重庆市北碚区文化委员会	重庆市文化委员会
5	优秀文化传承类视频及动漫作品多载体传播平台建设	北京暴风科技股份有限公司	北京市文化局

续前表

序号	项目名称	承担单位	申报单位
6	新丝路之旅——西安地下轨道交通公共艺术创新设计及传播平台建设研究	西安美术学院	陕西省文化厅
7	“文客网”城市文化消费综合服务平台	南京市文化投资控股集团有限责任公司	江苏省文化厅
8	中国广告产业创意引擎云平台建设工程	中国传媒大学	北京市文化局
9	国家艺术基金大数据的分析与利用	国家艺术基金管理中心	国家艺术基金管理中心
10	声影 中国交互式多媒体电子音乐舞台艺术创新工程	中央音乐学院	中央音乐学院
11	少数民族乐器制作材料的创新研制与生产工艺的革新研究	华东师范大学、扬州大学、江西财经大学	上海市文化广播影视管理局
12	文化寻力——中国传统文化艺术资源在线学习传播平台	文化部民族民间文艺发展中心	文化部民族民间文艺发展中心

从各省市情况看，科技持续引领传统文化产业走创新发展之路，在文化创意领域表现尤其突出，各省市的文化产业竞争力越来越依赖文化和科技融合的竞争力。2016年，安徽省全省新增文化类高新技术企业110家，较上年增长15.8%；文化产业专利累计授权数达5 998件，其中，文化产业发明专利授权数高速增长，达1 173件，较上年增长30.77%。例如，“美丽化学·高中化学核心概念”课程于2016年4月在沪江网上线，以可视化影像技术为载体将奇妙的科学传播给大众，年访问用户超百万；美丽科学《前程VR》作为全球第一个VR数字教育内容，被国际虚拟与增强现实故事电影节组委会等知名国际机构收录发布。

文化与科技的融合发展不仅成为文化产业融合发展的重要引擎，更增强了文化产业之间的黏性，加速文化产业集聚，促进了文化产业园区的壮大发展。以清华科技园为例，截至2016年10月底，园区内企业有400家左右，其中文化科技融合企业占比接近60%，是文化与科技产业融合发展的典型示范园区。2016年园区文化企业研发投入资金29 145万元，获得自主知识产权268项（其中专利69项），园区企业在文化科技融合发展方面成绩突出。例如，小小牛公司是一家专注于儿童益智教育的高科技企业，由前微软亚洲研究院人机交互专家创立，运用先进的自然人机交互技术为孩子提供开放教育娱乐体验，公司凭借国际独家的Creative AR（创造性增强现实）系列技术已申请6项国际国内专利，并开发了谜镜系列产品；“画画吧”公司依托清华大学3D打印科技和造型艺术，创办了3D打印笔造型艺术课堂，为广大中小学生和校外机构提供创新型的科技艺术课程，能够为学生提供富有空间思维创造力的艺术造型训练；拓灵时代公司研发出360度声场录制设备，支持96/48/44kHz采样率、24bit精度，支持实时输出监听、现场回放，随时随地可以一键录制高品质全景声，是制作VR内容不可缺少的利器，实现了声场麦克和多轨录制的完美结合。

（二）文化金融融合释放产业发展新活力

文化产业具有轻资产特征，与我国传统金融业在发展模式上存在着一定的理念差距，融资难度较大；中微小型文化企业由于受到企业规模限制，融资瓶颈问题愈发突出。目前我国文化产业仍处于主要依靠国家政策性资金扶持发展阶段，资金缺口较大，而随着文化产业在国民经济中的战略地位迅速提升，产业效益明显提升，也为金融产业带来新的增长点，文化与金融产业融合需求进一步扩大。

2016年国家财政部新设立“文化司”：研究提出支持文化改革与发展相关财政政策，减少各类文化项目资金申请限制条件；鼓励各种非公有资本进入资本市场，文化行业首次纳入国家PPP推广战略，实行文化产业投资多元化。各省市也纷纷成立基金，组建文化金融对接平台，创造良好的融资条件，突破文化产业与金融资本融合瓶颈，加快推进金融资本与文化产业链接融合，在更大程度上释放文化产业发展活力。

文化产业融资体制改革取得有效进展。2016年财政部下发文化产业发展专项资金44.2亿元，支持项目944个，并对文化产业发展专项资金管理模式做出重大调整，打造“市场化配置＋重大项目”双驱动。一是大幅引入市场化运作机制，创新融资模式。2016年国家财政出资10亿元，参股全国14只优秀文化产业基金，利用财政杠杆和乘数效应直接撬动其他各类资本120亿元，进一步提升资本有效配置率。截至2016年末，国家审核通过的专项建设基金支持文化领域资金总额超过130亿元，预计可以拉动文化旅游领域约1 000亿元的社会投资。二是着力提高财政对文化领域供给侧改革贡献度，首次取消一般扶持项目，重点聚焦媒体融合、文化创意、影视产业、实体书店等八个方面，出资28.6亿元投入重大项目，进一步提升文化金融产业效益。三是大力发展政府和社会资本合作项目（PPP），鼓励各种非公有资本进入资本市场，激发文化产业发展活力。文化行业首次纳入国家PPP推广战略，进一步放宽放低资本市场的准入门槛，加速拓宽文化企业融资渠道。截至2016年9月底，在财政部全国PPP综合性平台上发布的PPP项目中，涉及文化产业的项目有300多项，旅游项目近600项，两者合计资金达到8 000多亿元。

各省市也纷纷加大对文化产业的政策性资金扶持力度，创新文化产业融资模式，完善规范文化金融市场，推动文化资金使用管理制度制定，加快发展本省市重点和特色文化产业。如广东省佛山市投入 1 190 万元专项扶持资金，重点扶持佛山在示范区创建规划中确定的包括九大重点工程在内的 6 个板块、17 个细项文化产业门类发展。福建省厦门市出台《厦门市文艺发展专项资金扶持奖励办法（试行）》，鼓励厦门市发展原创文艺，奖励取得良好社会效益和经济效益的创作生产和文艺作品。河南省出台《关于做好政府向社会力量购买公共文化服务工作的实施意见》，设立 1 亿元的专项资金，用来购买 21 项公共文化服务内容。在拓宽文化产业融资渠道的同时更加注重投资方向重点倾斜，加速提升资本实用性和回报率。

产业融资公共服务平台建设成绩斐然。国家引导鼓励各类文化产业融资服务平台，搭建文化产业和金融产业对接通道；举办各类文化金融对接会、博览会，拓宽文化企业交流交易平台，促进企业间资本合作。2016 年 8 月，全国首个文化企业信用促进会在北京朝阳国家文化产业创新实验区成立。2016 年 10 月，莱锦文化创意产业园信用工作站成立，信促会在莱锦文化创意产业园组织“国家文创实验区大讲堂”，对文创政策、海外人才政策等进行了解读，并由专业融资担保机构介绍创新融资产品，帮助企业解决融资难题。2016 年 12 月浙江省首个文化产业金融服务平台——“鑫文化”文化产业投融资信息平台正式上线，平台致力于通过“线上＋线下”“标准化＋个性化”的服务模式，打造一个服务于文化企业的“一站式”融资服务平台。2016 湖南省文化产业与金融业合作对接会，实现文化金融“零距离”对接合作，会上共有 19 个项目完成现场签约，总金额近 1 600 亿元。

在多方的努力下，2016 年文化资本市场取得较快发展，从总体上看，以社会资本为主体的金融服务与投资主体结构形成。2016 年，全国共有 1 192 家文化企业挂牌新三板，超过新三板挂牌企业总量的 10%，成为新三板的“主力军”。文化产业基金新增 241 只，募集规模达 264.5 亿元，同比增长 27%。上半年获取融资的文化企业有 443 家，占接近 1/3 的市场份额。从投资方式看，股权投资成资本燃点。据《2016 中国文化产业资本地图与资本力指数报告》和《中国文化产业 2016 创投市场报告》，2016 上半年，我国文化产业股权投资案例共计 443 起，涉及规模 782.52 亿元，较往年同期均大幅提高。从投资重点看，资本青睐那些有独特发展模式并拥有核心竞争力的文化企业。作为中国最大的正版数字内容提供商之一，中文在线创下了上市后连续 22 个交易日涨停的纪录，最重要的原因就在于资本市场对其“一种内容、多种媒体、同步出版”的“数字出版第一股”模式创新的认同。资本还看好那些能占领未来年轻群体市场的领域，如腾讯影业宣布 3 亿元投入动漫平台，鼓励“二次元”文化产业发展。目前，腾讯动漫平台上的投稿作者总数已经超过 5 万，作品超过 2 万部，原创国漫作品产量占据中国网络动漫市场的一半以上。

（三）文化城市融合深化产业发展新内涵

文化产业与城市发展息息相关。从产业发展角度看，文化兼有社会、经济、产业三重属性，文化产业具有社会效益和经济效益双重属性。城市是文化的容器，为文化产业的发展提供了基础土壤。从城市发展角度看，文化及其相关产业一般具有低能耗、低排放、高效益等优点，大力发展文化产业是新常态时期城市经济转型升级发展的战略选择，文化城市是城市发展的更高级别。

2016 年，我国文化产业与城市融合发展进程加快，文化产业对城市发展的促进作用日趋显现，有力推进城市经济转型升级，在促进人口就业、提升城市人口素质、提升城市形象等方面贡献突出，社会和经济双重效益的实现，进一步深化了产业发展新内涵。

首先，文化产业发展加快了城市经济结构调整步伐。由于历史原因，我国传统城市经济发展模式和产业结构往往以高投入、高能耗、高排放、低效益为基本特点，经济发展新常态时期，亟待实现产业结构的优化升级。大力发展文化产业，有助于增加城市经济发展动能，同时文化产业作为第三产业，在城市经济中的比重也是衡量城市发达程度的重要标志。经国家统计局核定，2016 年，广东文化及相关产业增加值 4 256.63 亿元，遥居全国各省（区、市）首位，同比增长 16.67%，增长速度为 5 年来最高，文化及相关产业已成为广东省国民经济发展的重要支柱。湖南、江苏、安徽等各省的文化产业经济的高速增长，对各省 GDP 的贡献度日益上升。

其次，文化产业发展加速了城市文化 IP 形成进程。城市文化基因的挖掘是文化产业得以发展的重要前提。关于城市文化基因，北京大学文化产业研究院副院长向勇认为主要包括三部分内容：“一是历史文化资源，古迹文物，包括工业发展中的工业遗产和商贸历史街区，以及居民古宅；二是非物质文化资源，包括记忆和口述史；三是城市资源的地理环境。”三者都能够成为城市发展独一无二的核心竞争力。近年来文化产业的迅猛发展，提高了城市文化基因及发展内涵的挖掘速度，同时由于文化自身难以复制的特性，使得城市文化 IP 成为城市新的名片和城市自身发展的“绝对优势”。

人们对城市的印象与评价往往与城市的文化 IP 紧密相连，城市因文化 IP 形成独特的人文底蕴，提升自身发展“软实力”，增强市民对城市的认同。西安的古都文化、北京的故宫文化、南京的秦淮河文化、上海的洋泾浜文化……城市的文化 IP 越多，则其文化底蕴越深厚，社会文明越进步，而在诸多的文化 IP 中，最具代表性的则会成为城市文化产业发展的核心竞争力。反过来，相似的城市文化 IP 可以增强城市的发展黏性和文化产业集聚，打破产业发展的空间限制，有利于促进城市间的经济合作，推动区域产业的整体协调发展，这对于四大文明古国之一的中国来说意义重大。近年来我国优质文化产业园区的崛起，丝绸之路经济带、京杭大运河文化带、藏羌彝文化走廊等诸多文化产业带的出现皆是有力证明。

最后，文化产业发展有效缓解了城市发展进程中的各种问题。随着我国经济发展进入新常态时期，经济发展下行压力增加，人口与就业、生产与消费等各种城市发展问题矛盾突出。发展文化产业可以有效缓解经济下行压力，释放“双创”动能，促进城市人口就业，同时通过部分文化消费行为，进一步提升市民的文化素养，增强市民对城市及国家的认同感，从精神层面更好地给以鼓舞和引导，降低社会矛盾激化的风险和可能性。有关数据显示，2016 年末，纳入统计范围的全国各类文化（文物）单位从业人员共计 234.81 万人，增加 5.37 万人。其中，各级文化文物部门所属单位从业人员 66.10 万人，增加 1.56 万人。年末全国艺术表演团体从业人员 33.27 万人，比上年末增加 3.08 万人；全国公共图书馆从业人员 57 208 人，增加 786 人。其中具有高级职称的人员 6 153 人，占 10.8%；具有中级职称的人员 18 699 人，占 32.7%[①]。

2016 年，文化产业与城市空间融合发展趋势明显，各种艺术公园、美术馆、文化活动中心、历史文化馆等公共文化空间载体服务发展迅速。《中华人民共和国文化部 2016 年文化发展统计公报》有关数据显示，截至年末，全国共有艺术表演场馆 2 285 个，观众座席数 168.93 万个；全年艺术演出 19.09 万场次，较上一年增长 39.5%；艺术演出观众 3 098 万人次，较上一年增长 8.6%。全国国有美术馆共计 462 个，比上年末增加 44 个，全年共举办展览 6 146 次，较上一年增长 16.8%，参观人次 3 237 万，较上一年增长 4.8%。

融合发展已成为“十三五”时期文化产业发展的大势所趋，2016 年，“文化＋旅游”“文化＋贸易”“文化＋电商”“文化＋特色小镇”“文化＋互联网”……各种文化产业融合业态层出不穷。一方面，“文化＋”孕育出的新兴产业逐渐成为经济

① 中国文化报. 中华人民共和国文化部 2016 年文化发展统计公报. (2017-05-18). http://www.xinhuanet.com/culture/2017-05/18/c_1120994698.htm.

新常态时期我国战略性支柱产业和核心支撑；另一方面，“文化+”打造的文化产业也是我国与世界各国在文化精神、价值观、意识形态战场的较量。总而言之，“文化+”是保障我国文化产业可持续发展的驱动内核，也是实现社会和经济双重效益的双赢战略。

四、文化消费强力驱动产业发展

长期以来，我国经济发展“三驾马车”中的投资、出口对经济拉动作用比较明显，而在中国经济进入新常态的背景下，消费对经济发展的作用日益凸显，我国经济结构正在朝着扩大内需的方向发生积极的转变。2016 年，社会消费品零售额保持两位数增长，消费对经济增长的贡献率高达 64.6%。从消费结构来看，我国消费品类正从商品为主向商品和服务并重转变，服务类消费正在快速增长。文化消费作为重要的消费门类，近年来更是呈现出迅猛增长态势，文化消费已经成为人们经常性支出的一部分。2016 年，文化部开展引导城乡居民扩大文化消费试点工作，成绩显著；在各方的共同努力下，我国文化消费水平持续快速提高，呈现出可喜的局面；文化消费结构持续优化，文化产品属地结构、产业门类结构等趋于合理；各地积极出台关于推动文化消费的政策和举措，文化消费的环境进一步优化。

（一）扩大文化消费试点工作成绩显著

为深入贯彻落实党的十八届五中全会关于扩大和引导文化消费的精神，在 2015 年“拉动城乡居民文化消费试点项目”取得初步成效的基础上，文化部决定在全国范围内开展引导居民扩大文化消费试点工作，于 2016 年 7 月 7 日公布了 26 个国家文化消费试点城市名单。其中，东部地区有北京、天津等 10 个城市入选，中部地区有武汉、长沙等 7 个城市入选，西部地区有成都、丽江等 9 个城市入选。自试点工作开展以来，首批 26 个试点城市因城施策，围绕扩大文化产品和服务供给、推进惠民措施、增强文化消费便捷性、加强宣传营造良好社会氛围等方面积极开展试点工作，成绩显著。下面从东、中、西部地区分别选取一个典型城市，总结文化消费试点工作开展情况以及取得的成绩。

天津市主要从三个方面推进扩大文化消费试点工作。一是开展文化惠民活动。举办了 2016 天津文化惠民季，开展“惠民演出”“惠民图书展销”“惠民影视专场”“文化基层行”“感知传统·非遗展示活动”“文化·创意·生活”“文化园区惠民活动”等八类活动，涵盖歌舞、戏剧、话剧、交响等艺术门类，以及书画鉴赏、图书展销、传统文化传承、工艺美术品展销等活动。二是发行文化惠民卡。2016 年天津共计发卡 10 万张，市民可在 11 家天津市级文艺院团欣赏低票价、高水平的惠民文艺演出。在此基础上，天津北方演艺集团联合市级国有院团、民营院团、演出公司等 49 家单位成立天津市文化惠民演出联盟，以文化惠民卡项目为载体，共同为天津市民献上惠民文艺演出。三是以武清区、滨海新区为重点扩大文化消费，武清区举办了夏季天津缤纷嘉年华、秋季玫瑰节、中秋音乐节等文化节庆活动，激发了居民的文化消费热情，引导居民文化消费 500 万元；滨海新区采用以政府公共财政补贴文化消费载体、平台、项目、活动的模式开展试点工作。

湖南省长沙市积极服从国家文化消费试点的战略安排，探索文化消费的“长沙模式”，做了大量深入细致的工作，取得了一定成绩。以长沙音乐厅为例，作为长沙市文化消费试点工作的试点文化企业，长沙音乐厅成绩斐然。自 2015 年 12 月 28 日开业运营以来，长沙音乐厅共引进国内外精品音乐会近 300 场，吸引超过 16 万人次走进音乐厅[①]。通过引进国内外众多文艺演出精品，引导长沙市民欣赏高雅文化艺术，充分体现了长沙音乐厅的文化传播职能。下一步，长沙将狠抓重大产业项目建设，加快建设长沙戏剧艺术中心、长沙国王陵、全民健身中心、炭河里国家考古遗址公园等重点文化设施，集中力量打造马栏山视频创意聚集区、华谊电影小镇、湘江古镇群、梅溪湖国际艺术中心、浔龙河生态艺术小镇、恒大海花谷等文化产业集群，促进文化和旅游、商业、体育、科技融合发展，快速形成消费市场，使文化消费要素达到高度整合、消费方式更加丰富多样。

重庆市以启动文化惠民消费季、提升文化产品供给质量、设立以奖代补资金等举措为抓手，引导城乡居民扩大文化消费，取得显著成效。一是启动首届重庆市文化惠民消费季。2016 年 12 月，重庆市启动首届文化惠民消费季，举办了 42 项主题活动，通过引导文化企业采用推出“亿元文化消费礼包”、发放现金券直补消费者等方式为市民提供优惠，带动市民进行文化消费。二是提高文化产品和服务供给质量。整合文化消费企业优势资源，从全市范围内筛选出 1 000 家文化企业，组建“重庆文化消费企业联盟”，组织评选出“双百佳文化消费新领地”，从供给端提升文化产品和服务质量。三是设立以奖代补资金。设立 400 万元以奖代补资金，对自建网络营销渠道或利用其他网络平台开展营销，以及取得良好市场反响和消费者满意度较高的文化企业给予资金支持，鼓励文化企业创新文化产品营销模式，准确对

① 日常消费与文化结缘　长沙积极引导市民扩大文化消费．(2017-06-23)．http://www.chinanews.com/cul/2017/06-23/8259757.shtml.

接市场需求，为市民提供便捷优质的服务。四是加强宣传和督导。通过多种渠道和方式宣传报道文化消费试点工作，营造社会氛围，并对各区县文化消费工作进行督查，确保试点工作取得实效。

(二) 文化消费水平再创新高

按照国际经验，人均GDP超过3 000美元时，文化消费快速增长；接近或超过5 000美元时，文化消费则出现井喷态势。2016年，我国人均国内生产总值53 980元人民币，比上年增长6.1%[①]，约合8 100美元，文化消费市场潜力巨大。

2016年，全国居民人均消费支出17 111元，比上年增长8.9%，扣除价格因素，实际增长6.8%。按常住地分，城镇居民人均消费支出23 079元，增长7.9%，扣除价格因素，实际增长5.7%；农村居民人均消费支出10 130元，增长9.8%，扣除价格因素，实际增长7.8%。其中，全国居民用于教育文化娱乐的人均消费支出为1 915元，占全部消费支出的比重为11.2%[②]。城乡居民文化消费水平稳步提高，对更多更好文化产品和服务的需求有力地拉动了文化产业的发展。

从文化消费规模来看，根据文化部《2016年文化发展统计公报》，截至2016年末，全国共有公共图书馆3 153个，比上年末增加14个；公共图书馆实际使用房屋建筑面积1 424.26万平方米，比上年末增长9.4%；图书总藏量90 163万册，增长7.5%；全年共为读者举办各种活动140 033次，增长22.3%；活动参加人次7 138万，增长20.8%。2016年末，全国共有艺术表演团体12 301个，比上年末增加1 514个；从业人员33.27万人，增加3.08万人；共演出230.60万场，比上年增长9.4%；国内观众11.81亿人次，增长23.3%[③]。文化艺术场馆建设、文化活动的举办、文艺演出等都极大地促进了文化消费水平的提高。

国家新闻出版广电总局2016年统计数据显示，2016年，全国新华书店系统、出版社自办发行单位出版物总销售208.27亿册（张、份、盒）、2 771.34亿元，与上年相比数量增长4.42%，金额增长8.10%；全国出版物进出口经营单位累计进口图书、报纸、期刊3 108.18万册（份），与上年相比，数量增长10.54%[④]。2016年我国电影票房为457.12亿元，比前一年增长3.73%；内地银幕数飞涨到41 179

①② 中华人民共和国2016年国民经济和社会发展统计公报.（2017-02-28）. http://www.stats.gov.cn/tjsj/zxfb/201702/t20170228_1467424.html.

③ 中国文化报. 中华人民共和国文化部2016年文化发展统计公报.（2017-05-18）. http://www.xinhuanet.com/culture/2017-05/18/c_1120994698.htm.

④ 2016年全国新闻出版业基本情况.（2017-07-25）. http://data.chinaxwcb.com/epaper2017/epaper/d6554/dzbd3b/201707/79781.html.

块，比2015年增长了近1万块，增长30%，使中国成为世界上电影银幕最多的国家；城市院线观影人次达到13.72亿，相比2015年多了1.12亿人次，增幅8%，中国人均年观影次数终于接近1次。

（三）文化消费结构持续优化

中国人民大学创意产业技术研究院自2012年发布中国文化消费指数体系以来，连续四年发布中国文化消费指数，于2016年12月第四次发布了中国文化消费指数（2016）。该指数除了发布综合指数和文化消费环境、意愿、能力、水平、满意度五个一级指数以外，还调研了我国文化消费的结构，包括文化产品属地结构、产业门类结构、消费水平结构等，对于分析居民消费需求变化具有特别重要的价值。数据显示，我国文化消费结构正持续优化。

在国内外文化产品/服务的消费选择上，国内的文化旅游、游戏以及国外的电影、动漫依然比较受消费者欢迎。与2015年相比，国产电影、动漫和游戏的受欢迎程度都有较大幅度的提升，均提高了10%左右。

在“居民主要消费的文化产品/服务有哪些”这一问题的调查中发现，电影、广播电视、网络文化活动、文化娱乐活动、图书/报纸/期刊比较受欢迎，尤其是电影和广播电视，有接近60%的受访者选择了这两类文化产品。这和近两年我国国内电影票房猛增的发展态势相吻合。与2015年相比，文化娱乐活动、文化旅游、游戏的消费人数占比增加了超过10个百分点，增长幅度较大。

在十大文化产品/服务的消费支出水平方面，排名前五位的分别是文化旅游、文化娱乐活动、电影、工艺美术品和收藏品、网络文化活动，说明这五类文化产品和服务的受欢迎程度最高。与2015年相比，文化娱乐活动、工艺美术品和收藏品排名有一定幅度上升，图书/报纸/期刊则有所下降。

在十大文化产品/服务的市场成长空间方面，排名前五位的依次是工艺美术品和收藏品、文化娱乐活动、电影、图书/报纸/期刊、游戏。其中，工艺美术品和收藏品、文化娱乐活动和游戏较2015年排名上升较多，而广播电视排名下降幅度较大。

在文化消费补贴方式偏好方面，受访者更倾向于一两百元的储值卡、打折卡两种补贴方式，而返利补贴方式的受欢迎程度明显低于前两种补贴方式，而2015年这三种补贴方式的受欢迎程度差别不大。

如果消费者拿到补贴，希望将补贴花在哪儿？大多数受访者选择了电影、图书/报纸/期刊、文艺演出、文化旅游和广播电视这几类文化产品。与2015年相比，文艺演出和图书/报纸/期刊的排名上升了，广播电视的排名下降了。

(四) 文化消费环境不断改善

为加快引导和扩大我国居民文化消费，中央和各级地方文化行政部门陆续出台了相关政策或措施，取得了一定的成效。文化部、财政部于 2016 年 5 月 6 日联合印发了《关于开展引导城乡居民扩大文化消费试点工作的通知》。《通知》指出试点工作是贯彻落实党中央、国务院扩大和引导文化消费工作部署的重要举措，按照“中央引导、地方为主、社会参与、互利共赢”的原则，确定一批试点城市，充分发挥典型示范和辐射作用，以点带面，形成若干行之有效、可持续和可复制推广的促进文化消费模式，推动我国文化消费总体规模持续增长，带动旅游、住宿、餐饮、交通、电子商务等相关领域消费，不断增强文化消费拉动经济增长的积极作用。

北京市作为全国文化中心，始终走在促进居民文化消费的前列，先后出台一系列促进文化消费的政策举措，在全国文化消费引导工作中起到引领和示范带动作用。习近平总书记提出北京要打造全国的政治中心、文化中心、国际交往中心、科技创新中心，作为北京四大首都功能之一，文化的战略地位得到进一步提升。作为全国文化中心，北京市文化资源丰富，文化产品多样，文化市场潜力巨大，文化消费工作一直处在国内前列，根据中国人民大学文化创意产业技术研究院于 2016 年 12 月发布的中国文化消费指数（2016），北京市位居我国各省（区、市）之首。

为激活文化消费市场，北京市先后举办了四届北京惠民文化消费季。在第四届消费季举办的三个月时间里，共计 7 776.2 万人次参与消费，直接消费金额达到 160.8 亿元，与第三届消费季相比，消费人次增加了 2 918.8 万，增幅高达 60.1%，消费金额增加了 48.7 亿元，增幅达到 43.4%，大幅超出消费金额增长 10%的年度计划目标。消费季期间，共有 190 余家牵头机构参与了消费季，组织开展各类活动 21 000 余场次，实际交易合同签约 1.7 万余项，完成交易金额 34.4 亿元；消费季各项活动通过折扣、满减、买赠等方式，累计为消费者提供惠民金额 17.4 亿元。

文化发展的核心在于创新驱动，北京第四届消费季创新推出了两大惠民文化消费举措。一是首发北京惠民文化消费电子券。作为市政府年度民生实事之一，1 000 万元惠民文化电子消费券在消费季期间面向全市消费者发放。二是首推“2016 北京文化消费品牌榜”推选。推出了能够代表北京文化内涵、反映北京文化消费品质，具有市场竞争力、社会影响力和消费带动力的“十大文化创意产品”、“十大文化旅游线路”、“十大文化消费地标”、“十大文化体育赛事”和“十大文化展演项目”共5大类、50个北京文化消费品牌[①]。

全国其他地区也纷纷开始学习北京促进文化消费的做法，先后出台了一系列促进文化消费的措施。2016年6月7日，鄂尔多斯市人民政府办公厅制定了《鄂尔多斯市促进文化消费实施方案》，提出加强文化消费供给、培育文化消费理念、引导文化消费行为、丰富文化消费业态、拓展文化消费空间、优化文化消费发展环境、加大财税支持力度、加强文化消费金融服务、加强文化消费权益保护、积极支持文化消费项目建设十大任务。安徽省自2014年起每年开展文化消费惠民季活动，于2016年8月26日—11月26日在全省范围开展了“文化进万家、共筑中国梦”第三届安徽文化惠民消费季，其中，省组委会采取“总量控制、直补消费、先付优惠、立减折扣”的办法，立足支持鼓励城乡居民“五看”（看书、看报、看戏、看电影、看电视）基本文化消费，由财政提供补贴资金；省直以文化下基层、节庆、展览、讲座、体验、比赛、游学、优惠、培训、推广等形式为载体，为居民提供丰富多彩的文化产品和体验；地市以彰显安徽地域文化特色、丰富文化活动载体、打响区域品牌为目的，开展各市特色活动。

① 第四届北京惠民文化消费季落幕　消费金额突破160亿元.（2016-12-29）. http://culture.qianlong.com/2016/1229/1263290.shtml.

第二章　2015—2016 年中国省市文化产业发展指数

本章简单介绍中国省市文化产业发展指数评价体系的指标体系、数据来源和计算方法。在此基础上对 2015 年、2016 年中国省市文化产业发展指数结果进行描述性分析，并总结 2015—2016 年中国省市文化产业发展指数总体情况。

一、中国省市文化产业发展指数体系简介

《中国省市文化产业发展指数 2016》详细介绍了中国省市文化产业发展评价体系的理论基础、设计原则、理论模型、结构框架、数据来源、计算方法等内容。为了避免重复，同时便于读者理解指数体系的基本内容，此部分简要介绍指标体系、数据来源和计算方法。

（一）中国省市文化产业发展指数的结构框架

1. 总框架

以联合国教科文组织提出的亚太区域国家文化产业评价框架为基础，根据文化产业金字塔模型确定文化产业的产业链结构，再综合钻石评价体系及中国国情进行测度变量的选取，我们构建出中国省市文化产业发展评价体系，以科学的量化标准，全面衡量各省市文化产业发展水平。

中国省市文化产业发展评价指标体系从文化产业的投入、驱动、产出三个环节出发，在揭示文化产业发展的内在因素与动力的基础上，综合考虑了经济、社会、政治等影响，结合三大理论基础，构建了产业生产力、产业影响力、产业驱动力 3 个一级评价指标，文化资源、文化资本、人力资源、经济影响、社会影响、市场环境、公共环境、创新环境等 8 个二级评价指标（见图 2－1），并选取 46 个测度变量

进行实证研究。

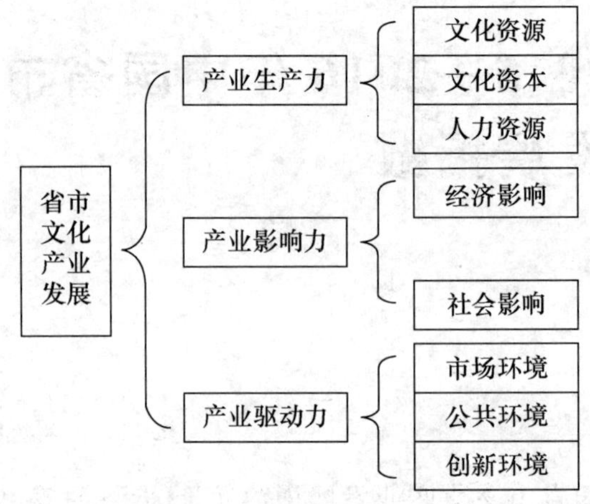

图 2-1　指标总框架图

2. 各子框架细述

(1) 产业生产力框架。

产业生产力框架主要衡量文化产业内部生产要素的投入情况，主要包括三个方面：文化资源、文化资本和人力资源。

第一，文化资源。

文化资源主要指狭义上的文化资源，包括有形的物质资源（物质文化遗产、图书馆、博物馆、电影院与档案馆等）和无形的精神资源（人类口头和非物质文化遗产等），可分为场馆类资源（文化娱乐场所、艺术表演场馆、艺术馆、图书馆、博物馆等）、人文类资源（非物质文化遗产等）、文化产业基地/园区三类。

第二，文化资本。

文化资本是任何与文化及文化活动有关的有形及无形资产，它是决定经济增长的一种关键性生产要素和最终解释变量[①]。

第三，人力资源。

人力资源（智力资源）是发展文化产业的核心要素，因为文化产业属于智力密集型产业，文化产业的竞争常常表现为优秀人才资源的竞争。

(2) 产业影响力框架。

产业影响力框架主要衡量文化产业的产出状况，通过经济、社会两方面的影响

① 高波，张志鹏. 文化资本：经济增长源泉的一种解释. 南京大学学报（哲学·人文科学·社会科学），2004 (5).

来体现。

第一，经济影响。

经济方面的影响，主要从文化产业的经济规模、收入水平和集聚效应三个角度来考虑。经济规模主要指其总产出，主要表现形式为总量指标；收入水平主要指文化产业人均收入；集聚效应是为了考察区域文化产业集群产生的效应。

第二，社会影响。

社会影响主要指文化产品与服务对市民或消费者的影响，体现在文化参与、文化形象等方面。

(3) 产业驱动力框架。

外部发展环境对于文化产业发展与持续发展起到至关重要的作用，因而我们提出文化产业发展驱动力模型，用其来评价政府在市场体系、公共服务、创新机制几个方面所做的努力，进而为政府后续政策的制定提供参考与数据支持。考虑到我国国情以及收集数据的难易程度，本模型拟从市场环境、公共环境和创新环境三个方面来构造产业的驱动力。

第一，市场环境。

市场环境指企业生产经营活动所处的社会经济环境中不可控制的因素，主要有法律、市场需求、市场供给、产品流通等方面的因素。

第二，公共环境。

公共环境主要指公共管理部门和公共服务部门为整个产业提供的发展环境。

第三，创新环境。

文化产业的快速发展与传播高度依赖于相关技术的发展。创新环境主要考虑区域文化产业的技术投入水平和创新能力。

(二) 中国省市文化产业发展指数的计算方法

1. 指标数据的来源

中国省市文化产业发展指数指标的构成分为两大类：定量指标与定性指标。

定量指标指来源于《中国文化文物统计年鉴》《中国统计年鉴》《中国旅游年鉴》《中国广播电视年鉴》《中国出版年鉴》《中国版权年鉴》《中国广告年鉴》以及文化部、国家统计局发布的定期报告等的客观统计数据，通过直接计算法（对研究对象用直接的计数、点数和测量等方法，登记各单位的具体数值加以汇总）或间接推算法（利用社会经济现象之间的平衡关系、因果关系、比例关系或根据非全面调查资料进行推算的方法）获得。

定性指标则通过调研获得，整个调研的方案由两个主要部分构成，问卷调查部分和访谈部分。问卷设计主要包括两个部分：一是对市民（文化产品消费者）的抽样，二是对当地文化企业（文化产品生产者）的抽样。文化企业和市民是文化市场供需的主体。

(1) 对市民的抽样设计如下：

抽出各省（自治区）的地级市，再抽取区（县）、街道、居民户。

首先抽取省市：针对各省（自治区）的省市所采取的抽样方法是，第一阶段在该省（自治区）所有地级市中，抽出省会（首府）城市和非省会（首府）城市，考虑到省会（首府）城市在各省（自治区）经济、政治、文化方面的重要性和代表性，必须调研；非省会（首府）城市按人口规模进行PPS抽样，考虑到各省（自治区）的地级市数量不一样，辖20个（包括20）地级市以上的省（自治区）再抽3个地级市，辖10～19个地级市的省（自治区）再抽2个，辖10个以下地级市的省（自治区）再抽1个。

经过上述步骤抽出调研城市后，每个城市的市民所采取的抽样方法是：首先确定每个城市行政划分的区（县），采用简单随机抽样的方法抽取几个区（县），每个城市抽取的区（县）数目根据该市所辖区（县）数目而定，按1/2的比例抽取，根据PPS抽样原则，实行不等概率抽样，即区（县）的人口规模越大，被抽中的可能性就越大。其次，从所抽区（县）中随机抽出街道，同样进行不等概率抽样。考虑到调研的可操作性和样本量以及专家的建议，项目组规定了每个区（县）所抽街道的数目。最后在抽取出的街道中对居民户进行简单随机抽样。

具体抽样流程如图2-2所示。

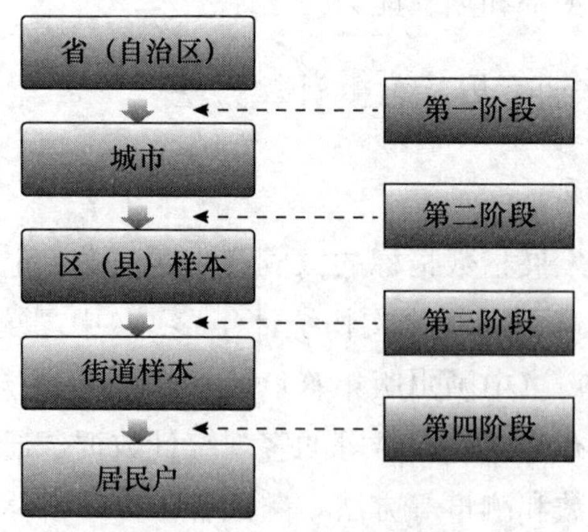

图2-2　市民抽样流程图

对抽取到的市民，采用 CATI（计算机辅助电话调查系统），以电信局号码作为抽样框，随机生成电话号码的后四位，由访问员进行访问。并利用 CATI 系统的配额控制模块，控制样本的性别年龄配额，以保证最终的样本构成特征接近于总体人口的构成特征。

（2）对文化企业的抽样设计如下：

文化企业指按照工业标准从事生产、再生产、储存以及分配文化产品和服务等一系列活动的企业或公司。项目组原计划企业和市民采用同样的抽样方法，但由于并不是哪个省份人口多，文化产业就发达，综合考虑统计数据的获取途径和调研成本，项目组决定按人均 GDP 进行各省（自治区、直辖市）的企业抽样。

具体抽样方法如下：考虑到省会（首府）城市在各省（自治区）经济、政治、文化方面的重要性和代表性，必须调研；非省会（首府）地级城市按人均 GDP 进行 PPS 抽样，考虑到各省（自治区）的地级市数量不一样，辖 20 个（包括 20）以上地级市的省（自治区）按分层抽样方式，把地级市按人均 GDP 从高到低排列，平均分为三层，每层内按随机抽样抽 1 个地级市，共抽 3 个地级市，再在每个城市的文化园区和文化企业随机抽取 33 个样本，一共 100 个样本；以同样方法，辖 10～19 个地级市的省（自治区）抽 2 个，10 个以下地级市的省（自治区）抽 1 个。以广东省为例，其具体流程如图 2-3 所示。

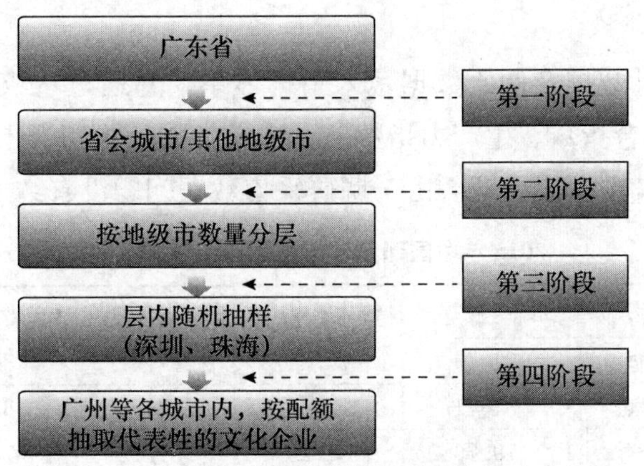

图 2-3　文化企业抽样流程图

对企业的访问也采用电话调查的形式，由访问员对企业经理级别以上的高层管理人员进行访问。督导在现场全程监督和指导访问员，并借助系统严格控制问卷质量和数据的真实性。

访谈部分主要通过专家法来确定访谈对象，对该年度全国文化产业发展影响力较大的地区和企业进行调研，并通过对地区政府领导和企业管理人员的访谈，了解其发展思路、成效、困难等相关信息，和数据调查部分的信息相互补充，这能够帮助我们更好地了解地区文化产业发展情况。

2. 指标的无量纲化方法

中国省市文化产业发展指数的计算方法是定权累加法，权重是由指数自身的设计框架和专家的意见相结合确定的。目前国际主流评价体系如“联合国电子政府的评价”等都是定权累加，我们通过不同计算方法测算，结合专家意见，最终确立定权累加这一方法。中国省市文化产业发展指数指标无量纲化数学模型为：

$$X_i' = [X_i - \mathrm{Min}(X_i)]/[\mathrm{Max}(X_i) - \mathrm{Min}(X_i)] \times 40 + 60$$

式中，X_i'是单项指标标准值；X_i是单项指标实际值；$\mathrm{Max}(X_i)$ 是单项指标各城市最大值；$\mathrm{Min}(X_i)$ 是单项指标各城市最小值。

指数合成模型为：

$$Y = \sum_{j=0}^{m} X_j \,/m$$

式中，Y 是评价对象的综合指数；X_j是评价指标。权重为等权。

二、2015 年中国省市文化产业发展指数结果分析

将 2015 年统计数据及调研数据代入指标体系，并通过定权累加的方法，得到各省市文化产业综合指数、生产力指数、影响力指数、驱动力指数，部分省市结果如表 2－1 所示，其中港澳台地区由于调研采集数据问题没有纳入。

表 2－1　　2015 年中国部分省市文化产业发展指数

排名	省市	综合指数	生产力	影响力	驱动力	变异系数
1	上海	81.44	74.34	87.67	82.30	0.08
2	北京	81.41	73.52	88.23	82.47	0.09
3	江苏	79.76	81.29	81.72	76.26	0.04
4	浙江	79.54	77.82	83.56	77.25	0.04
5	广东	79.49	80.37	82.03	76.08	0.04
6	山东	78.12	82.14	80.27	71.96	0.07
7	福建	76.24	71.91	75.97	80.85	0.06
8	四川	75.86	76.45	74.81	76.30	0.01
9	湖南	75.18	74.10	74.44	76.99	0.02
10	河北	74.69	75.04	74.20	74.83	0.01

（一）总体分析

1. 区域发展依然不平衡

从区域的聚类分析结构来看，文化产业还存在不均衡的现象，东部及沿海地区的综合表现远好于其他地区，综合指数前 10 名除了湖南、四川是中西部省份以外，其他全部集中于东部及沿海地区。北京市由之前五年的综合指数排名第 1 降为第 2，上海、江苏、浙江、广东处于前五位，其中上海进步较大，由 2014 年的第 5 位升为第 1 位，进步 4 位。生产力指数排序与 2014 年相比变化不大，江西、湖南进步较大且跃居前 10 名。影响力指数与 2014 年相比有一定的变化，北京取代上海成为第 1 名。产业驱动力指数有一些区位的变化比较大，原因在于现在各省（自治区、直辖市）地方政府都非常重视文化产业的发展，支持力度增大，对于文化企业和市民的感受来说，宏观的文化产业发展环境优化速度提高较快。

文化产业生产力（资源投入水平）方面，东部地区凭借海量文化资源和巨大的文化资本投入、人力资源投入，在前 10 中占据 6 个席位。中西部地区中，四川、江西、河南、湖南分别位列第 5、第 7、第 8 和第 10。

文化产业影响力方面，东部沿海地区文化产业经济效益极为显著，前 10 位的省市，除了四川、湖南外，其他均来自东部沿海较发达地区。北、上、广、苏、浙、鲁等地文化产业产值都已超过 1 000 亿元，其中广东更是以 2 558 亿元的产值遥遥领先。北京取代上海位列第 1，四川由于在经济影响和社会影响方面均有较好的表现，进步较大，进入前 10 名。

文化产业驱动力方面，北京连续两年位列第 1 名，上海、福建、辽宁、青海位于前五。前 10 名中有 4 个来自中西部地区，分别为青海、贵州、吉林、湖南，可见在产业发展环境方面，中西部地区由于政府高度重视与支持，发展较为迅速。另外，辽宁由于在市场环境和创新环境上的持续进步，驱动力指数也得到了很大的提升。

2. 各省市文化产业发展整体均衡性提升

通过各地区指数的变异系数可以看出多数省市文化产业发展指数变异系数适中，文化产业发展均衡性有所提升。只有部分省市变异系数偏大，文化产业发展不均衡，其中上海、北京等排名前几位的省市和海南、青海等排名居中的省市变异系数偏大，影响了其文化产业的进一步发展。

3. 区域结构特征——聚类分析的结果

聚类分析以发展指数为基本信息，对生产力、影响力、驱动力三个要素指数进行聚类，聚合为三类时达到较好的组间区分。第一类包含北京、上海，其发展指数最高，除生产力指数优势一般外，影响力指数和驱动力指数都有非常明显的优势，均衡度相对较好，这里将其定义为强势地区。第二类包含福建、河北、江苏、浙江、山东、湖南、广东、四川，其生产力指数具有明显优势，均衡度较低，表明此类内部各省市仍处于快速变化中，此处将其定义为普通地区。天津、山西、内蒙古、辽宁、吉林、黑龙江等省份，发展指数和各一级指数均值较低，影响力指数均衡度一般，生产力指数和驱动力指数均衡度较低，此类省份在整体上处于弱势，定义为弱势地区（见表2－2）。

表2－2　　2015年中国省市文化产业发展指数聚类特征表

<table>
<tr><th>类别</th><th>省市</th><th>特征值</th><th>生产力</th><th>影响力</th><th>驱动力</th><th>综合</th></tr>
<tr><td rowspan="2">强势</td><td rowspan="2">北京、上海</td><td>均值</td><td>73.93</td><td>87.95</td><td>82.39</td><td>81.42</td></tr>
<tr><td>变异系数</td><td>0.01</td><td>0.00</td><td>0.00</td><td>0.00</td></tr>
<tr><td rowspan="2">普通</td><td rowspan="2">福建、河北、江苏、浙江、山东、湖南、广东、四川</td><td>均值</td><td>77.39</td><td>78.37</td><td>76.31</td><td>77.36</td></tr>
<tr><td>变异系数</td><td>0.05</td><td>0.05</td><td>0.03</td><td>0.03</td></tr>
<tr><td rowspan="2">弱势</td><td rowspan="2">天津、山西、内蒙古、辽宁、吉林、黑龙江、安徽、江西、河南、湖北、广西、海南、重庆、贵州、云南、西藏、陕西、甘肃、青海、宁夏、新疆</td><td>均值</td><td>69.83</td><td>71.17</td><td>73.50</td><td>71.50</td></tr>
<tr><td>变异系数</td><td>0.04</td><td>0.03</td><td>0.05</td><td>0.02</td></tr>
</table>

（二）文化产业生产力

文化产业生产力主要衡量文化产业内部生产要素的投入情况，主要包括三个方面：文化资源、文化资本和人力资源。部分省市文化产业生产力指数如表2－3所示：

表2－3　　2015年中国部分省市文化产业生产力指数

省市	生产力	生产力排名	文化资源	文化资源排名	文化资本	文化资本排名	人力资源	人力资源排名	变异系数
山东	82.14	1	71.58	7	100.00	1	85.38	3	0.17
江苏	81.29	2	74.95	3	90.04	2	85.22	4	0.09
广东	80.37	3	71.36	9	78.76	6	100.00	1	0.18
浙江	77.82	4	72.67	5	79.63	5	86.30	2	0.09
四川	76.45	5	76.31	1	76.03	16	77.18	7	0.01
河北	75.04	6	68.60	18	82.39	3	80.55	5	0.10
江西	74.99	7	74.52	4	78.46	10	72.48	14	0.04

续前表

省市	生产力	生产力排名	文化资源	文化资源排名	文化资本	文化资本排名	人力资源	人力资源排名	变异系数
河南	74.82	8	71.57	8	80.50	4	75.64	8	0.06
上海	74.34	9	75.02	2	73.25	21	74.07	9	0.01
湖南	74.10	10	72.52	6	78.33	11	73.05	13	0.04

1. 区域特征明显

(1) 山东省文化产业生产力水平具有领先优势。

在文化产业生产力指数上，山东省取代广东省位列第 1，其文化资本具有非常明显的优势。广东丰富的人力资源确保了其文化产业生产力的优势地位，但是文化资源相对不足，需要进一步提高。

(2) 东部地区的总体排名较高。

在文化产业生产力排名前 10 的省市中，除了四川、江西、河南、湖南外，其他均为东部地区省市，其中山东、江苏、广东、浙江位列前 4 位，整体优势明显。

2. 区域结构特征——聚类分析的结果

聚类分析以生产力指数为基本信息，对文化资源、文化资本、人力资源三个要素指数进行聚类，聚合为三类时达到较好的组间区分。第一类包含河北、江苏、山东，其生产力指数最高，文化资源和人力资源的指数一般，但文化资本有非常明显的优势，均衡度较低，此处将其定义为强势地区。第二类为浙江、广东，其人力资源要素指数有非常明显的优势，均衡度较高，这里将其定义为普通地区。第三类省市各项指数均较低，指数均衡度一般，此类省市在整体上处于弱势，定义为弱势地区（见表 2-4）。

表 2-4　　2015 年中国省市文化产业生产力指数聚类特征表

类别	省市	特征值	文化资源	文化资本	人力资源	生产力
强势	河北、江苏、山东	均值	71.71	90.81	83.72	79.49
		变异系数	0.044	0.097	0.033	0.049
普通	浙江、广东	均值	72.01	79.20	93.15	79.09
		变异系数	0.013	0.008	0.104	0.023
弱势	北京、天津、山西、内蒙古、辽宁、吉林、黑龙江、上海、安徽、福建、江西、河南、湖北、湖南、广西、海南、重庆、四川、贵州、云南、西藏、陕西、甘肃、青海、宁夏、新疆	均值	68.77	74.76	70.27	70.64
		变异系数	0.049	0.040	0.055	0.043

3. 部分省市文化产业生产力发展不均衡

通过各地区生产力指数的变异系数可以看出大部分省市文化产业生产力指数变异系数适中，均衡性较好。山东、广东、河北、江苏等经济发达地区的生产力指数变异系数较大，发展相对更为不均衡。而四川、西藏、宁夏等中西部地区的均衡度较高。

（三）文化产业影响力

文化产业影响力框架主要衡量文化产业的产出状况，通过经济、社会两方面的影响来体现。部分省市文化产业影响力指数如表2-5所示：

表2-5　　2015年中国部分省市文化产业影响力指数

省市	影响力	影响力排名	经济影响	经济影响排名	社会影响	社会影响排名	变异系数
北京	88.23	1	96.03	1	80.44	3	0.12
上海	87.67	2	88.82	2	86.52	1	0.02
浙江	83.56	3	82.67	5	84.46	2	0.02
广东	82.03	4	88.81	3	75.25	20	0.12
江苏	81.72	5	85.42	4	78.02	9	0.06
山东	80.27	6	82.34	6	78.20	5	0.04
福建	75.97	7	75.98	7	75.96	17	0.00
四川	74.81	8	72.94	11	76.68	12	0.04
湖南	74.44	9	73.36	9	75.53	18	0.02
河北	74.20	10	72.39	12	76.00	16	0.03

1. 区域特征明显

影响力指数区域特征明显，前10名中有8名来自东部沿海地区，仅湖南、四川来自中西部地区，而后10名全部来自中西部地区。整体而言，中西部省市与东部省市之间的差距仍然较大。各省市之间文化产业影响力指数差距比较明显，其中排名第1的北京市与排名末位的甘肃省之间差距达到21.09。

2. 区域结构特征——聚类分析的结果

聚类分析以影响力指数为基本信息，对经济影响、社会影响两个要素指数进行聚类，聚合为三类时达到较好的组间区分。第一类为江苏、山东、上海、浙江、北京、广东，其影响力指数最高，经济影响要素指数有非常明显的优势，均衡度较低，这里将其定义为强势地区。第二类包含福建、安徽、河北、河南、湖北、江西、辽宁、陕西、天津、湖南、四川，影响力指数和经济影响、社会影响要素指数一般，均衡度较高，此处将其定义为普通地区。第三类包含甘肃、广西、贵州、海南、黑龙江、内蒙古、宁夏、青海、山西、西藏等 14 个省份，影响力指数和要素指数较低，指数均衡度一般，此类省份在整体上处于弱势，定义为弱势地区（见表 2-6）。

表 2-6　　2015 年中国省市文化产业影响力指数聚类特征表

类别	省市	特征值	经济影响	社会影响	影响力
强势	江苏、山东、上海、浙江、北京、广东	均值	87.35	80.48	83.91
		变异系数	0.058	0.053	0.039
普通	福建、安徽、河北、河南、湖北、江西、辽宁、陕西、天津、湖南、四川	均值	72.11	74.57	73.34
		变异系数	0.028	0.023	0.021
弱势	甘肃、广西、贵州、海南、黑龙江、内蒙古、宁夏、青海、山西、西藏、新疆、云南、吉林、重庆	均值	65.40	75.63	70.52
		变异系数	0.033	0.036	0.027

3. 大部分省市文化产业影响力发展均衡

通过各地区影响力指数的变异系数可以看出大部分省市文化产业影响力指数变异系数较小，均衡性较好。只有极个别省市变异系数偏大，文化产业影响力发展不均衡，其中内蒙古、黑龙江、新疆、海南、宁夏、西藏社会影响力远超经济影响力，文化产业影响力变异系数过大，需要考虑如何提高当地的经济影响力水平，更好地增加经济规模，提高收入水平，从而在经济影响力方面有大幅度的提升。

（四）文化产业驱动力

产业驱动力主要反映产业发展环境（政府行为），部分省市文化产业驱动力指数如表 2-7 所示：

表 2-7　　2015 年中国部分省市文化产业驱动力指数

省市	驱动力	驱动力排名	市场环境	市场环境排名	公共环境	公共环境排名	创新环境	创新环境排名	变异系数
北京	82.47	1	80.20	8	75.56	20	91.64	1	0.10
上海	82.30	2	87.49	1	85.86	4	73.56	4	0.09
福建	80.85	3	84.33	2	87.92	2	70.30	11	0.12
辽宁	80.70	4	84.06	3	86.65	3	71.38	6	0.10
青海	80.20	5	83.78	4	87.93	1	68.88	17	0.12
贵州	78.48	6	81.74	6	84.68	6	69.02	16	0.11
海南	78.11	7	81.81	5	84.74	5	67.79	20	0.12
浙江	77.25	8	77.55	12	76.28	17	77.90	2	0.01
吉林	77.11	9	79.52	9	81.34	8	70.48	10	0.08
湖南	76.99	10	80.83	7	81.03	9	69.10	15	0.09

1. 总体分析

（1）中西部部分地区发展迅速。

从驱动力排名看，排名前10的省市中，有近五成出自中西部地区，可见在产业发展环境方面，中西部地区由于政府高度重视与支持，整体发展趋势较好。其中，青海连续两次进入驱动力指数前5名。值得一提的是，北京由于其创新环境的绝对优势和公共环境指数进一步提高，连续两年位列驱动力指数第1名。

（2）指数数据趋于稳定。

与生产力和影响力指数一样，驱动力指数逐渐趋于稳定，31个省市指数数值整体趋于平稳。这表明随着各地区政府支持力度逐渐加大，市场环境、公共环境和创新环境等各个方面已进入相对稳定的状态。

2. 区域结构特征——聚类分析的结果

聚类分析以驱动力指数为基本信息，对市场环境、公共环境、创新环境三个要素指数进行聚类，聚合为三类时达到较好的组间区分。第一类为北京、浙江、重庆，其创新环境有非常明显的优势，指数较高，这里将其定义为强势地区。第二类为安徽、福建、广东、贵州、海南、河北、湖南、吉林、江苏、辽宁、宁夏、青海、上海、四川、云南，市场环境和公共环境要素指数较高，创新环境要素指数一般，均衡度一般，此处将其定义为普通地区。第三类包括甘肃、广西、河南、黑龙江、湖北、江西、内蒙古、山东、陕西、山西、天津、西藏、新疆，各要素指数均较低，在整体上处于弱势，定义为弱势地区（见表2－8）。

表2－8　　2015年中国省市文化产业驱动力指数聚类特征表

类别	省市	特征值	市场环境	公共环境	创新环境	驱动力
强势	北京、浙江、重庆	均值	76.95	75.63	82.32	78.30
		变异系数	0.047	0.008	0.098	0.048
普通	安徽、福建、广东、贵州、海南、河北、湖南、吉林、江苏、辽宁、宁夏、青海、上海、四川、云南	均值	80.15	82.84	69.93	77.64
		变异系数	0.047	0.038	0.025	0.031
弱势	甘肃、广西、河南、黑龙江、湖北、江西、内蒙古、山东、陕西、山西、天津、西藏、新疆	均值	72.05	73.41	66.70	70.72
		变异系数	0.028	0.031	0.030	0.015

3. 文化产业驱动力发展均衡

全国各省市文化产业驱动力指数变异系数适中，均衡性较好。但河北、辽宁、贵州、福建、海南、青海等地的创新环境要素指数相对较低，变异系数较大，需要进一步加大文化产业领域的科技研发力度，营造更好的创新环境，促进文化产业驱动力进一步提高。

三、2016年中国省市文化产业发展指数结果分析

将2016年统计数据及调研数据代入指标体系，并通过定权累加的方法，得到各省市文化产业综合指数、生产力指数、影响力指数、驱动力指数，部分省市结果如表2-9所示，其中港澳台地区由于调研采集数据问题没有纳入。

表2-9　2016年中国部分省市文化产业发展指数

排名	省市	综合指数	生产力	影响力	驱动力	变异系数
1	北京	84.72	73.96	87.32	87.51	0.09
2	上海	80.60	74.93	82.59	81.45	0.05
3	江苏	80.12	81.92	80.30	79.03	0.02
4	浙江	79.72	78.67	80.00	79.96	0.01
5	广东	79.23	80.16	81.42	76.59	0.03
6	山东	74.98	80.71	76.77	70.33	0.07
7	四川	74.47	76.06	75.85	72.30	0.03
8	天津	74.40	69.71	74.00	77.13	0.05
9	江西	74.03	74.59	72.14	75.63	0.02
10	辽宁	73.73	72.18	75.37	72.87	0.02

（一）总体分析

1. 区域发展依然不平衡

从区域的聚类分析结构来看，文化产业还存在不均衡的现象，东部及沿海地区的综合表现远好于其他地区，综合指数前10名除了江西、四川是中西部省份以外，其他全部集中于东部及沿海地区。北京的综合指数曾于2010—2014年度连续五年排名全国第1，2015年降为第2，2016年较2015年上升4.07%重新回到第1。上海下降1位来到了第2位，江苏、浙江、广东、山东依旧排名第3～6位。生产力及影响力整体和2015年相比变化不大，但北京、上海、江苏、浙江、广东、山东这6个省市的产业影响力出现了不同程度的下降，特别是上海、浙江、山东，下降幅度较大，分别为5.80%、4.27%、4.36%。产业驱动力有一些区域的变化比较大，天津由于市场环境和创新环境的良好发展排名进入前10，由于现在各省（自治区、直辖市）地方政府都非常重视文化产业的发展，支持力度增大，对于文化企业和市民

的感受来说，宏观的文化产业发展环境优化速度提高较快。

文化产业生产力（资源投入水平）方面，东部地区凭借海量文化资源和巨大的文化资本投入、人力资源投入，在前10中占据7个席位。中西部地区中，四川、江西、河南排名和上年基本持平，分别位列第5、第7和第9。

文化产业影响力方面，东部沿海地区文化产业经济效益极为显著，前10位的省市，除了四川、湖南、陕西外，其他均来自东部沿海较发达地区。北、上、广、苏、浙、鲁等地在产业影响力上仍领先于其他省市，但指数出现了不同程度的下降，上海、浙江、山东下降幅度较大。辽宁由于在经济影响和社会影响方面均有较好的表现，进步较大，进入前10名。

文化产业驱动力方面，北京连续三年位列第1，并且在市场环境、公共环境和创新环境方面均排名第1。此外，相较2015年，北京驱动力指数上升了6.11%，这也使得北京文化产业综合指数相比2015年提升了4.07%，超越上海排名第1。西部地区中，青海驱动力连续三年位列前5，重庆因创新环境优良进入前10，排名第6。另外，天津由于在市场环境和创新环境上的良好表现，驱动力指数得到了较大的提升，进入前10名。

2. 各省市文化产业发展整体均衡性提升

通过各地区指数的变异系数可以看出多数省市文化产业发展指数变异系数适中，文化产业发展均衡性有所提升。只有部分省市变异系数偏大，文化产业发展不均衡，其中北京、上海、山东等排名前几位的省市和重庆、青海、海南等排名居中的省市变异系数偏大，影响了其文化产业的进一步发展。

3. 区域结构特征——聚类分析的结果

聚类分析以发展指数为基本信息，对生产力、影响力、驱动力三个要素指数进行聚类，聚合为三类时达到较好的组间区分。第一类包含北京、上海、江苏、浙江、广东，综合发展指数最高，虽然一级指标的均衡度一般，但生产力指数、影响力指数、驱动力指数优势明显，这里将其定义为强势地区。第二类包含河北、辽宁、安徽、福建、江西、山东、河南、湖北、湖南、四川、云南、陕西，其生产力指数、影响力指数和驱动力指数均处于中间区域，均衡度较高，此处将其定义为普通地区。天津、山西、内蒙古、吉林、黑龙江、广西、海南、重庆、贵州、西藏、甘肃、青海、宁夏、新疆等省市，发展指数和各一级指数均值较低，驱动力指数均衡度一般，与生产力指数、影响力指数相比有一定的分化趋势，此类省份在整体上处于弱势，定义为弱势地区（见表2-10）。

表 2-10　　2016年中国省市文化产业发展指数聚类特征表

类别	省市	特征值	生产力	影响力	驱动力	综合
强势	北京、上海、江苏、浙江、广东	均值	77.93	82.32	80.91	80.88
		变异系数	0.044	0.036	0.051	0.027
普通	河北、辽宁、安徽、福建、江西、山东、河南、湖北、湖南、四川、云南、陕西	均值	73.60	73.92	72.14	73.14
		变异系数	0.036	0.021	0.023	0.015
弱势	天津、山西、内蒙古、吉林、黑龙江、广西、海南、重庆、贵州、西藏、甘肃、青海、宁夏、新疆	均值	68.15	71.37	73.64	71.64
		变异系数	0.020	0.026	0.038	0.018

(二) 文化产业生产力

文化产业生产力主要衡量文化产业内部生产要素的投入情况，主要包括三个方面：文化资源、文化资本和人力资源。部分省市文化产业生产力指数如表2-11所示：

表 2-11　　2016年中国部分省市文化产业生产力指数

省市	生产力	排名	文化资源	排名	文化资本	排名	人力资源	排名	变异系数
江苏	81.92	1	76.21	1	90.04	2	85.22	4	0.08
山东	80.71	2	68.73	13	100.00	1	85.38	3	0.18
广东	80.16	3	70.94	7	78.76	6	100.00	1	0.18
浙江	78.67	4	74.38	4	79.63	5	86.30	2	0.07
四川	76.06	5	75.51	3	76.03	16	77.18	7	0.01
上海	74.93	6	76.21	2	73.25	21	74.07	9	0.02
江西	74.59	7	73.72	5	78.46	10	72.48	14	0.04
河北	74.50	8	67.53	19	82.39	3	80.55	5	0.11
河南	74.04	9	70.02	11	80.50	4	75.64	8	0.07
北京	73.96	10	71.98	6	72.39	26	79.47	6	0.06

1. 区域特征明显

(1) 苏、鲁、广、浙文化产业生产力水平具有领先优势。

苏、鲁、广、浙文化产业生产力连续两年排名前4，唯一的变化是江苏取代山东成为第1名。山东和广东分别在文化资本和人力资源上优势明显，文化资源尚有提升空间。

（2）东部地区的总体排名较高。

在文化产业生产力排名前10的省市中，除了四川、江西、河南外，其他均为东部地区省市，其中江苏、山东、广东、浙江连续三年位列前5位，整体优势明显。四川凭借丰富的文化资源连续两年排名第5。

2. 区域结构特征——聚类分析的结果

聚类分析以生产力指数为基本信息，对文化资源、文化资本、人力资源三个要素指数进行聚类，聚合为三类时达到较好的组间区分。第一类为浙江、广东，其生产力指数最高，人力资源要素指数有非常明显的优势，均衡度较高，这里将其定义为强势地区。第二类包含河北、江苏、山东，其文化资源和人力资源的指数一般，但文化资本有非常明显的优势，均衡度较低，此处将其定义为普通地区。第三类省市各项指数均较低，指数均衡度一般，此类省市在整体上处于弱势，定义为弱势地区（见表2-12）。

表2-12　　2016年中国省市文化产业生产力指数聚类特征表

类别	省市	特征值	文化资源	文化资本	人力资源	生产力
强势	浙江、广东	均值	72.66	79.20	93.15	79.42
		变异系数	0.034	0.008	0.104	0.013
普通	河北、江苏、山东	均值	70.82	90.81	83.72	79.04
		变异系数	0.066	0.097	0.033	0.050
弱势	北京、天津、山西、内蒙古、辽宁、吉林、黑龙江、上海、安徽、福建、江西、河南、湖北、湖南、广西、海南、重庆、四川、贵州、云南、西藏、陕西、甘肃、青海、宁夏、新疆	均值	68.33	74.76	70.27	70.42
		变异系数	0.049	0.040	0.055	0.041

3. 部分省市文化产业生产力发展不均衡

通过各地区生产力指数的变异系数可以看出大部分省市文化产业生产力指数变异系数适中，均衡性较好。江苏、山东、广东、河北等经济发达地区的生产力指数变异系数较大，发展相对更为不均衡。而四川、江西、陕西、云南等中西部地区的均衡度较高。

（三）文化产业影响力

文化产业影响力框架主要衡量文化产业的产出状况，通过经济、社会两方面的影响来体现。部分省市文化产业影响力指数如表2-13所示：

表 2－13　　**2016 年中国部分省市文化产业影响力指数**

省市	影响力	排名	经济影响	排名	社会影响	排名	变异系数
北京	87.32	1	97.88	1	76.77	11	0.17
上海	82.59	2	80.95	4	84.23	1	0.03
广东	81.42	3	89.02	2	73.82	24	0.13
江苏	80.30	4	87.36	3	73.23	27	0.12
浙江	80.00	5	80.60	6	79.39	3	0.01
山东	76.77	6	80.83	5	72.72	29	0.07
四川	75.85	7	74.67	9	77.03	10	0.02
辽宁	75.37	8	73.15	12	77.59	8	0.04
陕西	74.90	9	71.19	13	78.61	4	0.07
湖南	74.72	10	80.50	7	68.94	31	0.11

1. 区域特征明显

影响力指数区域特征明显，前 10 名中有 7 名来自东部沿海地区，仅四川、陕西和湖南来自中西部地区，而后 10 名几乎全部来自中西部地区。整体而言，中西部省市与东部省市之间的差距仍然较大。各省市之间文化产业影响力指数差距比较明显，其中排名第 1 的北京市与排名末位的省份之间差距达到 19.55。

2. 区域结构特征——聚类分析的结果

聚类分析以影响力指数为基本信息，对经济影响、社会影响两个要素指数进行聚类，聚合为三类时达到较好的组间区分。第一类为北京、江苏、广东，其影响力指数最高，经济影响要素指数有非常明显的优势，均衡度较低，这里将其定义为强势地区。第二类包含天津、辽宁、上海、浙江、福建、山东、河南、湖南、四川，影响力指数和经济影响、社会影响要素指数一般，均衡度一般，表明此类内部各省市仍处于快速变化中，此处将其定义为普通地区。第三类包含河北、山西、内蒙古、吉林、黑龙江、安徽、江西、湖北、广西、海南、重庆、贵州、云南、西藏、陕西、甘肃、青海、宁夏、新疆等 19 个省市，影响力指数和经济影响要素指数较低，指数均衡度较高，此类省份在整体上处于弱势，定义为弱势地区（见表 2－14）。

表 2－14　　**2016 年中国省市文化产业影响力指数聚类特征表**

类别	省市	特征值	经济影响	社会影响	影响力
强势	北京、江苏、广东	均值	91.42	74.61	83.01
		变异系数	0.062	0.025	0.045

续前表

类别	省市	特征值	经济影响	社会影响	影响力
普通	天津、辽宁、上海、浙江、福建、山东、河南、湖南、四川	均值	77.05	75.46	76.26
		变异系数	0.047	0.061	0.041
弱势	河北、山西、内蒙古、吉林、黑龙江、安徽、江西、湖北、广西、海南、重庆、贵州、云南、西藏、陕西、甘肃、青海、宁夏、新疆	均值	67.09	76.33	71.71
		变异系数	0.045	0.023	0.024

3. 大部分省市文化产业影响力发展均衡

通过各地区影响力指数的变异系数可以看出大部分省市文化产业影响力指数变异系数较小，均衡性较好。北京、广东、江苏、湖南等影响力较大的省市变异系数偏大，经济影响力明显高于社会影响力，文化产业影响力发展不均衡。另外，宁夏、广西、云南、甘肃等西部省份的社会影响力均排名全国前10，但由于经济影响力排名靠后，导致文化产业影响力变异系数过大，需要考虑如何提高当地的经济影响力水平，更好地增加经济规模，提高收入水平，从而在经济影响力方面有全面的提高。

（四）文化产业驱动力

产业驱动力主要反映产业发展环境（政府行为），部分省市文化产业驱动力指数如表2－15所示：

表2－15　2016年中国部分省市文化产业驱动力指数

省市	驱动力	排名	市场环境	排名	公共环境	排名	创新环境	排名	变异系数
北京	87.51	1	93.00	1	93.32	1	83.74	1	0.06
上海	81.45	2	87.39	2	89.66	2	76.73	5	0.02
浙江	79.96	3	81.28	9	81.66	12	78.95	3	0.08
江苏	79.03	4	83.88	3	86.22	3	75.02	7	0.11
青海	77.33	5	83.08	5	82.87	8	73.57	8	0.07
重庆	77.24	6	74.23	28	74.21	29	79.24	2	0.06
天津	77.13	7	78.08	13	79.34	18	76.08	6	0.05
海南	77.06	8	76.38	20	78.23	24	76.90	4	0.05
广东	76.59	9	83.22	4	83.15	6	72.19	10	0.08
江西	75.63	10	81.72	6	85.64	4	70.26	11	0.07

1. 总体分析

（1）北京优势明显，东部地区发展仍然强劲。

从驱动力排名看，排名前 10 的省市中，7 个出自东部，东部地区由于其区位优势，驱动力发展仍然强劲，2016 年东部地区发展整体优于中西部地区，可见中西部地区虽然发展迅速，但在和东部地区的竞争中仍然面临巨大挑战。北京连续三年驱动力排名第 1，不仅如此，其市场环境、公共环境以及创新环境要素指数首次均位列第 1 名。青海连续三年驱动力指数排名全国第 5 位。

（2）指数数值趋于稳定。

与生产力和影响力指数一样，驱动力指数逐渐趋于稳定，31 个省市指数数值整体趋于平稳。这表明随着各地区政府支持力度逐渐加大，市场环境、公共环境和创新环境等各个方面已进入相对稳定的状态。

2. 区域结构特征——聚类分析的结果

聚类分析以驱动力指数为基本信息，对市场环境、公共环境、创新环境三个要素指数进行聚类，聚合为三类时达到较好的组间区分。第一类为北京、上海，其市场环境、公共环境、创新环境指数均有非常明显的优势，这里将其定义为强势地区。第二类为天津、山西、江苏、浙江、江西、广东、海南、重庆、青海、新疆，市场环境和公共环境要素指数较好，创新环境要素指数一般，均衡度一般，此处将其定义为普通地区。第三类包括河北、内蒙古、辽宁、吉林、黑龙江、安徽、福建、山东、河南、湖北、湖南、广西、四川、贵州、云南、西藏、陕西、甘肃、宁夏等省份，各要素指数均较低，在整体上处于弱势，定义为弱势地区（见表 2－16）。

表 2－16　　2016 年中国省市文化产业驱动力指数聚类特征表

类别	省市	特征值	市场环境	公共环境	创新环境	驱动力
强势	北京、上海	均值	90.20	91.49	80.23	84.48
		变异系数	0.044	0.028	0.062	0.051
普通	天津、山西、江苏、浙江、江西、广东、海南、重庆、青海、新疆	均值	80.26	81.85	74.10	76.88
		变异系数	0.040	0.046	0.051	0.023
弱势	河北、内蒙古、辽宁、吉林、黑龙江、安徽、福建、山东、河南、湖北、湖南、广西、四川、贵州、云南、西藏、陕西、甘肃、宁夏	均值	76.05	78.58	68.05	71.76
		变异系数	0.029	0.033	0.028	0.020

3. 文化产业驱动力发展均衡

全国各省市文化产业驱动力指数变异系数适中，均衡性较好。相比市场环境指数和公共环境指数，创新环境指数偏低，均值只有70.79，各省市可以通过进一步提高科学技术水平，营造更好的创新环境，促进文化产业驱动力进一步提高，使发展更加均衡稳定。

四、2015—2016年中国省市文化产业发展指数结果总体分析

(一) 我国文化产业总体保持增长

从2016年中国省市文化产业发展指数的整体态势来看，我国各省市文化产业发展指数平均值基本呈现正增长的态势，2016年较2015年增长0.08%，2015年较2014年增长0.064%；在2016年，综合指数增长率最高的10个省市中，有8个位于中西部地区，2014年和2015年分别是6个和7个。可以看到，虽然中西部地区原有基础薄弱，随着西部大开发战略的进一步推进与实施，以及当地政府给予的大力支持，中西部地区的文化产业发展迅速，进步较快。其中，生产力指数2014—2016这三年基本持平，2015年江西、湖北、西藏、内蒙古、湖南得分增长最快，2016年浙江、云南、上海、江苏、北京得分增长最快；影响力指数2015年较2014年有一定程度的降低，2016年和2015年基本持平，2015年北京、吉林、海南、上海、广东分列影响力增长率前5名，2016年贵州、辽宁、甘肃、内蒙古、广西位居增长率前5名；驱动力2015年较2014年有一定的增长，2016年较2015年下降0.76%，2015年和2016年增长最快的分别是福建、吉林、上海、海南、四川和新疆、天津、江西、北京、山西。

(二) 东部地区发展显著好于中西部地区

2015年、2016年中国省市文化产业发展指数结果表明，我国区域文化产业综合发展格局基本稳定，我国文化产业的发展在东、中、西部存在着严重的不平衡性，东部地区指数得分显著高于中西部地区，尤其在影响力指数方面，表现更为明显（见图2-4、图2-5）。

(三) 部分地区依然存在发展不均衡问题

从生产力、影响力、驱动力的均衡度来看，2012年、2013年、2014年、2015年、2016年的变异系数均值分别为0.040、0.035、0.039、0.041和0.036，说明区域均衡度基本稳定，且近五年整体均衡度较2011年有一定的提高（见图2-6）。

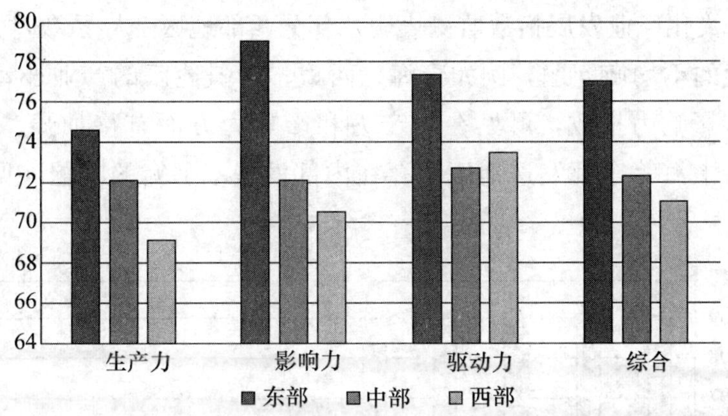

图 2-4　2015 年区域文化产业发展指数均值

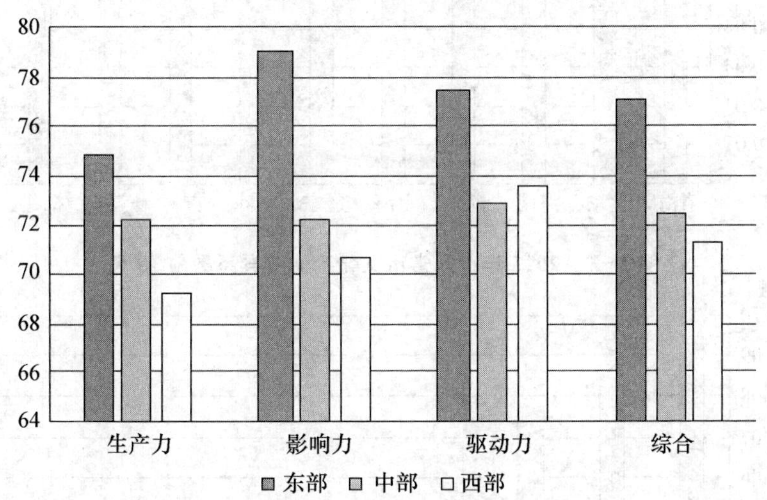

图 2-5　2016 年区域文化产业发展指数均值

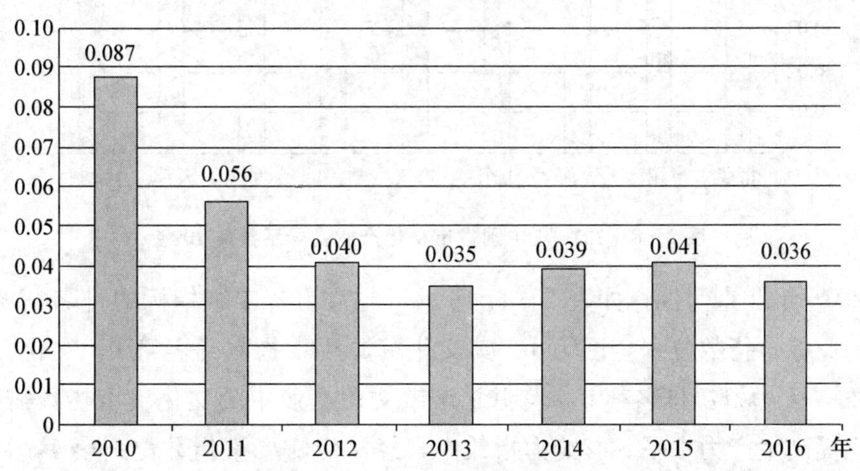

图 2-6　2010—2016 年中国省市文化产业变异系数均值

中国省市文化产业发展指数监测表明，部分西部地区变异系数过大，产业发展存在一定程度的不均衡问题，例如青海、西藏、新疆地区的产业驱动力指数明显高于生产力和影响力指数，可见在生产力和影响力方面有待加强。另外，北京、海南、山东、上海等东部发达地区也存在内部发展不平衡的问题（见图 2－7、图 2－8）。

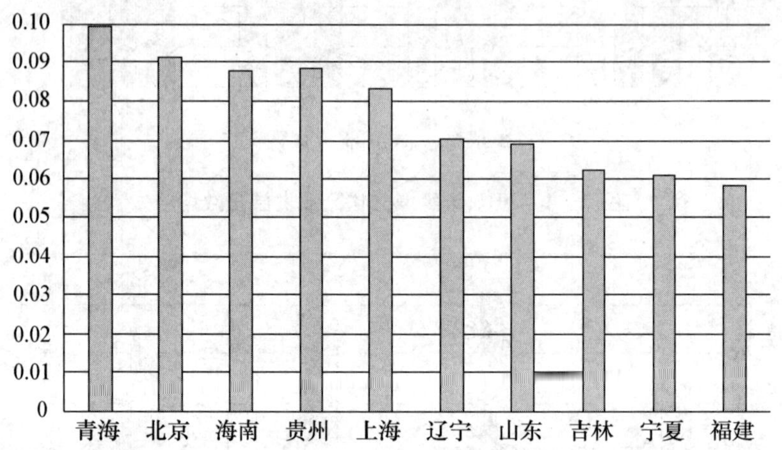

图 2－7　2015 年中国省市文化产业变异系数前 10 名

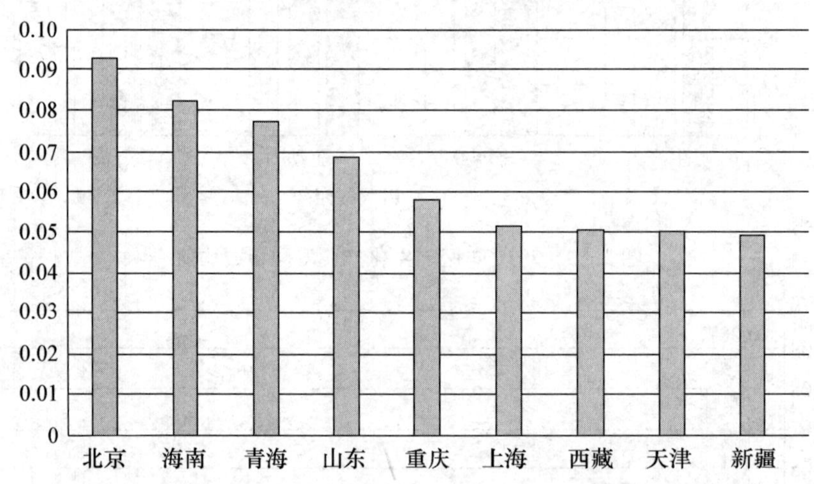

图 2－8　2016 年中国省市文化产业变异系数前 10 名

以 2016 年北京为例，如表 2　17 所示，北京市各二级指标的排名情况：北京市文化产业综合指数位列全国第 1，其文化资源要素指数排名第 6，文化资本要素排名第 26，人力资源排名第 6，表明北京市文化产业中的文化资本指数需要提高，这样才能提高生产力水平。影响力指数中，经济影响要素指数位列第 1，社会影响要素指数位列第 11，表明北京市经济影响在全国范围内发展水平领先，而社会影响亟待提高。北京市的市场环境、公共环境、创新环境指数均位列全国第 1，可见北京市产业驱动力水平很高。

表 2-17　　2016 年北京市二级指标得分及排名情况

优势指标			劣势指标		
指标名称	得分	排名	指标名称	得分	排名
文化资源	71.98	6	文化资本	72.39	26
人力资源	79.47	6	社会影响	76.77	11
经济影响	97.88	1			
市场环境	93.00	1			
公共环境	93.32	1			
创新环境	83.74	1			

第三章　2010—2016年中国省市文化产业发展指数动态分析

自2010年起，中国省市文化产业发展指数已经连续发布七年。本章将通过纵向对比，就2010—2016年中国省市文化产业发展指数的动态趋势展开分析，展现七年间各省市文化产业发展的态势，并对各指数发生变动的原因进行深入分析，以便更好地掌握中国省市文化产业发展指数及其各分指数的变化关系。在此基础上，发掘影响各省市文化产业发展能力的关键因素，深入剖析关键因素的变动趋势，寻求影响和决定中国省市文化产业发展能力的关键因素。

前文已经介绍，中国省市文化产业发展综合指数是由生产力指数、影响力指数以及驱动力指数三个分指数简单平均得出来的，因此本章先对生产力、影响力、驱动力三个分指数逐一进行分析，主要围绕各省市文化产业指数得分的数值、排名及增长速度三个方面展开，然后再分析三个分指数综合作用下的中国省市文化产业发展综合指数的变动特征及其变动原因。

一、中国省市文化产业生产力指数变动特征及其原因分析

本章的前三节逐一分析中国省市文化产业发展三个分指数的变动特征及其变动原因。这些分析旨在找出影响中国省市文化产业发展能力的关键因素，掌握影响文化产业发展的关键因子，以便在未来文化产业发展过程中，能够做到有的放矢，针对关键因素和关键环节给予重点建设。此外，我们还要通过深入挖掘各省市发展的短板因素，集中力量减弱甚至消除短板因素的制约，以保证中国各省市文化产业发展的均衡性和稳定性，进而使得中国各省市文化产业得到全面长远的发展。首先，让我们来对2010—2016年中国省市文化产业发展生产力指数进行分析。

(一) 中国省市文化产业生产力指数变动特征

生产力指数是省市文化产业发展评价体系的一级指标，它从文化产业内部生产要素的投入情况以及省市的资源禀赋等方面来反映省市文化产业的发展状况。产业生产力指数能够客观、直接地反映一个省市文化产业现时发展实力以及未来发展潜力。

1. 生产力指数数值变动特征

(1) 总体变动情况。

如图 3 - 1 所示，从总体来看，2010—2016 年中国省市文化产业生产力指数平均得分有所增长。29 个省市 2010 年生产力指数平均为 70.77 分，2016 年为 71.84 分，较 2015 年的 72.04 分稍有降低，但比 2010 年的生产力指数增加了 1.07 分。从 2010—2016 年七年具体变化过程来看，2012 年、2015 年和 2016 年出现了小幅下降，其他年份的生产力指数总体呈现上涨趋势，2010—2016 年各省市文化产业生产力指数平均得分稳步增长（见表 3 - 1、图 3 - 1）。

表 3 - 1　　2010—2016 年中国部分省市文化产业生产力指数数值变动情况

排名	省市	2010 年	2011 年	2012 年	2013 年	2014 年	2015 年	2016 年	七年变动值
1	江苏	73.25	76.13	73.85	78.76	80.85	81.29	81.92	8.67
2	山东	72.10	76.16	74.11	80.34	80.84	82.14	80.71	8.61
3	河南	66.73	67.13	66.64	74.49	74.90	74.82	74.04	7.31
4	江西	67.65	67.87	68.50	70.06	70.97	74.99	74.59	6.94
5	河北	68.62	68.27	68.64	74.84	75.69	75.04	74.50	5.88
6	安徽	66.26	66.89	67.47	71.33	71.83	72.12	71.41	5.15
7	四川	71.60	73.09	71.29	77.47	76.79	76.45	76.06	4.46
8	湖北	68.33	69.24	68.56	71.26	71.54	73.36	72.00	3.67
9	广西	65.53	65.58	66.00	68.68	68.57	69.18	68.99	3.46
10	黑龙江	65.71	66.60	68.62	70.02	69.78	69.43	69.10	3.39
全国均值	—	70.77	71.42	70.82	72.06	72.21	72.04	71.84	1.07

说明：本表只显示 2010—2016 年文化产业生产力指数变动值排名前 10 位的省市指数结果及变化情况。

(2) 具体变动情况。

2016 年大多数省市生产力指数较 2010 年整体呈现增长趋势，共 19 个省市生产力指数增加，即相比于 2010 年，2016 年共有 19 个省市的文化产业生产力有所提高。其中，江苏、山东、河南、江西增幅明显，指数数值增长均在 6 分以上，尤以江苏最为显著。江苏的生产力指数由 2010 年的 73.25 分上升到 2016 年的 81.92 分，

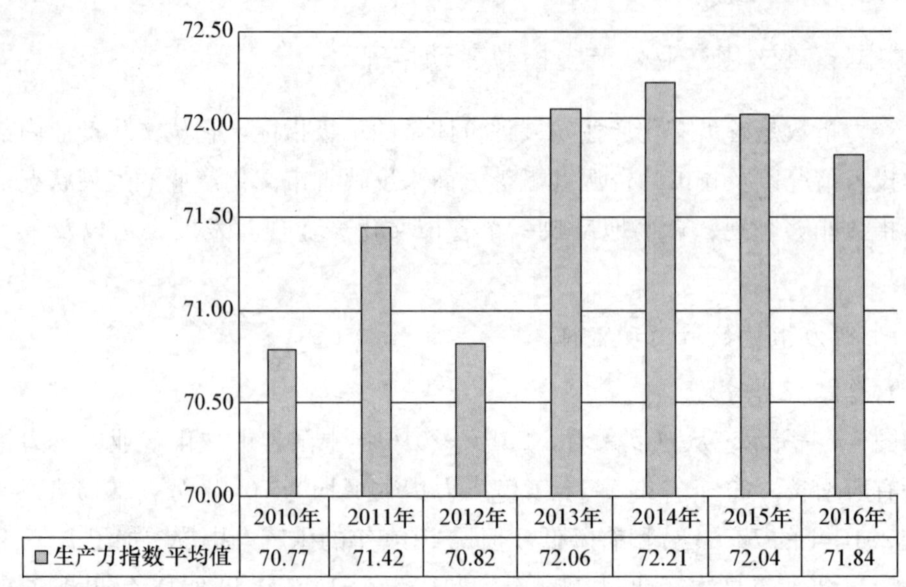

图 3-1　2010—2016 年中国省市文化产业生产力指数平均值对比图

增长了 8.67 分，增长幅度为 11.83%，位列全国第 1（见图 3-2）。此外，相比于 2010 年，2016 年有 10 个省市文化产业生产力有所降低，其中北京、海南等省市降幅较大，北京、海南两个省市的降幅均超过了 10%。

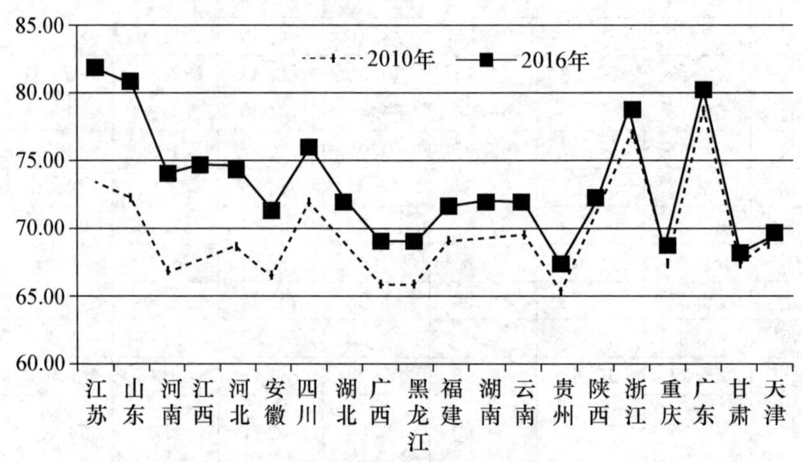

图 3-2　2010—2016 年中国部分省市文化产业生产力指数变动图

说明：本图只显示我国 2010—2016 年文化产业生产力指数变动值排名前 20 位的省市指数结果及变化情况。

（3）区域变动情况。

2010—2016 年生产力指数数值增长的省市为江苏、山东、河南、江西、河北、安徽、四川、湖北、广西、黑龙江、福建、湖南、云南、贵州等 19 个省市，其中，增加值较大的前 15 个省市中有 11 个省市位于中西部地区，包括河南、江西、安徽、四川、湖北、广西、黑龙江等地。这也显示了中西部地区文化产业生产力发展特征，即生产力整体呈现出上升态势，且上升幅度较大。生产力指数数值降低的省市有天津、吉林、内蒙古、辽宁、宁夏、上海、青海、山西、海南、北京，其中天津、辽宁、上海、海南、北京为东部发达地区，可见东部地区文化产业生产力相对于中西部地区来说，呈现出较为明显的下降状态。因此，总体来说，2010—2016 年七年间我国文化产业生产力指数呈现“总体上升、中西部上升速度较快”的态势，文化产业生产力总体不均衡，“东高西低”的现象依然明显，但中西部地区已经呈现出较快的增长速度，而东部地区部分省市生产力呈下降趋势。

2. 生产力指数排名变动特征

如表 3-2 所示，总体来看，2016 年与 2010 年相比，29 个省市的文化产业生产力指数中，有 5 个省市的排名没有发生变化，排名变化的城市中，有 3 个城市变动在 10 位及以上，9 个城市变动在 5 位以上。具体来看，河南、江西、河北、安徽、湖北、山东、江苏、湖南、黑龙江、广西、四川、湖北等 13 个省市排名上升，其中河南上升幅度最大，上升了 16 位，江西、河北分别上升了 15 位、12 位，三个省份都直接跃居文化产业生产力指数的前 10 名。海南、青海、宁夏、山西、北京、内蒙古、吉林、天津、辽宁、上海等 11 个省市排名下降，其中海南下降幅度较大，排名下降 23 位，直接跌为倒数第 1，其次是青海，排名下降 18 位。全国只有浙江、陕西、云南、重庆和甘肃 5 个省市生产力排名保持不变。此外，广东 2010—2012 年均排在全国第 2 位，2013 年、2014 年排在第 1 位，2015 年、2016 年排在第 3 位，并且最近三年广东的生产力得分均在 80 分以上，这显示了广东对文化产业内部要素进行了持续投入，生产力指数稳步上升。浙江在 2010 年、2011 年、2015 年和 2016 年均排名第 4 位，2012—2014 年排名第 5 位，浙江的生产力指数保持了稳定的发展态势。广东、浙江两个省市文化产业生产力相对于其他省市保持了稳定发展的优势地位。而北京前三年均排在首位，最近四年分别排在第 3、第 4、第 11、第 10 位，生产力指数有下降的趋势。

表 3-2　　2010—2016 年中国部分省市文化产业生产力指数对比表

2010年		2011年		2012年		2013年		2014年		2015年		2016年		七年排名变动
排名	省市	排名	省市	排名	省市	排名	省市	排名	省市	排名	省市	排名	省市	
1	北京	1	北京	1	北京	1	广东	1	广东	1	山东	1	江苏	6
2	广东	2	广东	2	广东	2	山东	2	江苏	2	江苏	2	山东	7
3	上海	3	上海	3	天津	3	北京	3	山东	3	广东	3	广东	−1
4	浙江	4	浙江	4	上海	4	江苏	4	北京	4	浙江	4	浙江	0
5	山西	5	辽宁	5	浙江	5	浙江	5	浙江	5	四川	5	四川	5

续前表

2010年		2011年		2012年		2013年		2014年		2015年		2016年		七年排名变动
排名	省市	排名	省市	排名	省市	排名	省市	排名	省市	排名	省市	排名	省市	
6	辽宁	6	山东	6	山东	6	四川	6	四川	6	河北	6	上海	−3
7	江苏	7	江苏	7	江苏	7	上海	7	上海	7	江西	7	江西	15
8	海南	8	天津	8	辽宁	8	河北	8	河北	8	河南	8	河北	12
9	山东	9	内蒙古	9	青海	9	河南	9	河南	9	上海	9	河南	16
10	四川	10	四川	10	四川	10	辽宁	10	辽宁	10	湖南	10	北京	−9
11	青海	11	海南	11	福建	11	湖南	11	湖南	11	北京	11	辽宁	−5
12	陕西	12	吉林	12	海南	12	陕西	12	福建	12	湖北	12	陕西	0
13	内蒙古	13	青海	13	陕西	13	福建	13	陕西	13	安徽	13	湖北	8
14	天津	14	福建	14	内蒙古	14	云南	14	安徽	14	辽宁	14	湖南	2
15	云南	15	湖南	15	山西	15	安徽	15	云南	15	福建	15	云南	0

说明：本表只显示2010—2016年文化产业生产力指数排名前15位的省市生产力指数结果及变化情况。

3. 生产力指数增长速度变动特征

2010—2016年中国省市文化产业生产力指数增长速度基本上分为5个梯队，第一梯队为山东、江苏、河南、江西、河北、安徽、四川、湖北、广西、黑龙江10个省市，这10个省市在2010—2016年生产力水平增长势头较猛，增长幅度均在5%以上，其中山东、江苏、河南、江西的增长幅度超过了10%（见表3-3、图3-3）；第二梯队包括福建、湖南、贵州、云南、陕西、浙江、重庆、广东、甘肃9个省市，这9个省市增长速度较高，但步伐较慢，低于第一梯队，增长速度在1%～5%之间；第三梯队包括天津、吉林、内蒙古3个省市，这3个省市文化产业生产力指数的变化幅度不大，七年间指数降低的幅度不超过1%；第四梯队包括辽宁、宁夏、上海3个省市，这3个省市文化产业生产力指数有所降低，降低幅度不超过5%；最后一个梯队包括青海、山西、海南、北京4个省市，这4个省市文化产业生产力指数下降幅度较大，均超过5%，其中北京、海南的下降幅度超过了10%。

表3-3　　2010—2016年中国部分省市文化产业生产力指数增速表

增速排名	省市	2010年	2011年	2012年	2013年	2014年	2015年	2016年	七年增速
1	山东	72.10	76.16	74.11	80.34	80.84	82.14	80.71	11.94%
2	江苏	73.25	76.13	73.85	78.76	80.85	81.29	81.92	11.83%
3	河南	66.73	67.13	66.64	74.49	74.90	74.82	74.04	10.96%
4	江西	67.65	67.87	68.50	70.06	70.97	74.99	74.59	10.26%
5	河北	68.62	68.27	68.64	74.84	75.69	75.04	74.50	8.57%
6	安徽	66.26	66.89	67.47	71.33	71.83	72.12	71.41	7.77%
7	四川	71.60	73.09	71.29	77.47	76.79	76.45	76.06	6.23%

续前表

增速排名	省市	2010年	2011年	2012年	2013年	2014年	2015年	2016年	七年增速
8	湖北	68.33	69.24	68.56	71.26	71.54	73.36	72.00	5.37%
9	广西	65.53	65.58	66.00	68.68	68.57	69.18	68.99	5.28%
10	黑龙江	65.71	66.60	68.62	70.02	69.78	69.43	69.10	5.17%

说明：(1) 表中数值均为四舍五入的结果；(2) 本表只显示2010—2016年文化产业生产力指数增速排名前10位的省市指数结果及变化结果。

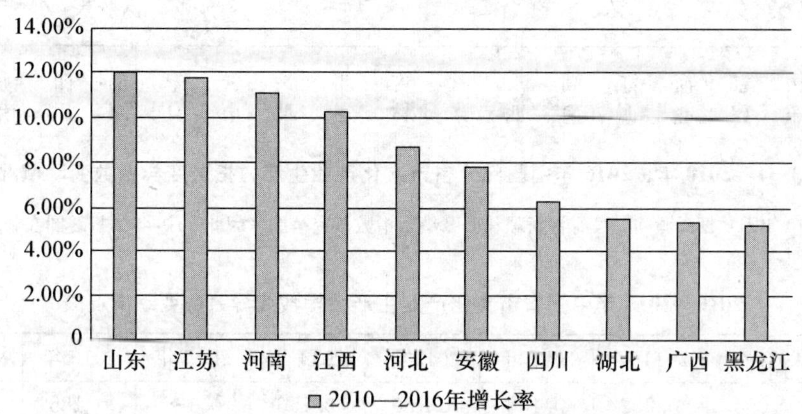

图3-3 2010—2016年中国部分省市文化产业生产力指数增速图

说明：本图为示意图，只显示2010—2016年文化产业生产力指数增速排名前10名的省市指数结果及变化情况。

4. 生产力指数变异系数变动特征

(1) 总体变动情况。

如图3-4所示，2016年与2010年相比，生产力指数变异系数变化较大。18个省市生产力指数变异系数有所下降，部分省市降幅较大。从总体上看，29个省市2010年生产力变异系数为0.080，2016年达到0.065，下降了0.015，降幅为18.76%，可见整体的均衡度有所提高。

(2) 具体变动情况。

由表3-4可知，2010—2016年，海南、山西、四川、青海、上海、浙江、宁夏、云南、内蒙古、陕西、广东、北京等18个省市文化产业生产力指数变异系数降低，其中海南、山西、四川、青海、上海、浙江、宁夏等7个省市变异系数明显降低，降低幅度超过了50%，文化产业生产力发展的均衡性大大提高。山东、福建、湖北、江苏、河北等10个省市的变异系数有不同程度的增长，其中山东的变异系数增长最为明显，变异系数由2010年的0.094增长到2016年的0.185，增幅为96.8%，表明山东的文化产业生产力发展的均衡性明显下降。

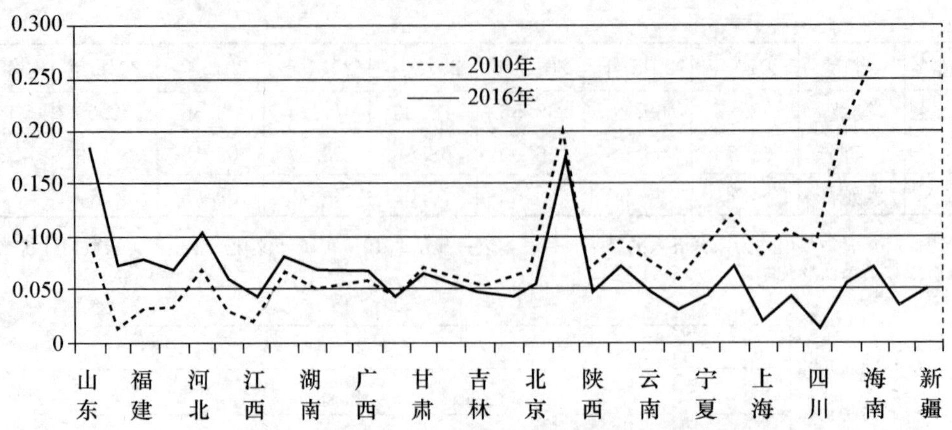

图 3-4　2010 年、2016 年中国部分省市文化产业生产力指数变异系数变动情况图

说明：2010 年因数据来源问题没有将新疆和西藏纳入指数研究范围，因此 2010 年的折线图在新疆和西藏处出现了割裂。下同。

表 3-4　　2010—2016 年中国省市文化产业生产力指数变异系数变动情况表

省市	2010 年	2011 年	2012 年	2013 年	2014 年	2015 年	2016 年	七年增加值
山东	0.094	0.202	0.133	0.160	0.156	0.166	0.185	0.091
湖北	0.016	0.029	0.001	0.053	0.053	0.054	0.072	0.056
福建	0.032	0.028	0.053	0.052	0.055	0.076	0.079	0.047
河南	0.034	0.031	0.051	0.029	0.055	0.059	0.070	0.036
河北	0.071	0.018	0.007	0.044	0.082	0.097	0.105	0.035
安徽	0.025	0.035	0.006	0.050	0.053	0.048	0.059	0.034
江西	0.016	0.044	0.036	0.037	0.045	0.040	0.042	0.026
江苏	0.065	0.036	0.065	0.046	0.060	0.092	0.084	0.019
湖南	0.050	0.022	0.037	0.017	0.047	0.043	0.069	0.019
辽宁	0.053	0.164	0.096	0.086	0.091	0.069	0.068	0.015
广西	0.058	0.024	0.032	0.058	0.064	0.068	0.071	0.013
重庆	0.046	0.060	0.057	0.055	0.049	0.042	0.043	−0.002
甘肃	0.072	0.065	0.057	0.039	0.064	0.067	0.068	−0.004
贵州	0.065	0.064	0.056	0.052	0.055	0.056	0.058	−0.007
吉林	0.056	0.118	0.061	0.038	0.041	0.048	0.048	−0.008
黑龙江	0.055	0.042	0.056	0.058	0.049	0.043	0.046	−0.009
北京	0.069	0.097	0.099	0.053	0.044	0.061	0.056	−0.013
广东	0.198	0.179	0.215	0.146	0.136	0.178	0.181	−0.017
陕西	0.066	0.070	0.063	0.026	0.038	0.051	0.048	−0.017

续前表

省市	2010 年	2011 年	2012 年	2013 年	2014 年	2015 年	2016 年	七年增加值
内蒙古	0.092	0.227	0.080	0.068	0.070	0.072	0.074	−0.018
云南	0.070	0.059	0.037	0.036	0.050	0.055	0.048	−0.021
天津	0.056	0.210	0.237	0.042	0.044	0.034	0.033	−0.023
宁夏	0.091	0.096	0.078	0.042	0.040	0.045	0.045	−0.046
浙江	0.126	0.103	0.086	0.058	0.058	0.086	0.075	−0.052
上海	0.079	0.085	0.121	0.041	0.035	0.012	0.020	−0.058
青海	0.107	0.108	0.129	0.041	0.044	0.042	0.043	−0.064
四川	0.085	0.039	0.049	0.026	0.028	0.008	0.011	−0.074
山西	0.206	0.060	0.050	0.030	0.032	0.048	0.054	−0.152
海南	0.266	0.247	0.181	0.052	0.065	0.074	0.073	−0.193
西藏	—	—	—	0.044	0.043	0.036	0.036	—
新疆	—	—	—	0.045	0.049	0.050	0.052	—
均值	0.080	0.088	0.077	0.052	0.058	0.062	0.065	−0.015

(二) 中国省市文化产业生产力指数变动原因分析

产业生产力指各地区对文化产业的投入水平，主要包括投入文化产业的资源情况（文化资源、文化资本、人力资源等），反映了各地区发展文化产业的潜力。在中国省市文化产业发展能力评价指标体系中，文化产业投入方面可以由 26 个指标进行考察。通过对生产力指数各个分指标的对比，我们可以找出生产力指数变动的原因。

从表 3－5 中的数据我们可以看出，各省市文化资源指数 2016 年与 2010 年相比下降了 2.77；文化资本指数 2016 年在 2010 年的基础上增长了 7.78，上升幅度较大，增长了 11.3%，总体来看，七年基本呈上升状态，但 2012 年出现小幅下降；人力资源指数 2016 年比 2010 年上升 2.88，上涨幅度低于文化资本指数。因此，可以看出，2010—2016 年文化产业生产力指数的上升，主要是文化资本的增加导致的。下面让我们来看一下 29 个省市文化资源、文化资本以及人力资源三个分指标 2010 年和 2016 年的变化情况，以便进行具体的分析。

表 3－5　2010—2016 年中国省市文化产业生产力指数二级指标得分平均值对比表

二级指标	2010 年	2011 年	2012 年	2013 年	2014 年	2015 年	2016 年	七年变动值
文化资源	71.62	71.57	71.61	70.87	70.84	69.26	68.85	−2.77
文化资本	68.82	74.40	70.83	75.63	76.70	76.60	76.60	7.78
人力资源	70.17	68.00	68.43	72.06	71.81	73.05	73.05	2.88

1. 文化资源分析

文化资源指狭义上的文化资源，主要包括有形的物质资源和无形的精神资源，可分为场馆类资源、人文类资源和文化产业基地/园区三类。

如图 3-5 所示，2016 年的文化资源得分的折线图与 2010 年相比，部分省市有较明显的下降，这与前文所分析的 2016 年整体文化资源指数较 2010 年有所下降的结论相吻合。相比 2010 年，2016 年广西、湖北、四川、河北等省市七年排名没有明显变化，说明这些省市文化资源比较稳定；四川、上海、江苏、北京、浙江等省市七年间文化资源排名始终保持前列，表明这些省市文化资源十分丰富，且持续保持文化资源优势。值得注意的是，河南、江西七年间分别进步了 16 名、15 名，实现了较大的跨越，表明河南、江西两地文化资源增长迅速。相反，海南、广西、贵州等省市则连续七年在文化资源方面得分比较低，文化资源的排名相对靠后。上述文化资源得分特征也基本上反映了生产力指数的排名特征，分析一下文化资源指标的具体变量，我们就不难理解以上现象产生的原因了。

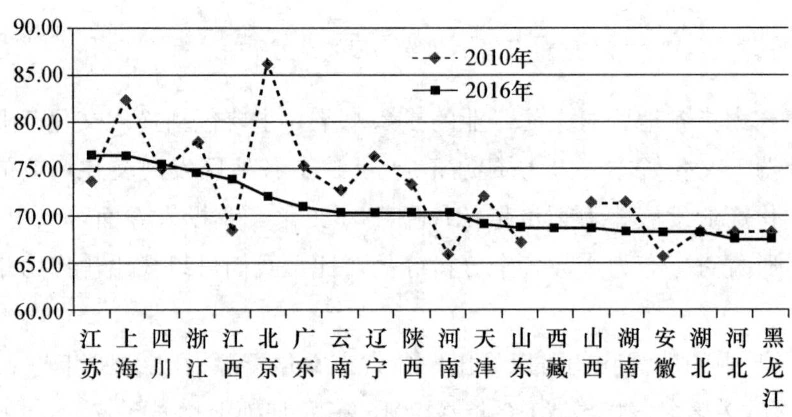

图 3-5　2010 年、2016 年中国部分省市文化产业文化资源得分对比折线图

北京、广东、上海、四川、江苏、浙江等省市，由于大学数量、博物馆文物藏品数量、图书馆馆藏以及文化产业基地数量等各个文化资源方面的优势，文化资源得分位于前列；相反，海南、广西、贵州等文化资源得分位于末位的几个省市，大学数量、博物馆文物藏品数量、图书馆馆藏等文化资源相对匮乏，因此文化资源得分较低，文化资源排名靠后。

2. 文化资本分析

文化资本指任何与文化及文化活动有关的有形及无形资产，它是决定经济增长的一种关键性生产要素和最终解释变量。主要用各类文化产业固定资产投资情况来衡量。

如图 3-6 所示，2016 年与 2010 年相比，大部分省市的文化资本得分呈增长态势。文化资本得分下降的仅有海南、北京、上海、青海 4 个省市，其余省市的文化资本指标得分处于上升状态，与这些省市的文化产业生产力指数的涨幅变动特点基本一致。在文化资本得分上升的省市中，除内蒙古、宁夏七年文化资本得分增长幅度较小外，其余大部分省市的文化资本指标得分都有较大幅度的上升，文化资本得分的大幅上升也是导致省市生产力指数上升的重要原因之一。其中江苏上升幅度最大，从 2010 年的 67.84 分上升到 2016 年的 90.04 分[①]，增加了 22.20 分，上升幅度达到 32.72%；山东、河北文化资本得分均增长了 15 分以上，这两个省市的文化资本得分上升幅度也较大。

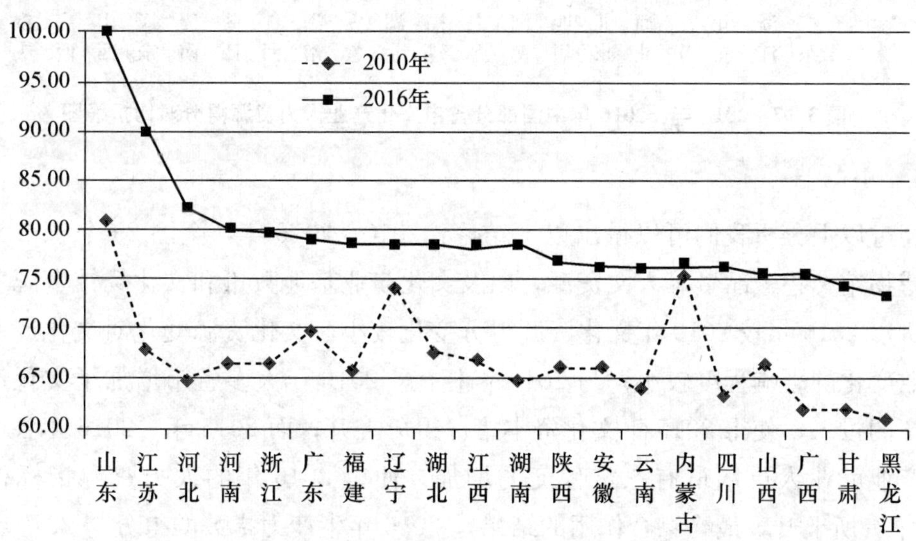

图 3-6　2010 年、2016 年中国部分省市文化产业文化资本得分对比折线图

3. 人力资源分析

人力资源（智力资源）是发展文化产业的核心要素，因为文化产业属于智力密集型产业，文化产业的竞争常常表现为优秀人才资源的竞争，优秀的人才资源也是文化产业发展的智力支撑和创意支撑。

如图 3-7 所示，总体来看，2016 年较 2010 年大多数省市文化产业人力资源得分呈现小幅上升态势。具体来看，除山西文化产业人力资源得分出现较大幅度下滑之外，其余大多数省市的文化产业人力资源得分都有不同程度的上升。这表明人力

① 二级指标数据中文化资本和人力资源两个指标尚无最新数据，因而本书中所有涉及这两个指标的数据皆沿用 2015 年数据。

资源得分的上升也是导致七年文化产业生产力指数上升的原因之一。

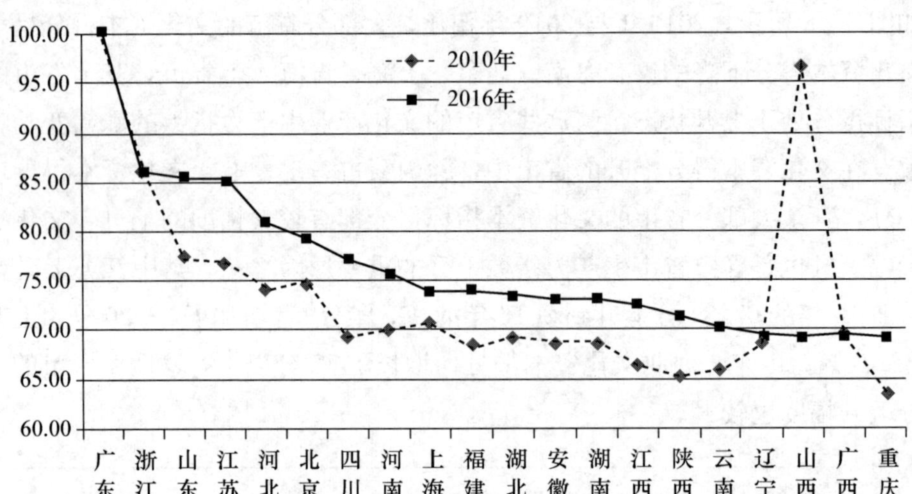

图 3-7　2010 年、2016 年中国部分省市文化产业人力资源得分对比折线图

4. 小结

经过以上分析我们可以得出以下结论：2010—2016 年，全国 29 个省市大学数量、博物馆文物藏品量等人文资源，以及文化产业基地数量和文化场馆资源变化不大，所以 2016 年较 2010 年文化资源得分变化较小，文化资源变化对文化产业生产力指数变化的影响程度较小；与 2010 年相比，2016 年大多省市增加了文化产业固定资产的投入，使得 2016 年文化资本指标得分上升；而 2015 年、2016 年各个省市文化产业就业人员数量有一定程度的增加，使得 2016 年的人力资源指标得分较 2010 年有所上升，最终综合作用的结果是 2016 年生产力指数的得分与 2010 年相比有所提高，我国文化产业生产力指数上升。

江苏省人力资源排名始终位于前列，文化资源在大部分省市出现下降趋势的情况下保持了稳定态势，文化资本连续四年持续增加，综合起来 2016 年江苏省文化生产力指数跃居第 1 位；山东省和江苏省情况类似，人力资源排名始终位于前列，近两年文化资源增加，特别是文化资本投入的增加使得山东 2016 年保持文化资本排名第 1 的位置，同时也使得山东的生产力指数位列全国第 2；北京虽然人力资源、文化资源排名位于前列，但文化资本投资减少较快，文化资本投入的减少导致了北京近两年来生产力指数下降较快；海南的文化产业生产力由 2010 年的第 8 名下降为 2016 年的第 31 名，下降幅度较大，其原因主要是文化资本方面有较大幅度的降低，其文化资本排名从第 1 名下降到最后一名，同时海南的文化资源和人力资源也有不同幅度的降低；河南、江西在文化资源、文化资本和人力资源三方面均有较大幅度的提高，在 2016 年 3 个省份均位列生产力指数排名前 10 名。

二、中国省市文化产业影响力指数变动特征及其原因分析

(一) 中国省市文化产业影响力指数变动特征

产业影响力指数指各地区文化产业的效应水平，包括经济影响和社会影响两方面，产业影响力指数主要用来衡量文化产业的产出状况，衡量一个省市文化产业的发展绩效。下面来看中国 29 个省市 2010—2016 年文化产业影响力指数的得分变动特征及变动原因。

1. 影响力指数数值变动特征

(1) 总体变动情况。

从图 3 - 8 和表 3 - 6 中我们可以看出，2010—2016 年中国省市文化产业影响力指数整体呈上升趋势，约有 2/3 的省市文化产业影响力指数上升，下降的省市大约占 1/3。从总体来看，如图 3 - 8 所示，影响力指数除了 2012 年低于 2011 年、2015 年较 2014 年有小幅下降之外，其他年份均持续上升。2016 年省市影响力指数均值比 2010 年上升 0.76，整体变化幅度不大。

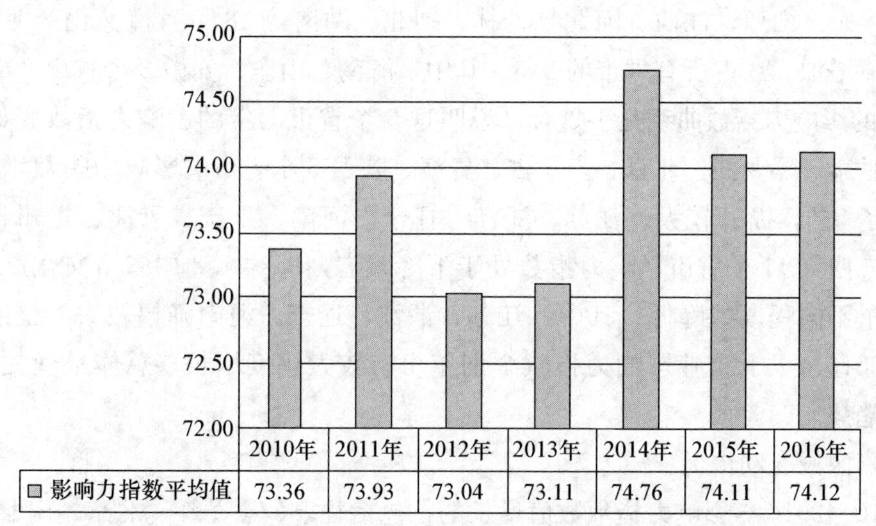

图 3 - 8　2010—2016 年中国省市文化产业影响力指数平均值对比图

表 3-6　　2010—2016 年中国部分省市文化产业影响力指数数值变动情况表

排名	省市	2010 年	2011 年	2012 年	2013 年	2014 年	2015 年	2016 年	七年变动值
1	甘肃	65.35	64.88	66.82	68.21	68.89	67.14	71.08	5.73
2	黑龙江	67.80	70.59	68.37	67.42	70.25	70.73	73.34	5.53
3	北京	82.77	83.18	80.81	80.52	83.64	88.23	87.32	4.55
4	内蒙古	69.26	67.61	67.78	71.43	70.11	70.16	73.66	4.41
5	青海	65.22	68.45	69.41	67.85	73.15	69.14	69.46	4.24
6	陕西	70.79	76.31	71.48	75.02	73.15	73.85	74.90	4.11
7	宁夏	69.33	66.79	70.35	71.60	72.80	70.95	72.05	2.72
8	广东	78.83	80.76	82.80	78.02	79.73	82.03	81.42	2.58
9	山西	68.30	73.12	71.08	69.83	74.10	70.73	70.59	2.30
10	江西	70.72	73.11	70.92	73.62	77.60	73.07	72.14	1.42
全国均值	—	73.36	73.93	73.04	73.11	74.76	74.11	74.12	0.76

说明：(1) 本图只显示我国 2010—2016 年文化产业影响力指数变动值排名前 10 位的省市指数结果及变化情况；(2) 表中数据均为四舍五入之后的结果。

(2) 具体变动情况。

由图 3-9 可知，2010—2016 年，甘肃、黑龙江、北京、内蒙古、青海、陕西、宁夏、广东、山西、江西、河北、吉林、湖北、湖南等 18 个省市文化产业影响力指数数值增加，约占所有省市的 2/3。其中，海南、山东、安徽 3 个省市 2010 年和 2016 年的影响力指数曲线几乎重合，说明这 3 个省市七年的影响力指数变化不大。另外，甘肃、黑龙江、北京、内蒙古、青海、陕西 6 个省市的影响力指数增加幅度均超过了 5%，提升较大。江苏、浙江、辽宁、河南、重庆、天津、贵州、福建、云南、广西等 11 个省市影响力指数处于下降状态，即约 1/3 的省市文化产业影响力出现了不同程度的降低，其中，江苏、浙江、辽宁、河南降幅较大。整体来看，2010—2016 年文化产业影响力指数个别年份有较大幅度增长，总体呈现先下降后上升的趋势。

(3) 区域变动情况。

2010—2016 年影响力指数数值增长的，包括甘肃、黑龙江、北京、内蒙古、青海、陕西、宁夏、广东、山西、江西、河北、吉林、湖北、湖南等 18 个省市，其中中西部地区省市多达 12 个，且影响力指数七年变动值排名前 10 位的省市中有 8 个省市位于中西部地区，表明中西部省市的影响力指数提升幅度较大。影响力指数降低较多的省市有江苏、浙江、辽宁、河南、重庆、天津、贵州、福建、云南、广西等 11 个省市。因此，总体而言，在文化产业影响力指数的变动方面，2010—2016 年七年间多数中西部地区省市的文化产业影响力指数在提升，且提升幅度较大。

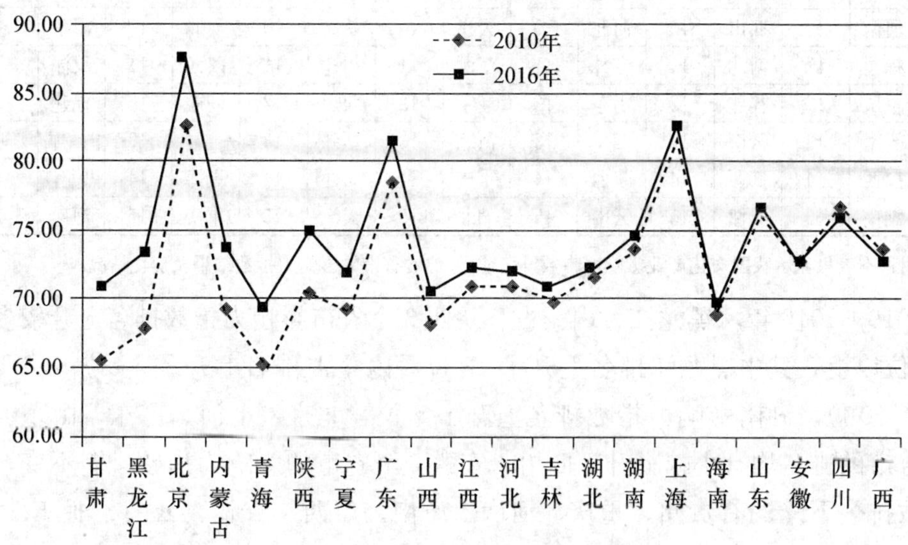

图 3-9 2010 年、2016 年中国部分省市文化产业影响力指数变动图

说明：本图只显示 2010 年、2016 年文化产业影响力指数变动值排名前 20 位的省市指数结果及变化情况。

2. 影响力指数排名变动特征

如表 3-7 所示，中国省市文化产业影响力指数 2010—2016 年七年的排名变动不大，前 10 名包含的省市大部分不变，仅内部排名稍有变化。但后 10 名中的省市有较大变动。整体而言，10 个省市排名有不同程度的上升，2 个省市排名不变，17 个省市排名有不同程度的下降。

表 3-7 2010—2016 年中国部分省市文化产业影响力指数对比表

2010 年		2011 年		2012 年		2013 年		2014 年		2015 年		2016 年		七年排名变动
排名	省市	排名	省市	排名	省市	排名	省市	排名	省市	排名	省市	排名	省市	
1	江苏	1	上海	1	上海	1	上海	1	上海	1	北京	1	北京	2
2	浙江	2	北京	2	广东	2	北京	2	江苏	2	上海	2	上海	2
3	北京	3	浙江	3	北京	3	浙江	3	北京	3	浙江	3	广东	2
4	上海	4	江苏	4	浙江	4	江苏	4	浙江	4	广东	4	江苏	−3
5	广东	5	广东	5	天津	5	广东	5	广东	5	江苏	5	浙江	−3
6	辽宁	6	湖南	6	江苏	6	福建	6	湖南	6	山东	6	山东	2
7	四川	7	山东	7	安徽	7	山东	7	山东	7	福建	7	四川	0

续前表

2010年		2011年		2012年		2013年		2014年		2015年		2016年		七年排名变动
排名	省市	排名	省市	排名	省市	排名	省市	排名	省市	排名	省市	排名	省市	
8	山东	8	陕西	8	重庆	8	安徽	8	江西	8	四川	8	辽宁	−2
9	天津	9	安徽	9	福建	9	陕西	9	辽宁	9	湖南	9	陕西	10
10	河南	10	四川	10	河北	10	天津	10	安徽	10	河北	10	湖南	5
11	福建	11	河北	11	吉林	11	江西	11	福建	11	陕西	11	天津	−2
12	重庆	12	福建	12	山东	12	辽宁	12	四川	12	安徽	12	福建	−1
13	云南	13	云南	13	四川	13	河北	13	新疆	13	吉林	13	内蒙古	11
14	广西	14	广西	14	陕西	14	重庆	14	山西	14	天津	14	黑龙江	13
15	湖南	15	天津	15	云南	15	湖北	15	天津	15	重庆	15	河南	−5

说明：本表只显示我国文化产业影响力指数排名前15位的省市的影响力指数结果及变化情况。

2010—2016年，黑龙江、内蒙古、陕西3个省市影响力指数排名上升较多，都在10位以上，其中黑龙江排名上升了13位，内蒙古排名上升了11位，陕西排名上升了10位。湖南影响力指数排名上升了5位，北京、上海、广东、山东、甘肃等6省市的排名均有小幅上升。四川、安徽2个省市的影响力指数排名不变，影响力指数排名下降的有贵州、重庆、河南、海南、广西、吉林、云南、浙江、江苏、河北、湖北等17个省市，其中排名下降幅度较大的省市有贵州、重庆、河南，下降幅度在5位及以上，说明这些省市文化产业影响力下滑较快。北京、广东、浙江、上海的文化产业影响力指数连续七年均在前5名内，上海、北京、浙江、江苏、广东除名次稍有些变化外，几乎包揽了影响力指数前5名。2016年影响力指数前5名中，除江苏省七年间文化产业影响力指数得分有所下降外，其余4个省市得分均有一定程度的上升，这些省市文化产业的影响力继续在全国领跑。

2016年影响力指数前10名中，江苏、浙江、辽宁3个省市的影响力指数得分和排名双下降，但下降幅度不大，仍位于前列；陕西、湖南七年间提升名次均达到5名及以上，进步比较明显。山东省七年间排名基本稳步上升，显示出了稳定且较强的文化产业影响力；安徽、福建等省市文化产业影响力比较稳定，七年基本处于得分中部位置，这些省市具有较大的文化产业发展潜力；甘肃、青海、贵州等省市则七年基本位于得分后10名的行列，这些省市文化产业影响力处于劣势。

3. 影响力指数增长速度变动特征

2016年与2010年相比，29个省市有18个省市的影响力指数数值有所上升。影响力指数得分的增长速度大体上可以分为5个梯队：第一梯队包括甘肃、黑龙江、青海、内蒙古、陕西、北京6个省市（见表3-8和图3-10），这6个省市影响力指数增长速度较快，七年增长率均超过了5%；第二梯队包括宁夏、山西、广东、江西、河北、吉林、湖北、湖南8个省市，这些省市影响力指数增长速度略逊于第一梯队，高于1%但不超过5%，也呈较好的增长态势；第三梯队包括海南、上海、山东、安徽4个省市，这4个省市的影响力指数增长速度很小，不超过1%；第四梯队包括四川、广西、云南、福建、贵州、天津、重庆等10个省市，这10个省市增速为负数，影响力指数呈下降趋势，下降幅度不超过5%；第五梯队包括江苏1个省市，江苏的影响力指数下降幅度较大，降幅超过了5%。同时，我们应该注意到影响力指数排名靠前的江苏、浙江出现了影响力指数得分、排名双下降的情况，这说明不仅要关注各个省市影响力指数得分和排名的绝对数值的情况，还要注意它们相对的变动情况，这样有助于把握各省市影响力指数的变动趋势，及时发现文化产业发展过程中的短板因素和出现的问题。

表3-8　2010—2016年中国部分省市文化产业影响力指数增速表

增速排名	省市	2010年	2011年	2012年	2013年	2014年	2015年	2016年	七年增速
1	甘肃	65.35	64.88	66.82	68.21	68.89	67.14	71.08	8.77%
2	黑龙江	67.80	70.59	68.37	67.42	70.25	70.73	73.34	8.16%
3	青海	65.22	68.45	69.41	67.85	73.15	69.14	69.46	6.50%
4	内蒙古	69.26	67.61	67.78	71.43	70.11	70.16	73.66	6.36%
5	陕西	70.79	76.31	71.48	75.02	73.15	73.85	74.90	5.81%
6	北京	82.77	83.18	80.81	80.52	83.64	88.23	87.32	5.50%
7	宁夏	69.33	66.79	70.35	71.60	72.80	70.95	72.05	3.92%
8	山西	68.30	73.12	71.08	69.83	74.10	70.73	70.59	3.36%
9	广东	78.83	80.76	82.80	78.02	79.73	82.03	81.42	3.28%
10	江西	70.72	73.11	70.92	73.62	77.60	72.87	72.14	2.00%

说明：（1）表中数值均为四舍五入的结果；（2）本表只显示2010—2016年文化产业影响力指数增速排名前10位的省市指数结果及变化情况。

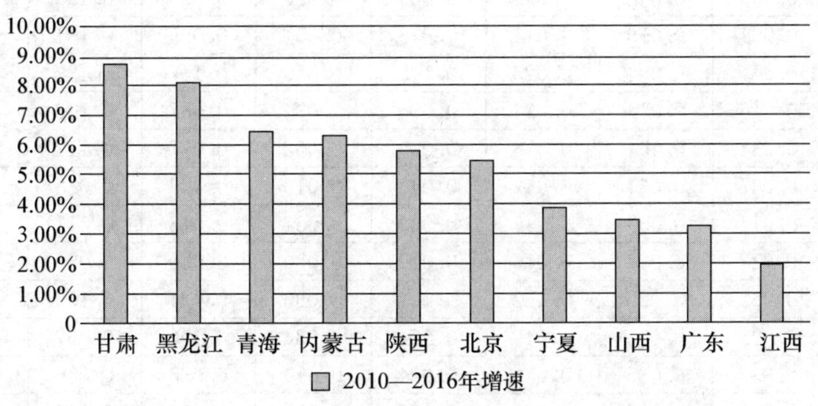

图3-10　2010—2016年中国部分省市文化产业影响力指数增速图

4. 影响力指数变异系数变动特征

(1) 总体变动情况。

从总体上看，29 个省市 2010 年影响力指数变异系数平均为 0.067，2016 年为 0.081，提高了 0.014，增幅达到 20.90%。相比于 2010 年，2016 年在 29 个省市影响力指数的变异系数中，18 个省市有所上升，1 个省市保持不变，10 个省市下降(见表 3-9 和图 3-11)，说明这七年间约 1/3 的省市文化产业影响力均衡度有不同程度的提升。

(2) 具体变动情况。

2010—2016 年，宁夏、甘肃、吉林、云南、广东、山西、广西、海南、江西、青海、湖南、内蒙古等 18 个省市文化产业影响力变异系数增大，其中宁夏、甘肃、吉林、云南、广东、山西、广西、海南、江西等 12 个省市影响力指数变异系数变动较明显，涨幅均超过 1 倍，特别是吉林，影响力指数变异系数增加最为显著，2016 年吉林的变异系数为 0.103，远高于全国省市变异系数的平均水平 0.081，而 2010 年仅为 0.003，变异系数的增加表明这几个省市的文化产业影响力发展的不均衡性有所增大。上海、天津、四川、福建、浙江、陕西、辽宁、贵州、河南、安徽等 10 个省市的影响力变异系数降低，其中上海、天津、四川、福建、浙江、陕西的变异系数下降最为明显，变异系数下降均超过 0.06，说明这些省市文化产业影响力发展的均衡性显著增强。

表 3-9　　2010—2016 年中国各省市文化产业影响力指数变异系数变动情况表

省市	2010 年	2011 年	2012 年	2013 年	2014 年	2015 年	2016 年	七年增加值
宁夏	0.017	0.028	0.048	0.051	0.076	0.143	0.154	0.137
甘肃	0.034	0.099	0.103	0.034	0.107	0.069	0.139	0.106
吉林	0.003	0.040	0.042	0.038	0.026	0.090	0.103	0.100
云南	0.004	0.019	0.011	0.029	0.051	0.095	0.104	0.100
广东	0.041	0.084	0.023	0.118	0.059	0.117	0.132	0.091
山西	0.016	0.014	0.024	0.036	0.074	0.087	0.103	0.087
广西	0.034	0.051	0.018	0.045	0.062	0.087	0.112	0.078
海南	0.027	0.031	0.042	0.043	0.016	0.122	0.088	0.062
江西	0.014	0.033	0.047	0.043	0.031	0.013	0.071	0.058
青海	0.022	0.027	0.076	0.019	0.050	0.080	0.080	0.058
湖南	0.063	0.020	0.062	0.102	0.036	0.021	0.109	0.046
内蒙古	0.023	0.073	0.049	0.024	0.034	0.106	0.067	0.044
湖北	0.037	0.035	0.030	0.024	0.014	0.023	0.066	0.030
黑龙江	0.021	0.076	0.015	0.033	0.110	0.106	0.045	0.024

续前表

省市	2010年	2011年	2012年	2013年	2014年	2015年	2016年	七年增加值
江苏	0.108	0.005	0.068	0.123	0.068	0.064	0.124	0.016
北京	0.158	0.132	0.032	0.115	0.076	0.125	0.171	0.013
山东	0.068	0.013	0.012	0.025	0.016	0.036	0.075	0.007
重庆	0.067	0.028	0.043	0.004	0.014	0.092	0.070	0.003
河北	0.032	0.033	0.049	0.047	0.011	0.034	0.032	0.000
安徽	0.061	0.013	0.047	0.002	0.017	0.009	0.046	—0.015
河南	0.041	0.030	0.018	0.011	0.085	0.033	0.000	—0.041
贵州	0.146	0.010	0.010	0.034	0.006	0.058	0.095	—0.051
辽宁	0.093	0.032	0.001	0.024	0.063	0.038	0.042	—0.052
陕西	0.130	0.048	0.004	0.016	0.058	0.062	0.070	—0.060
浙江	0.073	0.033	0.056	0.062	0.032	0.015	0.011	—0.062
福建	0.076	0.019	0.012	0.012	0.013	0.000	0.007	—0.069
四川	0.114	0.027	0.061	0.066	0.087	0.035	0.022	—0.092
天津	0.189	0.092	0.055	0.061	0.016	0.018	0.041	—0.147
上海	0.220	0.148	0.038	0.067	0.028	0.019	0.028	—0.192
西藏	—	—	—	0.058	0.060	0.184	0.162	—
新疆	—	—	—	0.045	0.134	0.116	0.129	—
均值	0.067	0.045	0.038	0.046	0.049	0.068	0.081	—0.014

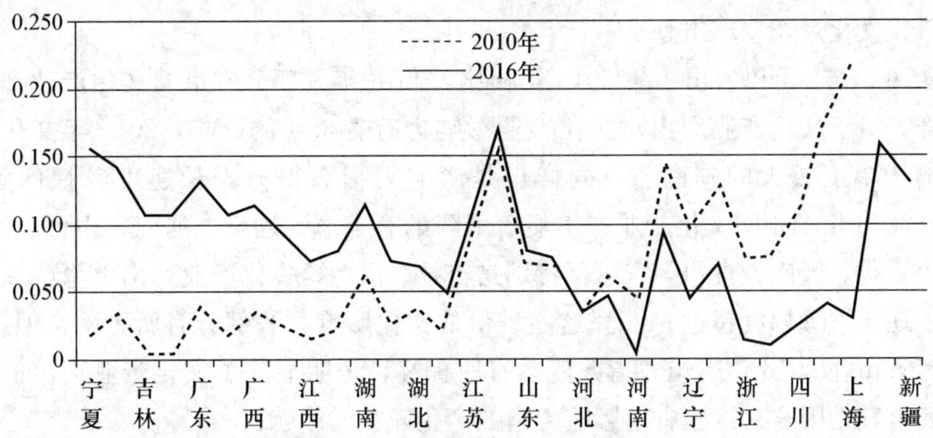

图3-11 2010年、2016年中国各省市文化产业影响力指数变异系数变动情况图

(二) 中国省市文化产业影响力指数变动原因分析

文化产业影响力指数主要从经济影响和社会影响两方面来衡量。

从表3-10中的数据我们可以看出，与2010年相比，2016年各省市经济影响力呈现下降趋势，由2010年的77.2分下降到2016年的72.34分，下降幅度为

6.3%；同时各省市社会影响力总体上显著上升，由2010年的70.3分上升到2016年的75.91分，上升幅度达到8.0%。下面通过文化产业影响力两个分指标的折线图来具体分析影响力指数变动的原因。

表3-10　2010—2016年中国省市文化产业影响力指数二级指标得分平均值对比表

二级指标	2010年	2011年	2012年	2013年	2014年	2015年	2016年	七年变动值
经济影响	77.2	74.2	73.85	74.24	73.25	72.03	72.34	−4.86
社会影响	70.3	73.6	72.24	71.98	76.27	76.20	75.91	5.61

1. 经济影响分析

经济方面的影响，主要从文化产业的经济规模、收入水平和集聚效应三个角度来考虑。经济规模主要指其总产出，主要表现形式为总量指标，产出能力较高的省市，则文化产业规模效应较大，经济影响力也较大；收入水平主要指文化产业人均收入，文化产业人均收入水平高的省市，经济影响力也较高；集聚效应考察区域文化产业集群产生的规模效应。

前文已经提到，经济影响指标2016年得分与2010年得分相比有所下降。下面从文化产业总产出、文化产业人均收入、文化产业集聚效应三个方面来举例分析文化经济影响力得分变化的原因，进而分析经济影响力变化对影响力指数的影响。

(1) 文化产业总产出分析。

从图3-12可以看出，与2010年相比，2016年大部分省市的文化产业产出有所下降。由于文化产业产出对文化产业影响力有着重要的影响，2016年文化产业产出增长幅度较大的湖南省，同样也是影响力指数得分增长速度较快的省份。2010—2016年七年间文化产业产出显著下降的有上海、辽宁、河南、山西、浙江、江苏、吉林、云南、贵州等省市，特别是吉林、山西，文化产业产出下降幅度超过70%，辽宁下降幅度超过60%。这些省份的文化影响力大部分有所下降，但辽宁、云南等省市在2016年影响力指数依然有所提高，很明显除了文化产业产出的影响外，还有其他因素对这些省市影响力指数产生较大的影响。

下面分析一下文化产业总产出的得分变化情况。

如图3-13所示，2016年文化产业产出得分相比2010年，除湖南、广东、河北、山东、北京等9个省市上升之外，其余都处于不同程度的下降状态，其中湖南省的上升幅度最大，增长了7.54分，广东、河北分别增长了4.54分、3.15分。辽宁、上海、河南等地降幅很大，辽宁、上海得分下降均超过了10分。福建、重庆、内蒙古、江苏、四川、广西等13个省市得分下降幅度在1分以上，但不超过10分。陕西、安徽、甘肃、湖北、海南5个省市的得分下降幅度不大，降幅均在1分以内，表明这些省市的文化产业总产出相对稳定。总体来看，2010 年文化产业总产出平均得分为 72.98 分，2016 年这个数值下降至 71.42 分，降幅为 2.14%。

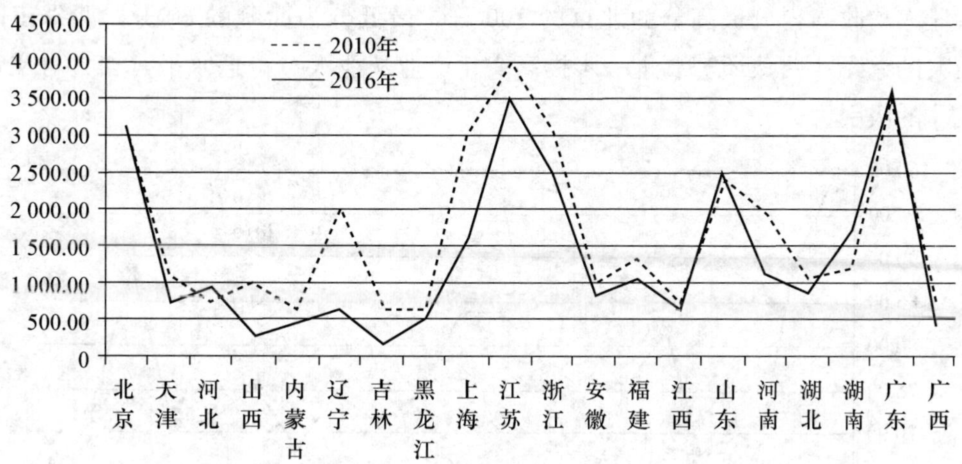

图 3-12 2010 年、2016 年中国部分省市文化产业总产出对比折线图

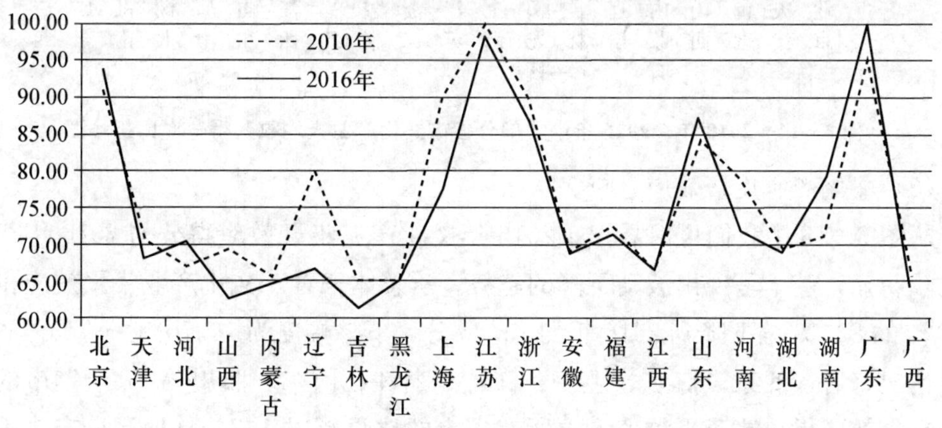

图 3-13 2010 年、2016 年中国部分省市文化产业总产出得分对比折线图

（2）文化产业人均收入分析。

下面来看一下文化产业人均收入得分的对比情况。

如图 3-14 所示，与 2010 年相比，2016 年文化产业人均收入的得分变动较大，较多的省市文化产业人均收入得分出现了下降。总体上 2016 年文化产业人均收入的得分较 2010 年下降 3.01 分，下降幅度为 3.93%。在 29 个省市中，共有 9 个省市得分有上升态势，其余省市都出现了不同程度的下降。2016 年文化产业人均收入的得分上升幅度最大是北京市，增长了 14.87 分，增幅达到 17.47%；其次是湖南，得分增长了 14.45 分，广东、山西、广西、黑龙江等省市得分也出现了较多的上涨；得分下降幅度最大的是贵州，降低了 28.45 分，其得分明显低于 2016 年文化产业人均收入得分的平均值。其中，共有广东、陕西、河南、贵州、四川、安徽、湖北、广西等19个省市得分低于全国平均水平，有待进一步提高；2016年文化产业人均收入得分最高分为北京的100分，最低分为西藏的60分，两省市间存在很大的差距，西藏还需要进一步提高文化产业从业人员待遇水平，加大对文化产业人才的吸引力。

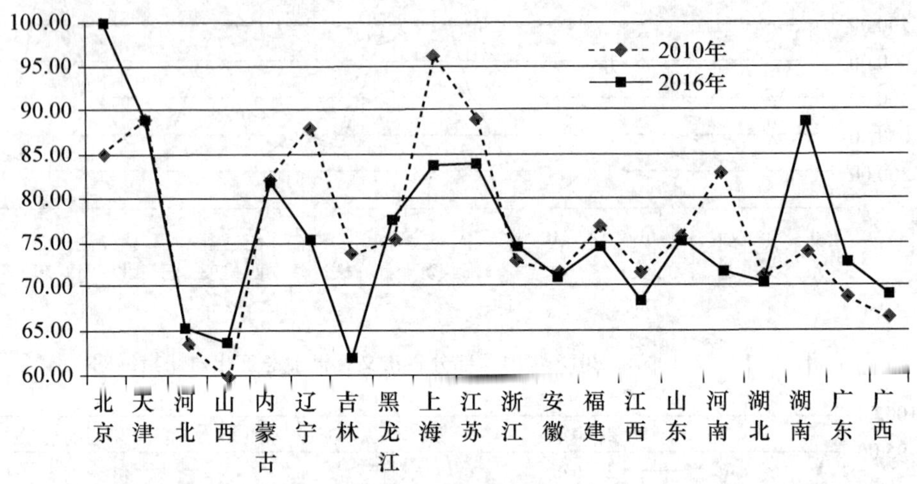

图3-14　2010年、2016年中国部分省市文化产业人均收入得分对比折线图

（3）文化产业集聚效应分析。

从图3-15中我们可以看出，2016年文化产业集聚效应得分与2010年相比变动比较明显，基本呈现出波动下降的趋势。从总体来看，文化产业集聚效应得分由2010年的82.15分下降到2016年的73.36分，下降幅度为10.70%。从具体省市的得分情况来看，北京、广东、上海、江苏、浙江、山东、四川等17个省市的文化产业集聚效应得分高于平均值，占所有省市的比重超过1/2；从地区分布来看，高于均值得分的省市有超过一半来自东部地区，可以看出，文化产业集聚效应在东部地区更加明显。从得分的变动情况来看，2010—2016年七年间有6个省市文化产业集聚效应得分上升，包括广东、黑龙江、青海、河南、吉林、内蒙古。文化产业集聚效应得分增幅最大的为广东，上升15.22分，增幅达到19.25%，表明了广东文化产业集聚效应呈现快速发展的态势。北京文化产业集聚效应得分没有发生变化，其余省市得分都有所下降，其中天津的文化产业集聚效应得分下降幅度最大，由2010年的98.89分降至2016年的71.43分，下降了27.46分。从各省市集聚效应排名来看，与2010年相比变动较大，说明各省市文化产业集群效应变化也较明显。

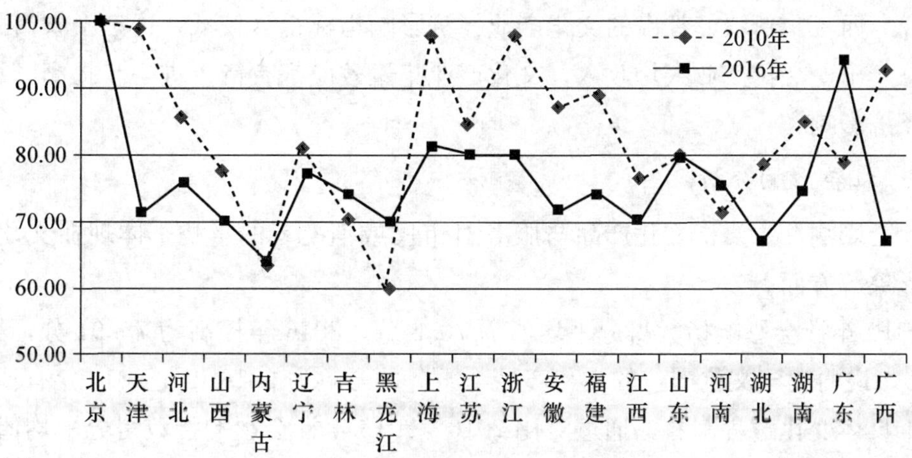

图 3-15　2010 年、2016 年中国部分省市文化产业集聚效应得分对比折线图

（4）经济影响分析小结。

通过对以上各个变量指标的理解和详细分析，我们可以解释影响文化产业经济影响指标变动的因素。通过图 3-16 可以看到：与 2010 年相比，2016 年文化产业经济影响指标得分整体呈下降趋势。在 29 个省市中，2016 年有北京、广东、湖南、山东、黑龙江等 10 个省市的文化产业经济影响指标得分有不同程度的上升，除了北京、广东以外其他省市上升幅度相对较小。广西、贵州、云南、重庆、宁夏、辽宁、吉林等 19 个省市文化产业经济影响指标得分均出现了下降，其中广西、贵州、云南下降幅度较大。2016 年北京、广东、江苏三个省市包揽经济影响的前三名，与这三个省市的文化产业总产出、文化产业人均收入、文化产业集聚效应明显优势

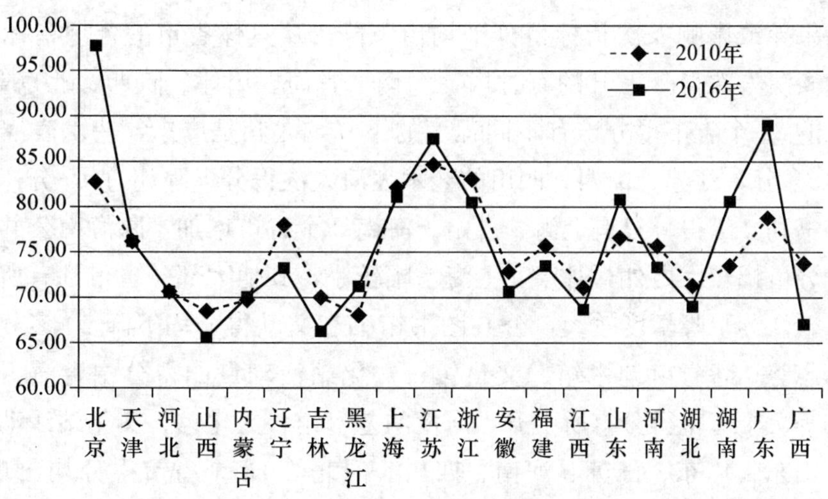

图 3-16　2010 年、2016 年中国部分省市文化产业经济影响力得分对比折线图

相吻合。西藏、新疆、甘肃的文化产业经济影响指标得分较低，这三个省市的文化产业总产出、文化产业人均收入、文化产业集聚效应都有待于进一步提高，进而提升其经济影响。

2. 社会影响分析

社会影响，主要指文化产品与服务对市民或消费者的影响，体现在文化参与、文化形象等方面。

2010 年社会影响指数得分平均值为 70.3 分，2016 年提高为 75.91 分，增幅约为 8%，说明我国文化产业的文化产品与服务的影响力 2016 年比 2010 年有所提高。从七年具体变化过程来看，通过对比 2010—2016 年社会影响指数得分平均值发现，社会影响指数得分呈现波动上升趋势，其中 2010—2011 年数值上升幅度较大，2011—2013 年出现了持续小幅度的下滑趋势，2013—2014 年得分又有明显的上升，2014—2016 年又呈现小幅下降趋势。下面通过社会影响力指标的重要测度变量对发生的变化进行具体分析。

（1）影响人次分析。

从图 3－17 可以看出，2016 年影响人次指标分变量得分的平均值与 2010 年的数值相比，总体有所下降，各地区公共图书馆书刊文献总流通人次，艺术馆、文化馆、文化站活动量和艺术表演观众人次得分均下降。具体而言，影响人次指标分变量得分由 2010 年的 74.2 分下降至 2016 年的 67.12 分；艺术表演观众人次得分从 2010 年各省市平均 73.24 分下降至 2016 年的 69.13 分；各地区公共图书馆书刊文献总流通人次和艺术表演观众人次下降分数分别为 7.71 分和 4.11 分。因此，综合作用的结果导致影响人次指标得分平均值下降。从具体省市的各项指标得分来分析，艺术表演人次得分上升的有甘肃、海南、青海、天津、陕西、北京等 10 个省市，其他的 21 个省市得分均有不同程度的下降，尤其是广东，艺术表演人次得分下降了 30 多分，江苏、山西、四川的艺术表演人次得分下降超过 15 分；各地区公共图书馆书刊文献得分只有上海、甘肃、海南 3 个省市增加，除海南公共图书馆书刊文献得分增幅较大之外，甘肃、上海增幅较小，其他大部分省市都有所下降，广东、浙江、江苏下降幅度较大，公共图书馆书刊文献得分均下降 20 多分，因而整体呈下降态势；各省市艺术馆、文化馆、文化站活动量的得分中青海、上海、甘肃、西藏等 7 个省市得分有所上升，海南的艺术馆、文化馆、文化站活动量得分没有变化，山东、广东、江苏、河南、四川、河北等 23 个省市得分均出现了下滑，降幅明显。从总体来看，广东、江苏、河南、四川、河北等省市的影响人次指标的三个分变量得分均下降，且下降幅度较大。

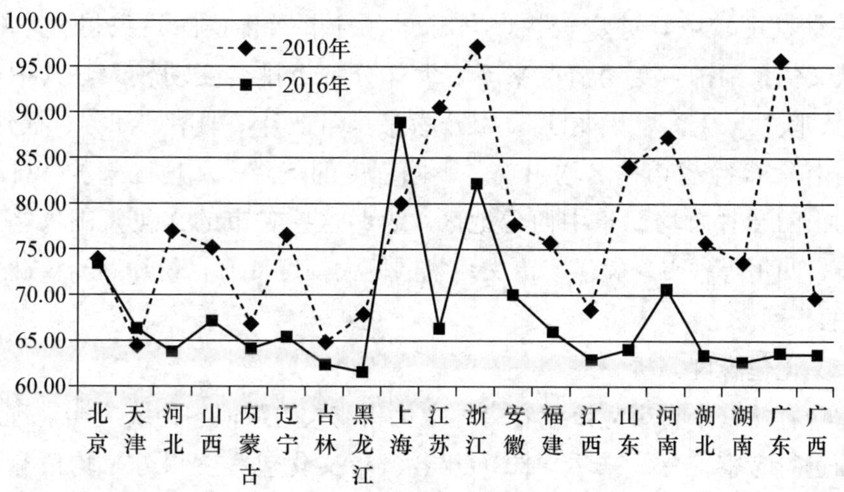

图3-17 2010年、2016年中国部分省市文化产业影响人次得分对比折线图

(2) 文化氛围分析。

文化氛围指的是市民对本市文化氛围是否浓厚的总体评价。从图3-18可以看出，2016年各省市文化产业文化氛围指标得分与2010年相比变化较明显，大幅提升。从总体来看，2010年各省市文化产业文化氛围指标得分平均值为65.22分，2016年这个值为82.02分，上升幅度为25.76%，说明我国各省市文化氛围总体上呈快速好转态势。

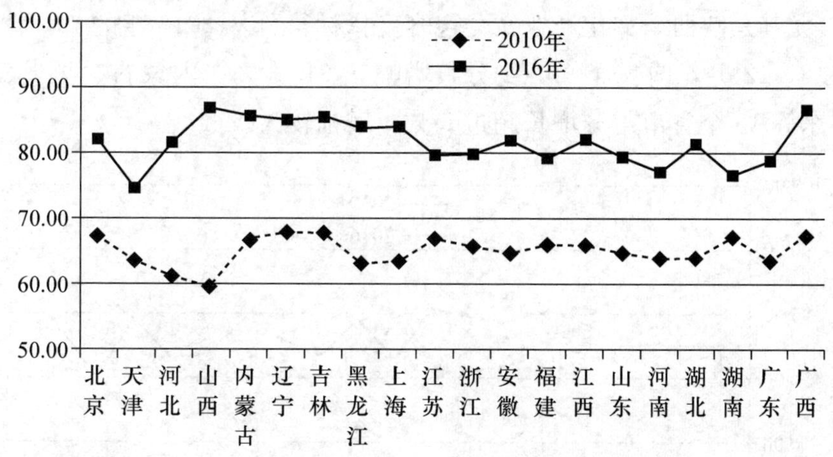

图3-18 2010年、2016年中国部分省市文化产业文化氛围得分对比折线图

从各省市得分情况来看，所有省市文化氛围指数得分均有一定幅度的上升，其中山西、甘肃、四川、陕西、上海、黑龙江、河北7个省市文化氛围得分增加较大，增加值均超过20分，并且除河北之外都高于全国平均分值，说明这些省市文化产业文化氛围较浓，进步较快；同时所有省市文化氛围指数得分增幅均超过10%。从文化氛围排名变动情况来看，大部分省市排名变动较大，其中山西、甘肃、四川、陕西、上海、黑龙江等12个省市排名上升，湖南、江苏、福建、天津、海南、河南等17个省市排名均出现了不同程度的下降。从地区来看，排名上升幅度最大的山西和甘肃均属于中西部地区，表明这些省市的文化氛围大幅提升。山西、甘肃、四川等省市，凭借省市文化氛围的大幅度提升，纷纷跻身文化氛围得分前10名的行列。

（3）文化包容度分析。

文化包容从一个省市应该包容多种文化和他人的习惯、传统应当被理解和尊重两个方面进行考察。总体来看，2016年各省市文化包容度得分平均值有了显著的提高，2010年各省市文化包容度得分平均值为70.67分，2016年这个数值提高到77.47分，提高幅度为9.61%，说明我国文化包容程度有了较大幅度的提高。不同国家和民族、不同文化背景的人能够更好地和谐相处，这不仅有利于促进文化产业发展，而且有利于提升文化产业社会影响力。

如图3-19所示，2010—2016年中国省市文化产业文化包容度指标得分变化非常明显，总体指数全面上升。相比于2010年，2016年29个省市的文化产业文化包容度指标得分除湖南以外均有不同程度的上升。其中，陕西、上海、贵州、甘肃、四川的文化产业文化包容度指标得分上涨幅度较大，其中三个省市的得分增长均超过10分，尤其是陕西，文化产业文化包容度指标得分从2010年的61.50分增加到2016年的81.12分，增长了19.62分，增幅达31.90%；内蒙古、黑龙江、广西、湖北、广东等15个省市得分增长超过5分，增幅较大。

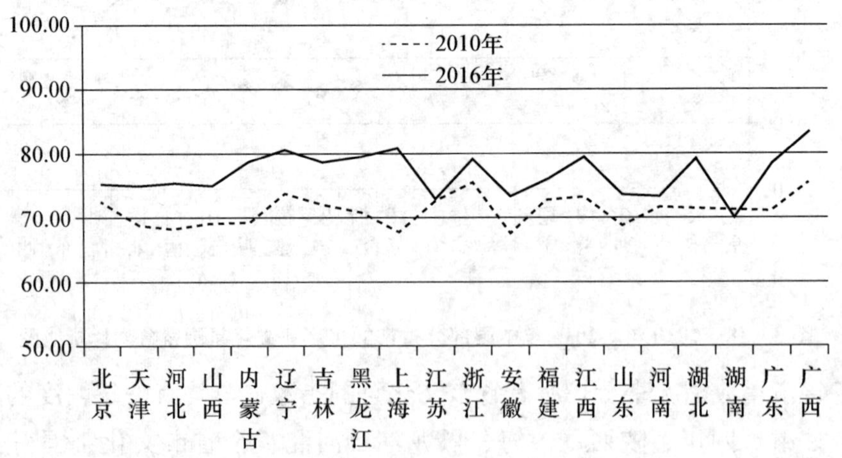

图3-19 2010年、2016年中国部分省市文化产业文化包容度得分对比折线图

（4）文化形象分析。

如图3－20所示，2016年省市文化产业文化形象得分与2010年相比总体来看呈上升趋势，2010年各省市文化形象平均得分为71.05分，2016年上升到77.03分，增加了5.98分，上升幅度为8.42%。29个省市文化产业文化形象得分中，甘肃、陕西、上海、湖北、贵州、内蒙古等25个省市的文化形象得分有不同程度的增加，其中上升幅度最大的是甘肃，甘肃的文化产业文化形象得分由2010年的60.21分增加到2016年的81.99分，增长了21.78分，增幅为36.17%。得分下滑最多的是江苏，由2010年的82.24分下降到2016年的74.29分，降幅为9.67%。

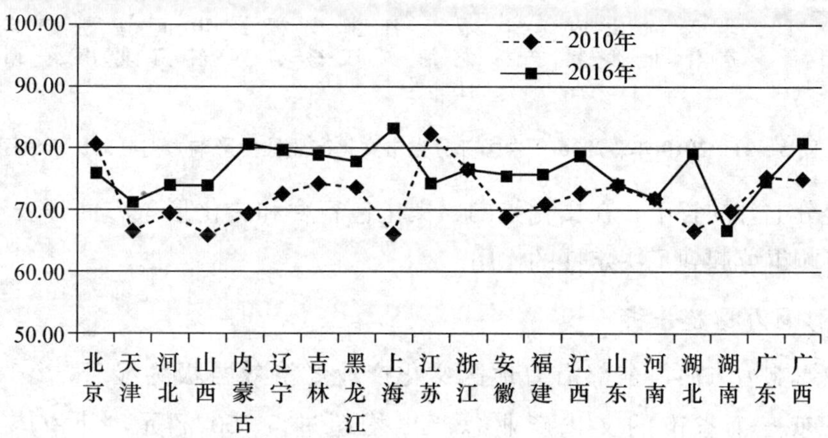

图3－20 2010年、2016年中国部分省市文化产业文化形象得分对比折线图

（5）社会影响分析小结。

从图3－21我们可以看出，总体来看，相比于2010年，2016年中国省市文化产业社会影响指数得分整体上升。其中，2010年社会影响指数得分平均值为70.28分，2016年提高为75.91分，增幅为8.01%，说明我国文化产业的文化产品与服务的影响力2016年比2010年有所提高。2010—2016年七年间，上海、陕西、甘肃、贵州的社会影响指数得分上升幅度较大，4个省市的社会影响指数得分上升均超过10分，文化产业的社会影响力也相应有了较大幅度的提升。

2010—2016年社会影响力得分上升的省市中，上海凭借其在文化氛围、文化包容度以及文化形象三个指标得分的大幅提升，社会影响力指数上升幅度遥遥领先，社会影响力指数得分由2010年的69.25分增加到2016年的84.23分，上升了21.62%，上海的排名社会影响力从2010年的排名第19位一跃至2016年的排名第1的位置；浙江也凭借文化氛围、文化包容度和文化形象三方面的稳中有升，排名居于前列。宁夏、陕西、广西等地排名有了较大幅度的上升，跃升至前五名。社会

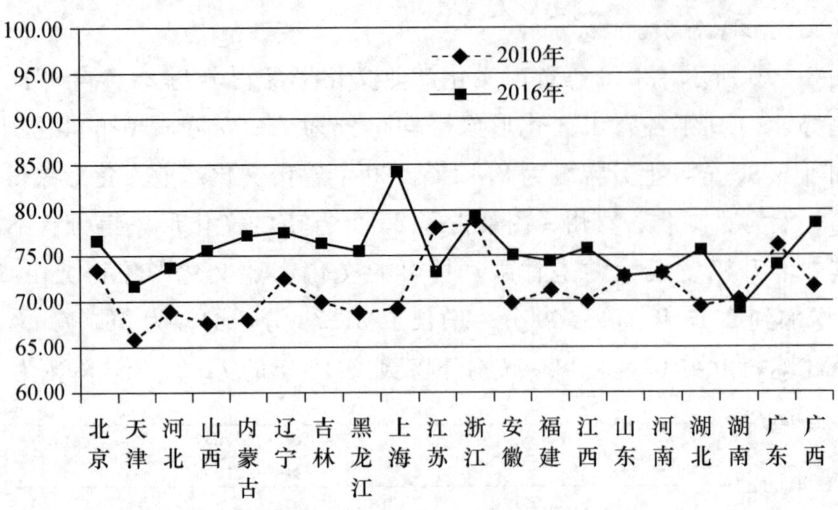

图 3-21　2010 年、2016 年中国部分省市文化产业社会影响力得分对比折线图

影响力得分上升的省市，在文化氛围、文化包容度和文化形象方面都表现得很好，对社会影响得分起到了决定性的作用。

3. 影响力指数分析

产业影响力方面，东部沿海地区文化产业经济效益极为显著，2016 年北京、江苏、广东三个省市的文化产业总产出均超过 3 000 亿元，其中广东更是以 3 648.84 亿元的产值遥遥领先，江苏以 3 488 亿元紧随其后，这些省市产值相比 2010 年均大幅增长。2010—2016 年影响力指数排名上升最快的是黑龙江，在经济影响和社会影响方面均有良好表现，影响力排名由 2010 年的第 27 位上升到 2016 年的第 14 位，上升了 13 位；内蒙古、陕西影响力排名上升幅度较大，是经济影响和社会影响较大幅度上升的结果。湖南、山东、上海等 6 个省市影响力排名上升幅度较小，经济影响和社会影响与其他省市相比增幅不明显，因而影响力排名变动不大。贵州、重庆、海南、广西、河南等省市的影响力排名相比 2010 年发生了不同程度的下降，这些省市的经济影响或社会影响出现了下降趋势。

三、中国省市文化产业驱动力指数变动特征及其原因分析

（一）中国省市文化产业驱动力指数变动特征

外部发展环境对于文化产业发展与持续发展起到至关重要的作用，文化产业发展驱动力指数用来反映文化产业发展的外部环境。

1. 驱动力指数数值变动特征

(1) 总体变动情况。

由表3-11和图3-22可知，2010—2016年中国省市文化产业驱动力指数平均得分大幅增长。从总体来看，29个省市2010年驱动力指数平均为62.83分，2016年达到74.23分，增长了11.40分，增幅达到18.14%，显著高于生产力和影响力指数，说明这七年间各省市文化产业发展的外部环境均得到明显优化。从七年具体变化过程来看，2010—2016年中国省市文化产业驱动力指数稳步上升，2010—2013年各省市文化产业驱动力指数持续增加，在2014年出现小幅下降之后，2015年各省市文化产业驱动力指数又小幅增长，2016年驱动力指数较2015年略有降低。

表3-11　　2010—2016年中国部分省市文化产业驱动力指数数值变动情况表

排名	省市	2010年	2011年	2012年	2013年	2014年	2015年	2016年	七年变动值
1	北京	69.94	70.4	77.71	78.85	83.46	82.47	87.51	17.57
2	青海	60.59	69.2	71.41	68.80	80.31	80.20	77.33	16.74
3	浙江	64.37	69.1	73.95	74.89	77.11	77.25	79.96	15.59
4	江苏	63.62	70.8	74.63	75.67	78.03	76.26	79.03	15.42
5	河南	56.99	65.0	71.56	72.64	70.01	70.12	72.09	15.10
6	上海	67.92	68.7	76.00	73.44	75.43	82.30	81.45	13.53
7	江西	62.14	76.2	74.03	74.74	74.08	71.20	75.63	13.48
8	河北	59.86	70.9	73.78	74.49	76.49	74.83	73.08	13.22
9	贵州	59.24	65.6	72.49	72.74	73.61	78.48	72.29	13.04
10	重庆	64.26	73.8	75.37	72.66	75.22	75.18	77.24	12.98
全国均值	—	62.83	70.1	73.86	74.03	73.85	74.80	74.23	11.40

说明：(1) 本图只显示我国2010—2016年文化产业驱动力指数变动值排名前10位的省市指数结果及变化情况；(2) 除2011年外，表中数据均为小数点后保留两位之后的结果，所以“七年变动值”项对应的数据也为四舍五入后的结果。

(2) 具体变动情况。

由图3-23、表3-11可知，2016年北京、青海、浙江、江苏、河南、上海、江西、河北、贵州、重庆、湖南、内蒙古等20个省市驱动力指数得分与2010年相比变动值超过了10分，其他省市驱动力指数也实现了正增长。其中，北京驱动力指数增长最为显著，由2010年的69.94上升到2016年的87.51分，增加了17.57分，增幅为25.12%。北京、青海、浙江、江苏、河南的驱动力指数得分增长超过15分，增长幅度较大。

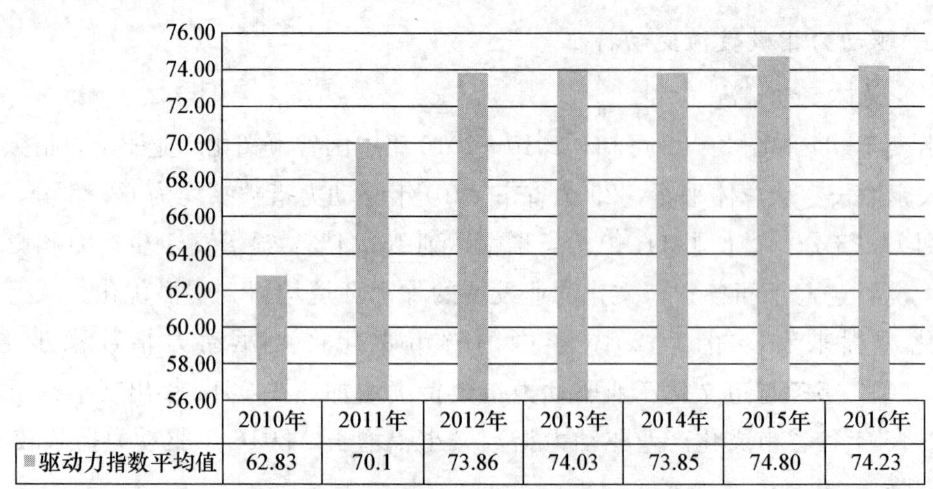

图 3-22　2010—2016 年中国部分省市文化产业驱动力指数平均值对比图

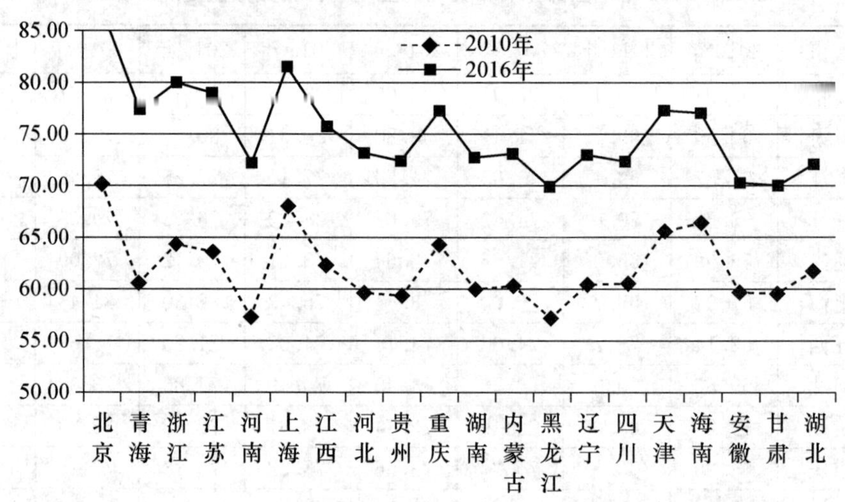

图 3-23　2010 年、2016 年中国部分省市文化产业驱动力指数变动图

说明：本图只显示我国 2010 年、2016 年文化产业驱动力指数变动值排名前 20 位的省市指数结果及变化情况。

（3）区域变动情况。

2010—2016 年驱动力指数数值增长前 10 名的省市为北京、青海、浙江、江苏、河南、上海、江西、河北、贵州、重庆，其中 5 个省市来自中西部地区，驱动力指数数值增长前 15 名的省市中中西部地区占 9 个，表明驱动力指数增加较多的省市多为经济不甚发达的地区。可见，中西部地区文化产业驱动力相对于全国总体情况来说，呈现出较为明显的上升状态，中西部地区的文化产业驱动力增长显著。

2. 驱动力指数排名变动特征

从总体上来看，29 个省市文化产业驱动力指数 2010—2016 年排名波动较为明显。在 2016 年排名前 15 位的省市中，北京、上海的排名相对于 2010 年没有发生变化，其中北京在 2012 年、2013 年、2014 年、2015 年均排在了前列，上海、江苏在 2010—2016 年期间的排名变动比较大；江西、青海、江苏、河北、浙江、河南、贵州、内蒙古 8 个省市的文化产业驱动力指数排名上升幅度较大，均超过 5 位，其中江西排名上升幅度最大，排名上升了 14 位；重庆、辽宁驱动力指数排名上升了 2 位以上；宁夏、陕西、山东、吉林、福建驱动力指数排名下降幅度较大，均超过 10 位，其中宁夏和陕西的排名下降幅度最大，宁夏下降了 25 位，陕西下降了 16 位（见表 3 - 12）。

表 3 - 12　　2010—2016 年中国部分省市文化产业驱动力指数对比表

2010 年		2011 年		2012 年		2013 年		2014 年		2015 年		2016 年		七年排名变动
排名	省市	排名	省市	排名	省市	排名	省市	排名	省市	排名	省市	排名	省市	
1	北京	1	天津	1	天津	1	天津	1	北京	1	北京	1	北京	0
2	上海	2	山西	2	北京	2	北京	2	辽宁	2	上海	2	上海	0
3	广东	3	江西	3	四川	3	四川	3	青海	3	福建	3	浙江	7
4	福建	4	吉林	4	内蒙古	4	福建	4	宁夏	4	辽宁	4	江苏	9
5	宁夏	5	福建	5	吉林	5	山西	5	西藏	5	青海	5	青海	13
6	海南	6	山东	6	山西	6	辽宁	6	江苏	6	贵州	6	重庆	5
7	山西	7	广西	7	宁夏	7	宁夏	7	浙江	7	海南	7	天津	1
8	天津	8	重庆	8	上海	8	江苏	8	山西	8	浙江	8	海南	−2
9	陕西	9	内蒙古	9	重庆	9	吉林	9	河北	9	吉林	9	广东	−6
10	浙江	10	四川	10	福建	10	广西	10	上海	10	湖南	10	江西	14
11	重庆	11	宁夏	11	辽宁	11	浙江	11	重庆	11	四川	11	山西	−4
12	广西	12	陕西	12	江苏	12	内蒙古	12	广东	12	安徽	12	新疆	—
13	江苏	13	河北	13	陕西	13	江西	13	山东	13	江苏	13	西藏	—
14	吉林	14	辽宁	14	江西	14	山东	14	江西	14	广东	14	福建	−10
15	山东	15	江苏	15	浙江	15	河北	15	贵州	15	重庆	15	内蒙古	6

说明：本表只显示 2010—2016 年文化产业驱动力指数排名前 15 位的省市指数结果及变化情况。

具体来说，2010—2016 年青海、江苏、河北、浙江、河南、江西、贵州、重庆等 14 个省市排名上升，其中江西、青海、江苏、河北、浙江、河南、贵州、内蒙古位次上升较大，均上升超过 5 个位次，2016 年浙江、江苏、青海分别跃升至第 3 位、第 4 位和第 5 位，纷纷进入驱动力指数前 10 名；重庆、辽宁、天津 3 个省市排名上升了至少 1 位；北京、上海 2 个省市排名名次相比 2010 年没有发生变化。宁夏、陕西、山东、福建、吉林、云南、广西等 14 个省市排名下降，其中宁夏、陕西、山东、福建、吉林 5 个省市排名下降幅度超过 10 位，下降幅度最大的是宁夏和陕西，两个省市均下降超过 15 位；云南、广西、广东、湖北、山西等 9 个省市下降幅度少于 10 位。因此，宁夏、陕西、山东、福建、吉林等下降幅度较大的省市需要重视文化产业驱动力各个要素指标的提高，增加文化产业发展的驱动力。

3. 驱动力指数增长速度变动特征

2010—2016 年中国省市文化产业增长速度基本上分为 4 个梯队，第一梯队为青海、河南、北京、江苏、浙江、河北等 10 个省市，驱动力指数增长速度非常快，增长幅度超过 20%，其中青海、河南、北京增幅超过了 25%（见表 3－13 和图 3－24）；第二梯队为内蒙古、辽宁、重庆、上海、四川等 11 个省市，这些省市驱动力指数保持很好的增长势头，增长略低于第一梯队，增长幅度超过 15%；第三梯队为吉林、广西、广东、山西、山东 5 个省市，这些省市驱动力指数增长速度高于 10%但低于 15%；第四梯队为宁夏、陕西和福建，这 3 个省市的驱动力指数增长速度较低，均不超过 10%。

表 3－13　　2010—2016 年中国部分省市文化产业驱动力指数增速表

增速排名	省市	2010 年	2011 年	2012 年	2013 年	2014 年	2015 年	2016 年	七年增速
1	青海	60.59	69.2	71.41	68.80	80.31	80.20	77.33	27.62%
2	河南	56.99	65.0	71.56	72.64	70.01	70.12	72.09	26.49%
3	北京	69.94	70.4	77.71	78.85	83.46	82.47	87.51	25.12%
4	江苏	63.62	70.8	74.63	75.67	78.03	76.26	79.03	24.24%
5	浙江	64.37	69.1	73.95	74.89	77.11	77.25	79.96	24.22%
6	河北	59.86	70.9	73.78	74.49	76.49	74.83	73.08	22.09%
7	贵州	59.24	65.6	72.49	72.74	73.61	78.48	72.29	22.02%
8	黑龙江	57.20	69.5	73.10	73.52	68.95	68.92	69.72	21.89%
9	江西	62.14	76.2	74.03	74.74	74.08	71.20	75.63	21.70%
10	湖南	59.92	68.6	72.30	73.83	73.41	76.99	72.70	21.32%

说明：(1) 表中数值均为四舍五入的结果。(2) 本表只显示 2010—2016 年文化产业驱动力指数增速排名前 10 位的省市指数结果及变化情况。

4. 驱动力指数变异系数变动特征

(1) 总体变动情况。

如图 3－25 所示，从总体上看，2016 年与 2010 年相比，驱动力指数变异系数变化较大，多数省市的驱动力指数变异系数增加，呈正增长态势，仅有少部分省市的驱动力指数变异系数下降，且驱动力指数变异系数下降的省市下降幅度较小，个别省市驱动力指数变异系数下降幅度较大。2016 年省市驱动力指数变异系数均值

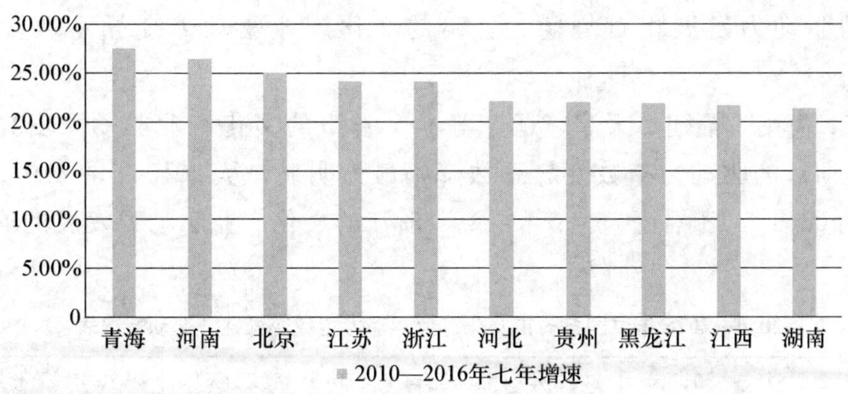

图3-24 2010—2016年中国部分省市文化产业驱动力指数增速图

由2010年的0.037增加到0.066，比2010年增长了78.4%，可见，伴随着驱动力指数变异系数增大，各省市之间的文化产业发展驱动力的不均衡性有所加重。

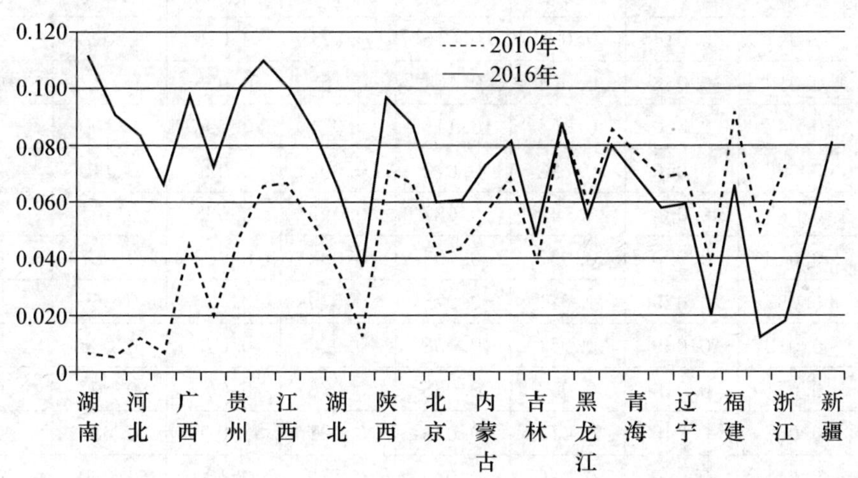

图3-25 2010年、2016年中国各省市文化产业驱动力指数变异系数变动情况图

(2) 具体变动情况。

由表3-14可知，2010—2016年湖南、安徽、河北、山东、广西、江苏、贵州、山西、江西等19个省市文化产业驱动力指数变异系数增大，其中湖南的驱动力指数变异系数增加明显，从2010年的0.007增加到2016年的0.111，增长超过10倍，安徽的驱动力指数变异系数增加幅度也超过10倍，河北、山东的驱动力指数变异系数增加超过5倍，可见这些省市文化产业的驱动力发展不均衡性加剧非常明显。此外，广西、江苏、贵州、重庆等省市变异系数增加幅度也较大，不均衡性明显增强。山西、江西、河南、湖北、陕西、宁夏等省市的驱动力变异系数的增长幅度低于1倍，说明这些省市在均衡度方面这七年没有较大变化，文化产业的驱动力发展相对均衡。甘肃的文化产业驱动力变异系数没有发生变化。

浙江、海南、福建、天津、辽宁等 9 个省市的文化产业驱动力变异系数减小，其中浙江的驱动力指数变异系数降幅最为明显，从 2010 年的 0.072 降低到 2016 年的 0.018，降幅达 75.00%，说明浙江的文化产业驱动力发展的均衡性显著增强。

表 3-14　　2010—2016 年中国各省市文化产业驱动力指数变异系数变动情况表

省市	2010 年	2011 年	2012 年	2013 年	2014 年	2015 年	2016 年	七年增加值
湖南	0.007	0.059	0.076	0.099	0.111	0.089	0.111	0.105
安徽	0.006	0.053	0.073	0.111	0.097	0.083	0.091	0.085
河北	0.012	0.043	0.047	0.097	0.121	0.100	0.084	0.072
山东	0.007	0.057	0.048	0.088	0.107	0.066	0.066	0.059
广西	0.044	0.014	0.035	0.076	0.071	0.020	0.098	0.053
江苏	0.010	0.062	0.054	0.104	0.152	0.058	0.072	0.053
贵州	0.047	0.060	0.063	0.115	0.071	0.106	0.100	0.053
山西	0.066	0.010	0.022	0.072	0.092	0.026	0.110	0.044
江西	0.067	0.032	0.043	0.087	0.095	0.068	0.101	0.034
河南	0.053	0.020	0.037	0.093	0.088	0.069	0.087	0.034
湖北	0.037	0.025	0.011	0.075	0.079	0.065	0.065	0.029
重庆	0.012	0.069	0.061	0.038	0.026	0.029	0.038	0.026
陕西	0.071	0.018	0.007	0.088	0.076	0.065	0.097	0.026
宁夏	0.067	0.046	0.012	0.045	0.091	0.076	0.087	0.020
北京	0.041	0.040	0.026	0.045	0.123	0.100	0.060	0.019
云南	0.043	0.019	0.022	0.071	0.067	0.059	0.061	0.017
内蒙古	0.056	0.043	0.039	0.065	0.077	0.053	0.073	0.017
上海	0.069	0.051	0.051	0.067	0.098	0.093	0.082	0.013
吉林	0.039	0.041	0.049	0.009	0.064	0.075	0.048	0.009
甘肃	0.088	0.200	0.082	0.089	0.090	0.082	0.088	0.000
黑龙江	0.060	0.038	0.017	0.069	0.053	0.042	0.055	−0.005
广东	0.086	0.053	0.032	0.104	0.143	0.082	0.080	−0.006
青海	0.077	0.054	0.045	0.068	0.146	0.125	0.068	−0.009
四川	0.069	0.043	0.040	0.096	0.074	0.054	0.058	−0.010
辽宁	0.070	0.015	0.040	0.079	0.113	0.101	0.060	−0.011
天津	0.038	0.074	0.086	0.090	0.086	0.024	0.021	−0.017

续前表

省市	2010 年	2011 年	2012 年	2013 年	2014 年	2015 年	2016 年	七年增加值
福建	0.091	0.042	0.026	0.048	0.044	0.115	0.066	−0.026
海南	0.049	0.030	0.064	0.098	0.083	0.116	0.012	−0.037
浙江	0.072	0.043	0.037	0.095	0.080	0.011	0.018	−0.054
西藏	—	—	—	0.061	0.199	0.084	0.049	—
新疆	—	—	—	0.056	0.092	0.049	0.081	—
均值	0.050	0.047	0.043	0.077	0.094	0.070	0.071	0.020

说明：表中 2010—2016 年数据均为小数点后保留三位之后的结果，所以“七年增加值”项对应的数据也为四舍五入后的结果。

（二）中国省市文化产业驱动力指数变动原因分析

产业驱动力指数指各地区文化产业的外部环境，用其来评价政府在市场体系、公共服务、创新机制几个方面所做的努力，进而为政府后续政策制定提供借鉴作用与数据支持。产业驱动力指数反映各地区发展文化产业的环境与态度，本模型拟从市场环境、公共环境和创新环境三个指标来分析文化产业驱动力指数。

由表 3－15 中数据可以看出，2010—2016 年驱动力指数的三个评价指标均处于上升状态，其中市场环境、公共环境指数明显上升，分别增加了 14.92 分和 19.07 分，上升幅度分别为 23.54％和 31.05％，创新环境指数小幅上升，增加了 4.69 分，增长幅度为 7.10％，三个分指标的同步上升共同推动了驱动力指数的稳步增加。

表 3－15　2010—2016 年中国省市文化产业驱动力指数二级指标得分平均值对比表

二级指标	2010 年	2011 年	2012 年	2013 年	2014 年	2015 年	2016 年	七年变动值
市场环境	63.40	71.30	74.80	78.39	78.20	76.44	78.32	14.92
公共环境	61.40	69.90	75.02	75.46	76.42	78.19	80.47	19.07
创新环境	66.10	69.20	71.75	68.23	66.93	69.77	70.79	4.69

1. 市场环境分析

市场环境指企业生产经营活动所处的社会经济环境中不可控制的因素。主要有法律、市场需求、市场供给、产品流通等方面的因素。下面我们将通过典型指标进行具体分析。

前文已经提到驱动力指标的三个分指标中，2010—2016 年公共环境指标得分上升 31.05％，增速较快。下面通过几个重要测度变量来分析一下市场环境指标变动的具体原因。

（1）文化消费支出。

如图3-26所示，在2016年文化消费支出得分前20名的省市中，文化产业文化消费支出得分与2010年相比，除天津、宁夏、青海、海南4个省市之外，其他所有省市均呈上升趋势。2010年文化消费支出得分的平均值为70.31分，2016年上升为77.13分，上升幅度为9.70%，七年间得分总体上呈现小幅上升。其中，江苏省文化产业文化消费支出上升幅度最大，从2010年的63.56增长至2016年的85.93分，增加了22.37分，远超全国平均增幅（7.35分）。

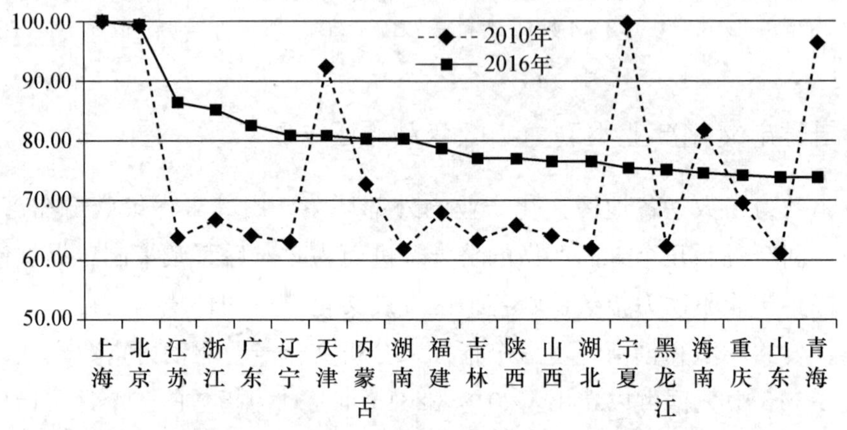

图3-26　2010年、2016年中国部分省市文化产业文化消费支出得分对比折线图

（2）行业协会所起作用。

2010—2016年各省市行业协会所起作用得分均有不同程度的上升。2010年行业协会作用平均得分为56.80分，2016年上升至78.32分，增幅为37.90%，上升幅度非常明显。2016年省市行业协会所起作用得分上升幅度最大的是青海，由2010年的48.97分增加到2016年的87.43分，增幅为78.53%（见图3-27）。此外，北京、河南、广东、上海、江西、湖南等12个省市行业协会所起作用得分上涨超过20分，海南行业协会所起作用得分增加最少，但也增长了13.06分，表明各省市行业协会所起的作用普遍增强。

文化产业的发展离不开行业协会的统筹协调。文化产业的各类行业协会作为连接政府和行业的自律性组织，在推动产业优化、规范行业发展方面发挥的作用越来越明显。鼓励各省市建设文化产业行业协会，进一步加大支持文化产业各类行业协会发展的力度，通过行业协会有效培育文化市场主体，发挥行业协会在扩大市场规模、推动产业链延伸、培育市场品牌、提升人员素质等方面的重要作用，进而加快整个文化产业的健康、规范、有序发展。

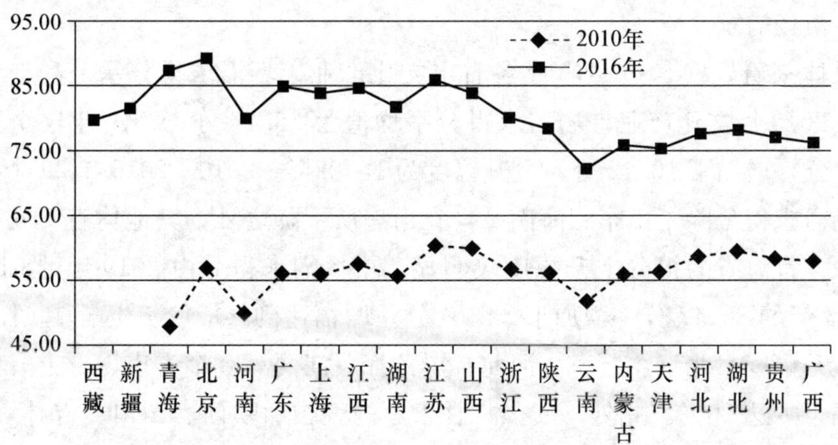

图3-27　2010年、2016年中国部分省市文化产业行业协会所起作用得分对比折线图

（3）知识产权保护满意度。

从图3-28可以看出，2010—2016年各省市公民对知识产权保护的满意度得分呈上升态势。2010年知识产权保护满意度得分平均值为63.05分，2016年这个数值上升至75.79分，增加了12.74分，上升幅度为20.20%，可见增长幅度较大。相比于2010年，2016年29个省市知识产权保护满意度得分均有不同程度的上涨。其中，青海增长幅度最大，得分由2010年的55.15分增加到2016年的83.08分，增长了27.94分，增幅达到50.66%，显著高于其他省市。此外，北京的知识产权保护满意度得分增长超过25分，河南、江西、四川、浙江、湖南等8个省市增加超过15分，这些省市的知识产权保护满意度得分涨幅较大，也体现出居民对文化产业知识产权保护满意度大大提高。

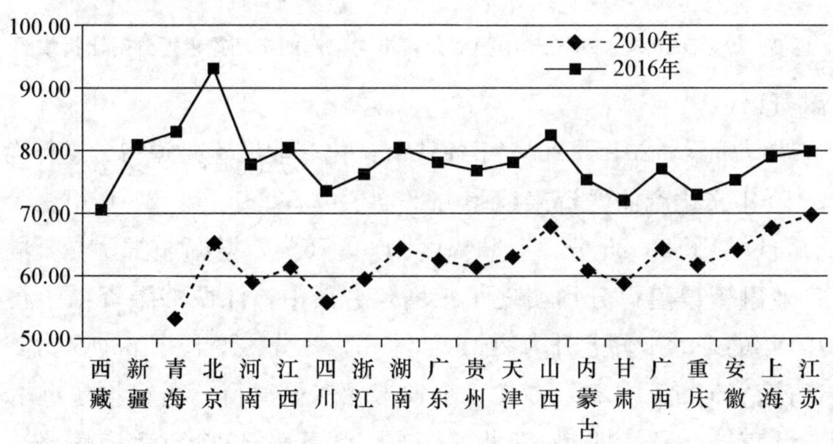

图3-28　2010年、2016年中国部分省市文化产业知识产权保护满意度得分对比折线图

（4）市场需求。

从总体来看，2010—2016 年各省市文化产业市场需求得分呈上升趋势（见图 3－29）。2010 年文化产业市场需求得分平均值为 68.47 分，2016 年这个数值上升至 78.88 分，增加了 10.42 分，上升幅度为 15.22％。2010—2016 年 29 个省市文化产业市场需求得分除了山东、海南 2 个省市有所下降之外，其他均有不同程度的增加。其中，青海省的得分上升幅度较明显，市场需求得分由 2010 年的 61.76 分上升至 2016 年的 86.47 分，增加了 24.70 分，增幅达到 40.0％，远远超过了全国平均得分上升幅度。北京、上海、河北、黑龙江、江西等 8 个省市得分上升幅度也较大，增幅至少达 20％。此外，安徽、甘肃、内蒙古、陕西、四川、吉林等 14 个省市得分增长幅度在 10％～20％之间，天津、河南、湖北、重庆 4 个省市上涨幅度较小，低于 10％，但都保持了正增长的趋势。

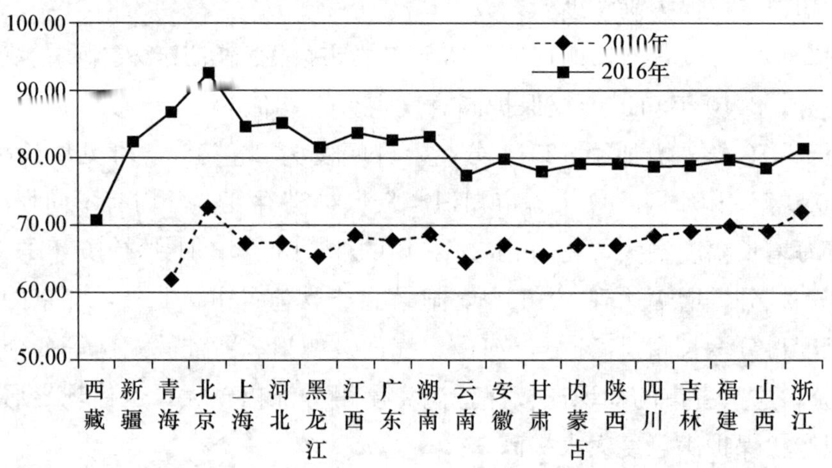

图 3－29　2010 年、2016 年中国部分省市文化产业市场需求得分对比折线图

（5）融资渠道。

如图 3－30 所示，2010—2016 年各省市文化产业融资渠道得分整体有较大幅度的上升。2010 年文化产业融资渠道得分平均值为 58.48 分，2016 年这个数值增加到 81.74 分，增加了 23.25 分，上升幅度为 39.76％，增幅非常明显，同时所有省市的文化产业融资渠道得分均实现了正增长。其中，江西的融资渠道得分增幅最大，由 2010 年的 54.81 分上升为 2016 年的 87.88 分，增长了 33.07 分，增幅高达 60.34％。青海、河北、甘肃、浙江 4 个省市融资渠道得分增幅均超过了 50％，也非常明显；北京、上海、湖南、贵州、广东、江苏等 20 个省市增幅超过 30％，其他省市增幅也几乎在 20％以上。由此可见，过去七年间各省市的文化产业融资渠道普遍得到了明显的拓宽和改善，文化产业融资渠道的拓宽也为文化企业融资提供了便利。发展文化产业资本和创意同样重要，通过开辟多种融资渠道，为文化产业发展提供资金支持，实现文化产业投资主体多元化，吸引社会资本进入文化产业投资领域，有助于有效解决文化企业普遍存在的融资难的瓶颈问题，缓解文化企业的融资难题。

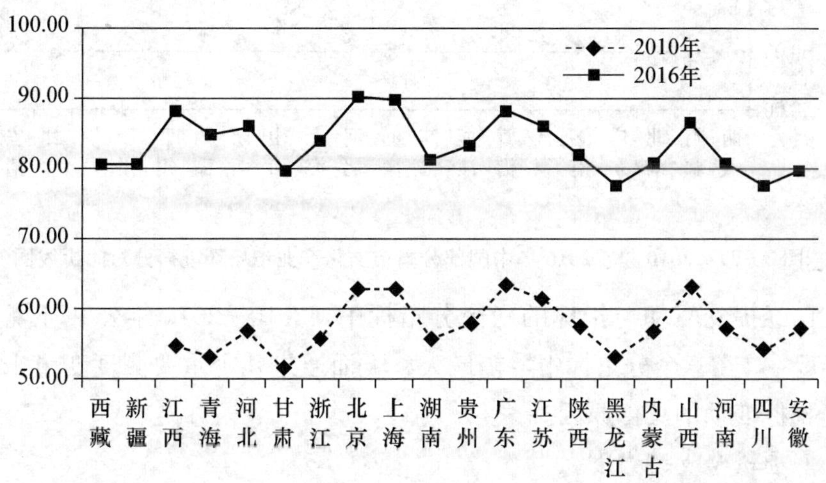

图 3-30　2010 年、2016 年中国部分省市文化产业融资渠道得分对比折线图

（6）市场环境小结。

根据以上对市场环境五个变量的分析，我们可以发现：2010—2016 年各项指标均有所上升，尤其是行业协会所起作用、融资渠道两项指标得分增幅均超过了 35%，行业协会所起作用的大大增强以及融资渠道的明显拓宽有力推动了文化产业发展的市场环境不断优化。文化消费支出、市场需求、知识产权保护满意度三项指标的增长幅度都在 9%以上。

如图 3-31 所示，北京的市场环境得分增长幅度最大，由 2010 年的 71.2 分增加到 2016 年的 93.0 分，七年间的增幅高达 30.62%，此外，广东、湖南、江西、青海、浙江、河南 6 个省市的市场环境得分增长幅度也超过了 30%，增长幅度最大的 5 个省市中有 3 个省市位于中西部地区；此外，在市场环境得分增幅超过 20%的 21 个省市中，14 个省市为中西部地区。可见，在政府的大力支持下，中西部地区的文化产业市场环境得到了有效改善，通过改善市场环境提高当地文化产业发展的驱动力水平，进而推进文化产业发展，这对于中西部地区加快文化产业发展、增强文化产业竞争力具有十分重要的作用。

2．公共环境分析

公共环境主要指公共管理部门和公共服务部门为整个产业提供的发展环境。

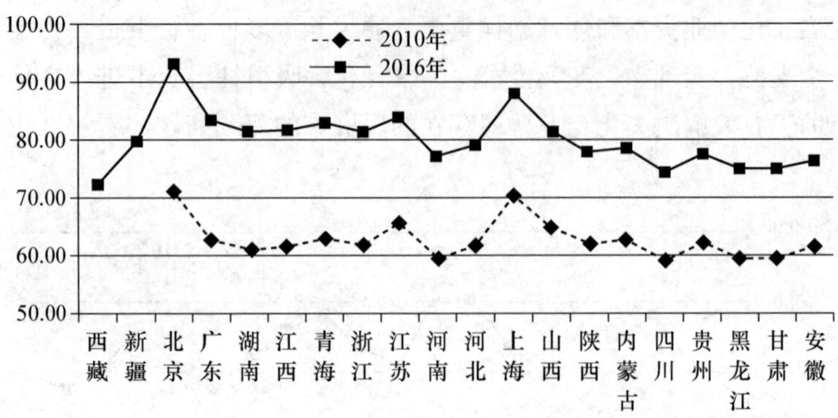

图 3-31　2010 年、2016 年中国部分省市文化产业市场环境得分对比折线图

前文已经提到驱动力指标的三个分指标中，2010—2016 年公共环境指标得分上升 31.05%，在三个分指标中增幅最大。下面通过几个重要测度变量来分析一下公共环境指标变动的具体原因。

(1) 专项资金支持力度。

2010—2016 年中国省市文化产业专项资金支持力度得分有较大幅度的上升。2010 年专项资金得分的平均值为 56.04 分，2016 年这个数值上升为 80.33 分，专项资金得分上升 24.29 分，上升幅度高达 43.35%，29 个省市文化产业专项资金支持力度得分均实现了不同程度的增长。相比于 2010 年，2016 年省市文化产业专项资金支持力度得分上升幅度最大的省市为河南省，专项资金支持力度得分由 2010 年的 46.30 增长到 2016 年的 82.25 分，上升幅度高达 77.65%（见图 3-32）。上升幅度超过 50%的省市有河南、上海、江西、青海、江苏、山西、甘肃、湖南、辽宁、黑龙江 10 个省市。另外，贵州、河北、湖北、内蒙古、安徽、广西 6 个省市上升幅度超过 40%。浙江、宁夏、山东、福建等 11 个省市上升的幅度在 20%～30%之间，只有重庆上升的幅度较小，不足 20%。文化产业专项资金的设立对于充分发挥政府在文化产业发展中的引导、扶持、推动、调控和服务作用举足轻重。各省市文化产业专项资金支持力度得分的大幅提高，也表明各省市从专项资金角度对文化产业发展的支持力度在加大。

自 2003 年云南省政府最先设立每年 1 500 万元的专项资金后，国家和地方政府纷纷设立文化产业发展的专项基金。截至 2016 年底，全国大部分省市都设立了文化产业发展专项资金，全国大部分省及部分省会城市已经设立了专项资金，一些经济发达地区的二三级城市乃至一些县级市也设立了文化产业专项资金。这些资金通过一次性补助、贷款贴息、陪同投入、配套投入、奖励等多种形式，通过项目带

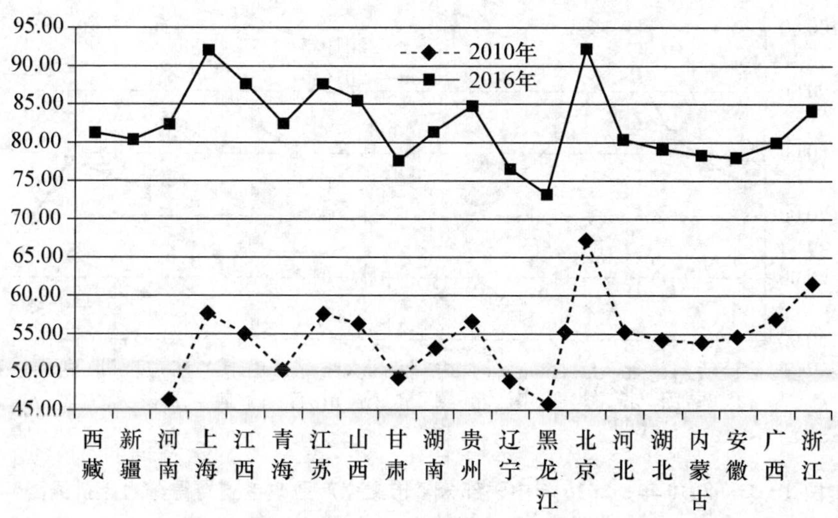

图3-32　2010年、2016年中国部分省市文化产业专项资金支持力度得分对比折线图

动，对演艺业、娱乐业、文化会展业、网络文化产业等新兴文化产业以及独具地方特色的文化产业进行了重点资助，有力地推动了当地文化产业的发展。2014年财政部印发了《文化产业发展专项资金管理暂行办法》，推进各地规范、有效使用日益增加的文化产业专项资金，优化资金投向，更好发挥引导示范和带动作用。2015年财政部下发文化产业专项资金50亿元，共支持文化产业项目850个，项目数较2014年增长6.25%，文化产业专项资金支持力度越来越大。2016年，文化部配合财政部组织中央财政文化产业发展专项资金等重大项目申报评审，共推荐385个项目，支持金额7.17亿元，有力地推动了文化体制改革和文化产业发展。

(2) 政策支持。

从总体来看，2010—2016年中国省市文化产业政策支持得分呈上升趋势（见图3-33）。2010年文化产业政策支持得分平均值为61.85分，2016年这个数值上升至77.70分，上升幅度为25.62%。其中，青海省上升幅度最大，文化产业政策支持得分由2010年的57.79分上升为2016年的83.22分，增加了25.43分，增幅达到44.0%；北京、上海、江西、河南、河北、内蒙古等10个省市增幅超了30%。此外，山西、广西、江苏、辽宁、湖北等16个省市增幅在10%～20%之间；海南、重庆2个省市增幅低于10%。29个省市文化产业政策支持得分均呈现正增长态势。

政策支持为文化产业生存和发展提供了重要的保障，是文化产业成长和壮大的强大推动力。2014年以来，我国支持文化产业发展的政策频出，力度空前，发布了《国务院关于推进文化创意和设计服务与相关产业融合发展的若干意见》《关于

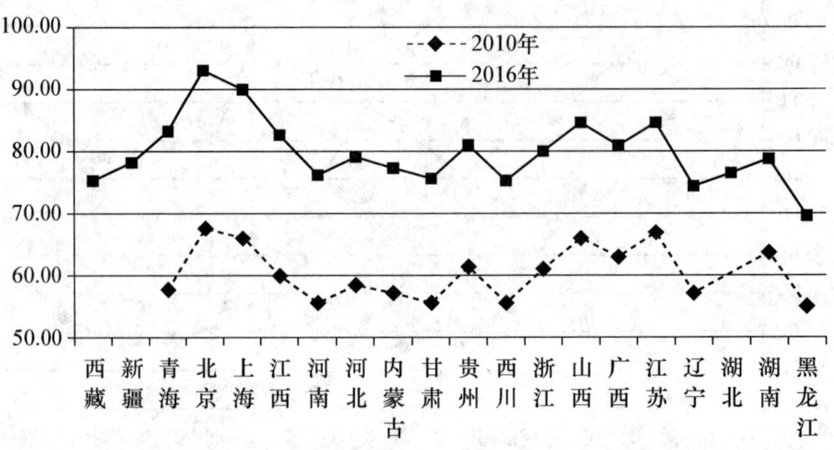

图 3-33　2010 年、2016 年中国部分省市文化产业政策支持得分对比折线图

大力支持小微文化企业发展的实施意见》《关于加快构建现代公共文化服务体系的意见》等政策，文化产业迎来新的发展机遇。在政策支持下，文化产业与相关产业融合发展趋势凸显；以资本为纽带，文化产业并购重组风云突变，以整合资源、突出主业、做大做强为重点，国有文化企业实力和控制力不断增强，涌现出一批总资产和总收入超过或接近百亿元的大型骨干文化企业。与此同时，文化企业上市蹄疾步稳。文化类项目被纳入财政部 PPP 示范项目以奖代补和国家发展改革委基础设施建设 PPP 模式推广前期工作专项补助支持范围，共有 31 个文化类项目获得以奖代补资金 1.62 亿元，拉动投资 358 亿元。此外，截止到 2016 年底，全国共有 10 个国家级文化产业示范园区、10 个国家级文化产业试验园区和 335 个国家文化产业示范基地，国家对文化产业发展的政策支持力度逐步加大。

（3）公共服务满意度。

公共服务满意度主要指对公共服务环境的满意度，公共服务环境是为文化产业提供支持的重要主体，是文化产业发展的主要后备力量。公共服务环境包含要素较多，如基础设施（交通、通信、空间等）、行政服务、产业协会服务等。

从总体来看，2010—2016 年各省市文化产业公共服务满意度得分呈上升趋势（见图 3-34）。2010 年文化产业公共服务满意度得分平均值为 66.43 分，2016 年这个数值上升至 83.38 分，增加 16.95 分，上升幅度为 25.51%。2010—2016 年 29 省市的文化产业公共服务满意度得分均实现了正增长，其中得分上涨最多的是北京市，由 2010 年的 64.20 分增加到 2016 年的 94.59 分，增加了 30.39 分，增幅高达 47.34%；四川的文化产业公共服务满意度得分增幅也超过了 40%；青海、内蒙古、上海、广西、江西、云南、河南等 20 个省市增长超过了 20%；湖北、海南、吉林、黑龙江等6个省市增幅超过10%；宁夏的公共服务满意度得分增长幅度最小，但七年间也达到了12.16%。

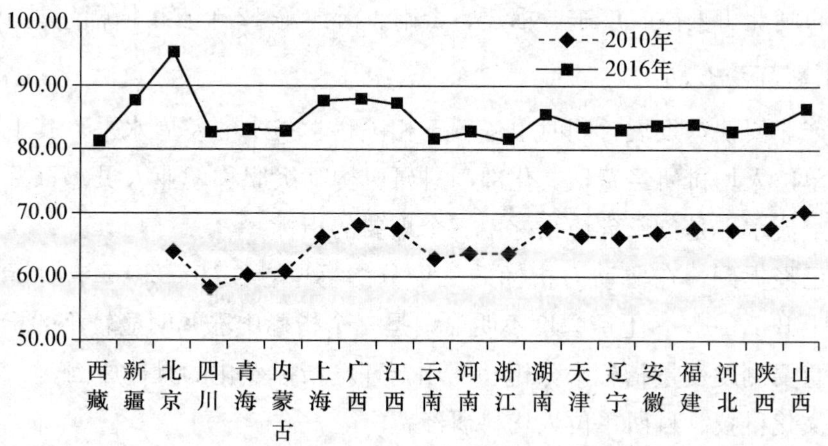

图3-34 2010年、2016年中国部分省市文化产业公共服务满意度得分对比折线图

(4) 公共环境小结。

通过上述对公共环境三个指标变量的分析，可以得出文化产业公共环境的变化原因。如图3-35所示，2010—2016年中国省市文化产业公共环境得分有所上升，由2010年的61.4分增加到2016年的80.47分，增幅为31.06%，这是文化产业公共环境的三个指标共同作用的结果。三个指标当中，文化产业专项资金支持力度增幅最为明显，超过了40%，而政策支持、公共服务满意度增幅均在20%以上，所以专项资金支持力度的加大对公共环境的优化起到的作用更为突出。青海和上海在这三个变量

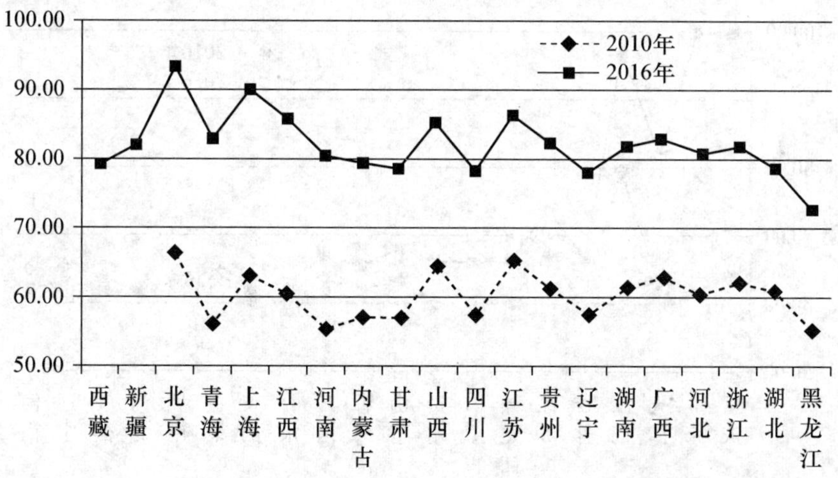

图3-35 2010年、2016年中国部分省市文化产业公共环境得分对比折线图

的评价中，三项指标得分均较高，公共环境指标得分增幅明显，增幅均超过了40%。北京、江西、河南、内蒙古等17个省市得分增长也较多，增幅均在30%以上；此外，湖北、安徽、广东、福建、云南、天津等12个省市增幅超过10%。

3. 创新环境分析

文化产业要快速发展，同时也依赖于相关科学技术的发展水平，其中，文化科技、科研单位人均科研经费，文化部门科研机构高级职称就业人员每百万人拥有量以及国际交流水平是创新环境指标中三个重要的指标。

前面已经提到，在驱动力指标的三个分指标中，2010—2016年创新环境指标平均得分上升7.10%，上涨幅度不明显，是三个指标中涨幅明显较小的指标。下面通过三个重要测度变量指标来分析一下创新环境指标变化的具体原因。

(1) 文化科技、科研单位人均科研经费。

从总体来看，2010—2016年各省市文化科技、科研单位人均科研经费平均得分仅微弱上涨（见图3-36）。2010年文化科技、科研单位人均科研经费得分平均值为69.01分，2016年这个数值小幅上升至69.44分，仅增加0.43分，增幅为0.63%。其中，2010—2016年29个省市中文化科技、科研单位人均科研经费得分增加最多的是重庆，增幅为57.63%，表明重庆文化科技、科研单位人均科研经费有了大幅提高；北京、天津、浙江增幅也较大，均超过20%；此外，吉林、黑龙江、内蒙古、贵州、江苏等13个省市也都有不同程度的增长。福建、江西、广东、海南、山西等12个省市得分下降，福建、江西、广东3个省市的下降幅度最大，均超过了20%，这些省市的文化科技、科研单位人均科研经费还需有进一步提升。

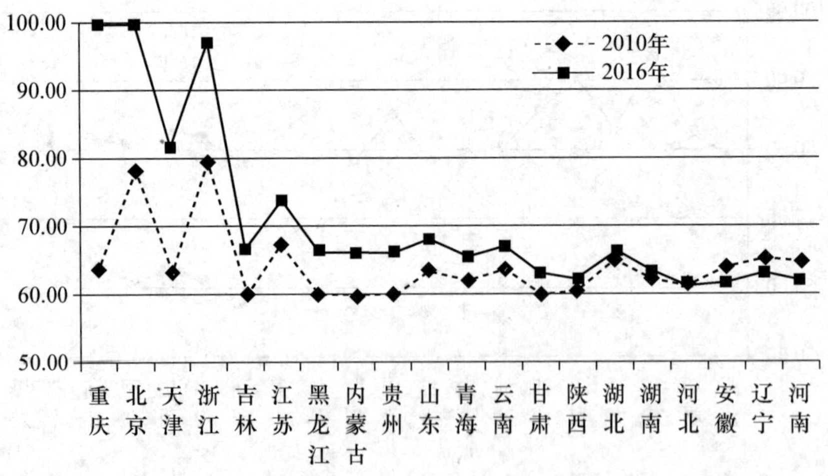

图3-36 2010年、2016年中国部分省市文化科技、科研单位人均科研经费得分对比折线图

（2）文化部门科研机构高级职称就业人员每百万人拥有量。

从总体来看，2010—2016 年各省市文化部门科研机构高级职称就业人员每百万人拥有量平均得分呈现下降趋势（见图 3－37）。2010 年各省市文化部门科研机构高级职称就业人员每百万人拥有量得分平均值为 76.01 分，2016 年下降为 65.38 分，降低了 10.63 分，下降幅度达到 13.99%。2010—2016 年各省市文化部门科研机构高级职称就业人员每百万人拥有量得分上升的省市仅有海南、天津和上海，上升幅度分别为 66.67%、5.93%和 1.12%，特别是海南，上升幅度很大；其他 26 个省市得分都有所下降，下降幅度较大的为宁夏、陕西、甘肃、山西，下降幅度均超过 30%，吉林、湖北、青海、浙江 4 个省市下降幅度也较大，超过 20%。总体而言，2016 年各省市文化部门科研机构高级职称就业人员每百万人拥有量得分总体呈现下降趋势，下降幅度较为明显。从全国范围来看，绝大部分省市还需要进一步培养、增加文化部门科研机构高级职称就业人员，壮大文化部门科研机构高级职称人员队伍，提高文化产业就业人员的整体素质，为文化产业发展提供有力智力支撑和人才保障。

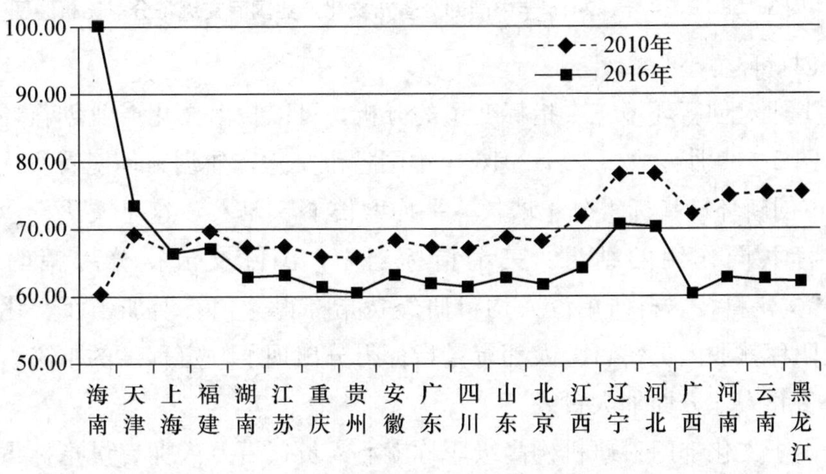

图 3－37　2010 年、2016 年中国部分省市文化部门科研机构高级职称就业人员每百万人拥有量得分对比折线图

（3）国际交流。

从总体来看，2010—2016 年各省市文化产业国际交流得分明显上升，上涨幅度较大（见图 3－38）。2010 年各省市文化产业国际交流得分平均值为 53.36 分，2016 年为 77.55 分，增加了 24.19 分，增幅为 45.33%，增长迅速。其中，青海增长幅度最大，由 2010 年的 43.24 分上升为 2016 年的 86.45 分，将近翻了一番；其次，江西、河南、江苏等 6 个省市增幅也较大，均超过 60%；内蒙古、浙江、吉林、宁夏、山西等10个省市增幅超过40%；北京、辽宁、湖南等6个省市的增幅超过30%；陕西、广西、山东、天津、重庆、海南6个省市增幅在10%～20%之间。

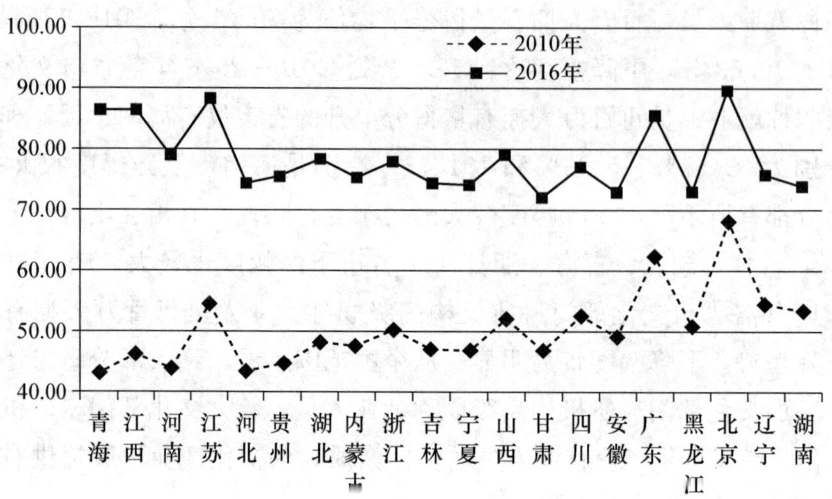

图3-38　2010年、2016年中国部分省市文化产业国际交流得分对比折线图

(4) 创新环境小结。

通过上述对创新环境三个指标变量的分析，可以找出文化产业创新环境的变化原因。如图3-39所示，2010—2016年中国省市文化产业创新环境有所优化，超过2/3的省市创新环境指标得分正增长，平均增长了5.56%，这是文化产业创新环境的三个指标共同作用的结果。三个指标当中，国际交流得分增幅明显，达到45.33%，文化科技、科研单位人均科研经费指标得分稍有增加，而文化部门科研机构高级职称就业人员每百万人拥有量指标得分出现了一定程度的下降，所以需要在研发经费和人才方面加大投入。

海南由于文化部门科研机构高级职称就业人员每百万人拥有量指标得分增幅明显，创新环境指标得分增幅达到21.87%；重庆增幅也超过了20%。北京、江苏、天津、贵州、浙江、青海等9个省市创新环境指标得分增幅超过了10%。内蒙古、安徽、上海、黑龙江、四川等12个省市得分都实现了个位数增长。其他省市都有不同程度下降，宁夏、福建、陕西3个省市得分下降超过5%。宁夏由于文化科技、科研单位人均科研经费得分以及文化部门科研机构高级职称就业人员每百万人拥有量得分下降幅度明显，创新环境名次下降较大。

4. 驱动力指数影响因素分析

前文分别对驱动力指数的三个分指标——市场环境、公共环境以及创新环境进

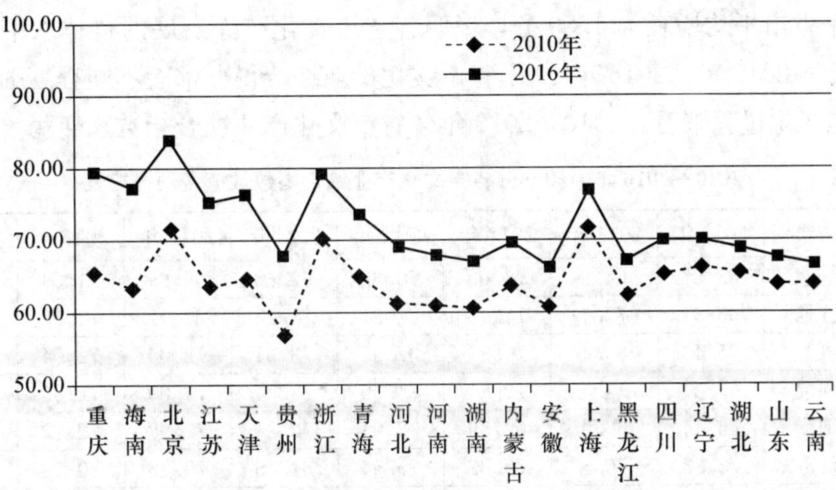

图3-39 2010年、2016年中国部分省市文化产业创新环境得分对比折线图

行了详细的分析，由此可以对各省市驱动力指数的变动原因做出分析。2010—2016年北京、上海、江苏、青海等省市由于政府在行业协会、市场需求、融资渠道、政策等方面的大力支持，在文化产业市场环境、公共环境和创新环境三方面的得分都涨幅明显，从而进入驱动力指数前10名的行列，其他省市在政府支持上还需进一步加大力度。

四、中国省市文化产业综合指数变动特征及其原因分析

2010—2016年中国省市文化产业发展指数的变动情况，反映了我国文化产业发展的变动状况，以及不同要素对各省市文化产业发展的影响，据此可以发现各省市文化产业发展的优势与短板，为全面了解中国省市文化产业发展特征提供依据。

(一) 中国省市文化产业综合指数变动特征

中国省市文化产业综合指数从整体上反映一个省市文化产业发展的综合水平，近年来，我国文化产业综合发展稳定上升，2010—2016年中国省市文化产业发展指数连续七年持续保持了正增长的态势。

1. 综合指数数值变动特征

(1) 总体变动情况。

由表3-16和图3-40可知，2010—2016年中国省市文化产业综合指数得分整体保持了持续增长，但上升的幅度较小。根据表3-16数据，从总体增长幅度来

看，29 个省市平均增长为 4.59 分，说明各省市文化产业发展的整体水平有小幅提升。相比于 2010 年，2016 年 29 个省市文化产业综合得分都有不同程度的上升。从七年具体变化过程来看，2010—2016 年各省市文化产业综合指数逐年稳步增长。

表 3-16　　2010—2016 年中国部分省市文化产业综合指数数值变动情况表

排名	省市	2010 年	2011 年	2012 年	2013 年	2014 年	2015 年	2016 年	七年变动值
1	黑龙江	63.57	68.9	70.03	70.32	69.66	69.69	71.04	7.47
2	江西	66.84	72.4	71.15	72.81	74.22	73.02	74.03	7.18
3	青海	65.43	69.4	71.21	67.95	73.61	72.04	72.04	6.62
4	河北	66.37	71.5	72.11	74.00	75.21	74.69	72.95	6.57
5	河南	66.44	67.9	69.59	73.04	72.24	71.98	72.92	6.48
6	江苏	73.83	76.1	75.32	77.54	81.15	79.76	80.12	6.29
7	北京	78.59	79.0	79.80	79.46	82.08	81.41	84.72	6.14
8	甘肃	64.09	61.3	65.76	68.70	68.77	68.83	70.10	6.00
9	内蒙古	66.61	71.6	71.54	71.52	69.86	70.52	72.59	5.99
10	湖南	67.64	71.9	70.36	72.62	75.08	75.18	73.36	5.72
全国均值	—	69.12	71.7	72.57	73.07	73.61	73.65	73.71	4.59

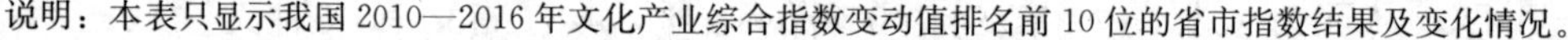

说明：本表只显示我国 2010—2016 年文化产业综合指数变动值排名前 10 位的省市指数结果及变化情况。

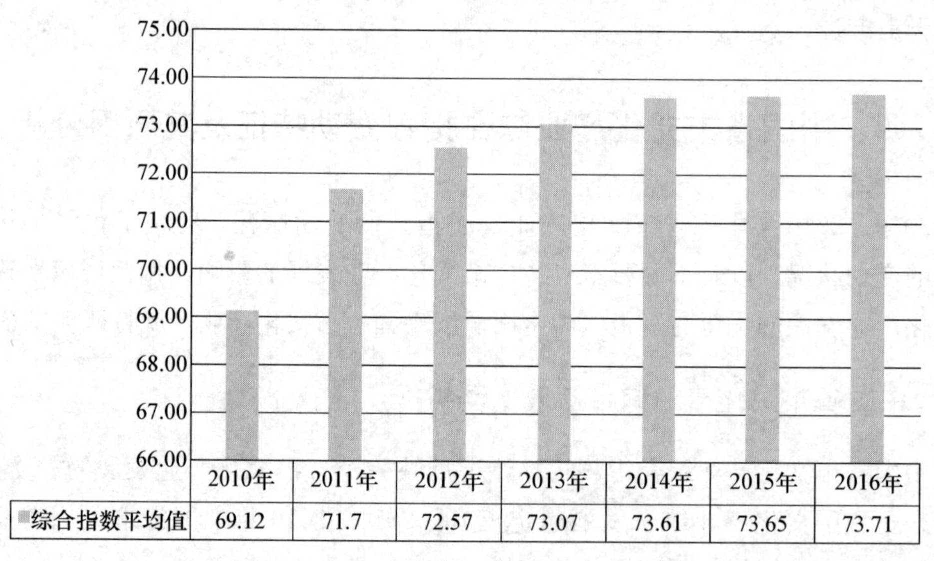

图 3-40　2010—2016 年中国省市文化产业综合指数平均值对比图

（2）具体变动情况。

2010—2016 年 29 个省市文化产业综合指数均实现了正增长，即这些省市文化产业总体发展水平都有所提高（见图 3-41）。其中，黑龙江、江西、青海、河北、河南、江苏、北京等 13 个省市综合指数得分增加非常明显，均增加了 5 分以上。

四川、重庆、浙江、山东、上海等 11 个省市综合指数得分也增加较多，均超过 3 分。宁夏、海南、山西、福建、辽宁 5 个省市综合指数得分增加较少，不足 3 分，微弱上涨。

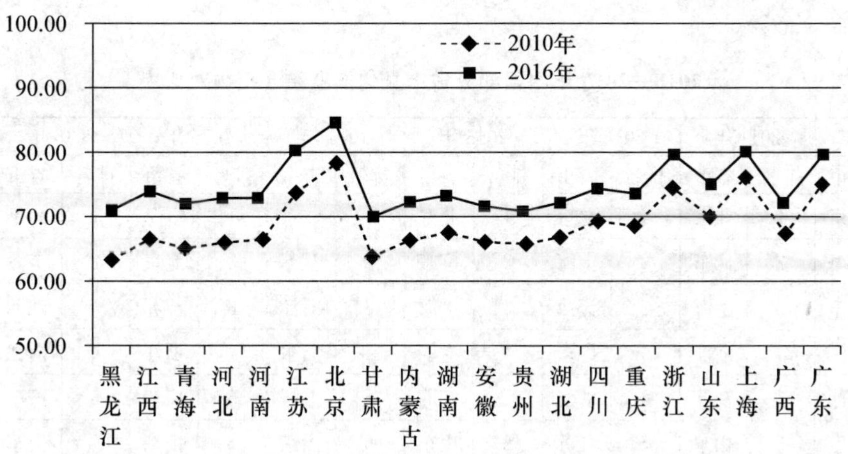

图 3－41　2010 年、2016 年中国部分省市文化产业发展综合指数变动图

（3）区域变动情况。

2010—2016 年综合指数数值增幅最大的前 10 名中，黑龙江、江西、青海、河南、甘肃、内蒙古、湖南 7 个省市都来自中西部地区，说明经济不甚发达地区在文化产业上发展增速更加显著。可见，中西部地区文化产业相对于总体来说，呈现出较为明显的上升态势。

2. 综合指数排名变动特征

如表 3－17 所示，从各省市排名变化情况来看，2010—2016 年 29 个省市排名出现了一定程度的变化，多数省市变化幅度不大。具体来说，2010 年排名前 10 位的省市大多数仍在 2016 年排名前 10 位当中，仅有上下小幅变动。其中北京、上海、广东、浙江、江苏七年间基本稳居前 5 位，北京市除 2015 年排名仅次于上海之外，七年间有六年以总分最高排名第 1 位。这 5 个省市连续七年文化产业综合指数排名基本持续保持在前 5 位，反映了这些省市强大的文化产业发展能力以及持续稳定的文化产业发展势头。

2010—2016 年排名上升幅度最大的是江西省，2010 年排名第 21 位的江西进步很大，在 2016 年排名进入前 10，排名上升了 12 位。此外，河南七年间排名上升了 11 位，河北上升了 10 位，说明这些省市七年间文化产业发展成效显著。青海、内蒙古、湖南 3 个省市上升不少于 5 个位次，这些省市的文化产业发展也具有较大的进步。四川、黑龙江、山东等 6 个省市排名至少上升了 2 位，排名变动较小的是湖北、贵州、北京、天津、上海、浙江6个省市，这些省市的综合指数排名基本没有发生变化，上升和下降位次均在1个名次以内。宁夏、海南、吉林、云南等6个省市排名下降幅度较大，不少于5个名次。其中，宁夏排名下降幅度最大，七年间下降了16个名次。

表3-17　　2010—2016年中国部分省市文化产业综合指数对比表

2010年		2011年		2012年		2013年		2014年		2015年		2016年		七年排名变动
排名	省市	排名	省市	排名	省市	排名	省市	排名	省市	排名	省市	排名	省市	
1	北京	1	北京	1	北京	1	北京	1	北京	1	上海	1	北京	0
2	上海	2	广东	2	上海	2	广东	2	江苏	2	北京	2	上海	0
3	广东	3	上海	3	天津	3	上海	3	浙江	3	江苏	3	江苏	2
4	浙江	4	浙江	4	广东	4	浙江	4	广东	4	浙江	4	浙江	0
5	江苏	5	江苏	5	浙江	5	江苏	5	上海	5	广东	5	广东	−2
6	辽宁	6	山东	6	江苏	6	山东	6	山东	6	山东	6	山东	3
7	福建	7	天津	7	四川	7	天津	7	辽宁	7	福建	7	四川	4
8	天津	8	四川	8	山东	8	福建	8	河北	8	四川	8	天津	0
9	山东	9	辽宁	9	福建	9	四川	9	湖南	9	湖南	9	江西	12
10	山西	10	福建	10	辽宁	10	辽宁	10	江西	10	河北	10	辽宁	−4
11	四川	11	山西	11	吉林	11	河北	11	四川	11	辽宁	11	重庆	3
12	海南	12	吉林	12	重庆	12	陕西	12	山西	12	安徽	12	湖南	5
13	陕西	13	陕西	13	山西	13	安徽	13	福建	−6	江西	13	福建	−6
14	重庆	14	江西	14	河北	14	河南	14	青海	14	吉林	14	河北	10
15	宁夏	15	湖南	15	陕西	15	江西	15	安徽	15	云南	15	河南	11

3. 综合指数增长速度变动特征

如表3-18和图3-42所示，2010—2016年中国省市文化产业综合指数全部呈现正增长，29个省市的综合指数增长率基本可以分为4个梯队：第一梯队为黑龙江、江西和青海3个省市，这3个省市的文化产业发展水平增长速度非常快，增长幅度均在10%以上，其中，黑龙江增幅最大，综合指数由2010年的63.57分上升到2016年71.04分，增幅为11.76%；第二梯队为河北、河南、甘肃、内蒙古、江苏等7个省市，这些省市增长速度略逊于第一梯队，均超过了8%，增长幅度也非常可观；第三梯队为贵州、北京、湖北、重庆、四川等14个省市，这些省市增长速度较快，增长幅度不低于5%；第四梯队为辽宁、福建、山西、海南、宁夏5个省市，这5个省市的增长幅度低于5%，文化产业发展有小幅进步。

表 3-18　　2010—2016 年中国部分省市文化产业综合指数增速表

增速排名	省市	2010 年	2011 年	2012 年	2013 年	2014 年	2015 年	2016 年	七年增速
1	黑龙江	63.57	68.9	70.03	70.32	69.66	69.69	71.04	11.76%
2	江西	66.84	72.4	71.15	72.81	74.22	73.02	74.03	10.75%
3	青海	65.43	69.4	71.21	67.95	73.61	72.04	72.04	10.11%
4	河北	66.37	71.5	72.11	74.00	75.21	74.69	72.95	9.90%
5	河南	66.44	67.9	69.59	73.04	72.24	71.98	72.92	9.75%
6	甘肃	64.09	61.3	65.76	68.70	68.77	68.83	70.10	9.37%
7	内蒙古	66.61	71.6	71.54	71.52	69.86	70.52	72.59	8.99%
8	江苏	73.83	76.1	75.32	77.54	81.15	79.76	80.12	8.52%
9	湖南	67.64	71.9	70.36	72.62	75.08	75.18	73.36	8.46%
10	安徽	66.23	69.6	71.41	73.36	73.36	73.99	71.58	8.07%

说明：本表只显示我国 2010—2016 年文化产业综合指数增速排名前 10 位的省市情况。

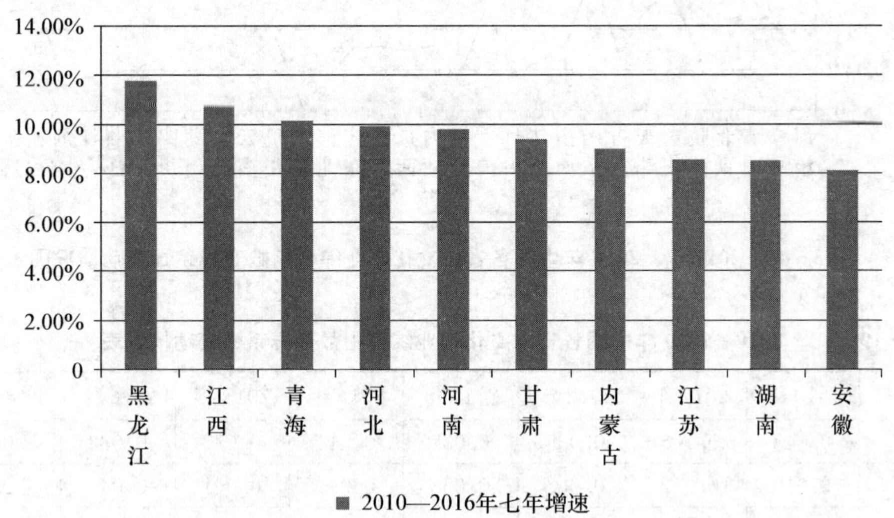

图 3-42　2010—2016 年中国部分省市文化产业综合指数七年增速图

4. 综合指数变异系数变动特征

（1）总体变动情况。

如图 3-43 所示，从总体来看，2010—2016 年大部分省市综合指数变异系数得分有所下降。2016 年全国省市综合指数变异系数均值比 2010 年降低了 0.052（见表 3-19），降幅高达 59.77%。可见，各省市之间文化产业发展的均衡性显著提高。

（2）具体变动情况。

由表 3-19 可知，2010—2016 年湖北、浙江、河南、江苏、安徽、辽宁等 20 个省市综合指数变异系数大幅减小，下降幅度超过 50%，说明这些省市七年间文化产业发展均衡性显著提升。其中，湖北、浙江、河南 3 个省市的变异系数下降幅度超过 90%，均衡性大幅增强。上海、陕西、山东、天津、重庆 5 个省市变异系数也明显降低，降低幅度在 20%～50%之间，均衡性明显增强。北京的变异系数小幅下降，下降幅度为 1.70%，均衡性略有提升。宁夏、海南、青海的变异系数增大，宁夏变异系数由 2010 年的 0.019 增加到 2016 年的 0.041，增幅超过 1 倍，均衡性问题加剧，文化产业发展的不均衡性需要重点改善。

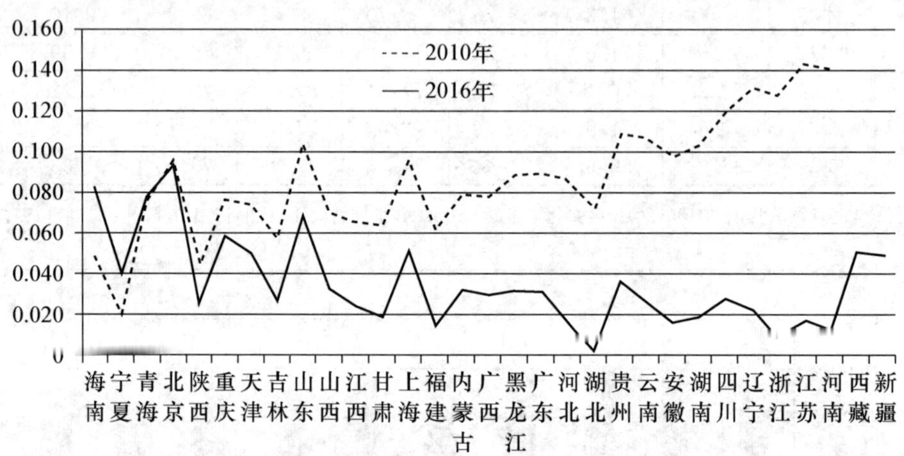

图 3-43　2010 年、2016 年中国各省市文化产业综合指数变异系数变动情况图

表 3-19　　2010—2016 年中国各省市文化产业综合指数变异系数变动情况表

省市	2010 年	2011 年	2012 年	2013 年	2014 年	2015 年	2016 年	七年增加值
海南	0.048	0.108	0.034	0.031	0.044	0.088	0.083	0.035
宁夏	0.019	0.042	0.067	0.068	0.094	0.061	0.041	0.021
青海	0.076	0.016	0.024	0.012	0.088	0.099	0.078	0.002
北京	0.095	0.094	0.023	0.012	0.031	0.091	0.094	—0.002
陕西	0.043	0.047	0.032	0.017	0.012	0.023	0.026	—0.017
重庆	0.077	0.037	0.050	0.028	0.047	0.046	0.059	—0.018
天津	0.074	0.031	0.020	0.073	0.023	0.026	0.051	—0.023
吉林	0.057	0.036	0.053	0.043	0.007	0.062	0.028	—0.029
山东	0.104	0.020	0.007	0.038	0.043	0.069	0.069	—0.035
山西	0.070	0.046	0.054	0.050	0.040	0.003	0.033	—0.037
江西	0.065	0.058	0.039	0.034	0.045	0.026	0.024	—0.041
甘肃	0.064	0.137	0.036	0.012	0.005	0.028	0.020	—0.044
上海	0.097	0.096	0.057	0.064	0.066	0.082	0.052	—0.045

续前表

省市	2010 年	2011 年	2012 年	2013 年	2014 年	2015 年	2016 年	七年增加值
福建	0.062	0.037	0.032	0.036	0.028	0.059	0.015	−0.046
内蒙古	0.079	0.049	0.070	0.045	0.021	0.017	0.032	−0.047
广西	0.078	0.068	0.056	0.054	0.014	0.007	0.030	−0.048
黑龙江	0.088	0.030	0.038	0.044	0.009	0.013	0.032	−0.056
广东	0.089	0.081	0.070	0.074	0.056	0.039	0.032	−0.057
河北	0.086	0.050	0.042	0.016	0.021	0.006	0.017	−0.069
湖北	0.073	0.055	0.033	0.018	0.012	0.015	0.003	−0.070
贵州	0.109	0.040	0.058	0.046	0.046	0.088	0.037	−0.071
云南	0.106	0.045	0.023	0.014	0.011	0.029	0.026	−0.080
安徽	0.098	0.078	0.055	0.029	0.034	0.028	0.016	−0.081
湖南	0.103	0.069	0.031	0.018	0.045	0.021	0.020	−0.084
四川	0.119	0.019	0.045	0.050	0.049	0.012	0.028	−0.091
辽宁	0.131	0.040	0.024	0.018	0.051	0.070	0.023	−0.108
浙江	0.127	0.088	0.036	0.035	0.044	0.044	0.009	−0.118
江苏	0.142	0.069	0.025	0.021	0.040	0.038	0.018	−0.124
河南	0.140	0.050	0.037	0.018	0.034	0.035	0.013	−0.127
西藏	—	—	—	0.024	0.087	0.028	0.051	—
新疆	—	—	—	0.032	0.058	0.022	0.050	—
均值	0.087	0.056	0.040	0.035	0.039	0.041	0.036	−0.052

（二）中国省市文化产业综合指数变动原因分析

1. 综合指数变动原因分析

文化产业综合指数是由三个文化子要素（产业生产力、产业影响力、产业驱动力）等权平均得出的，它系统地反映了一个省市文化产业发展的综合水平。文化产业综合指数的变动特征是三个子要素变动综合作用的结果。根据本章前三节对文化产业三个分指标的变动特征及其原因分析，也就不难解释本节综合指数的变动特征了。

2010—2016 年，由于产业生产力、影响力和驱动力指标的逐年快速增长，江西省综合指数排名上升最快，并在 2016 年进入前 10 名。河北省由于产业生产力和驱动力指标得分的大幅提升，进步名次仅次于江西。河南由于产业生产力的大幅提升，由 2010 年排名第 25 上升至第 9 名，综合指数也有较大幅度的提升。青海由于产业驱动力的大幅提升，名次也实现了较大提升，综合指数排名在七年间上升了 7

位。北京、上海、浙江等省市由于三个指标排名均比较稳定，所以综合指数排名变化较小。由于宁夏生产力、驱动力指数的大幅下降，海南生产力指数的大幅下降，导致这两个省市的综合指数排名下降幅度较大，其中宁夏排名下降了16位。

2. 变异系数变动原因分析

文化产业发展不均衡始终是我国文化产业发展面临的一个严峻问题，综合指数排名靠前的几个省市，变异系数较大，存在较严重的短板因素。以文化产业综合指数排名第4的浙江为例，综合指数得分连续五年在77分以上，属于文化产业发展的领军省市，但是存在如下制约因素：

（1）文化氛围有待进一步改善。

2016年浙江省文化氛围得分在全国省市中位于第22位，文化氛围得分在全国范围来看处于劣势。文化氛围的改善对于营造良好的文化产业发展环境、调动文化产业参与主体的积极性、激发文化消费、提升文化产业发展水平都具有重要的指导作用，因此，浙江省还需在文化氛围的营造方面加大改进力度。

（2）知识产权保护力度有待提升。

文化产业的发展离不开知识产权的有效保护，营造良好的知识产权保护环境和氛围，要注重提升文化产业参与主体知识产权保护满意度。2016年浙江省知识产权保护满意度得分在全国省市中位列第15位，知识产权保护满意度得分相对较低，与浙江文化产业综合指数排名第4的位次不相符。因此，浙江还需要在知识产权保护方面进一步加大改进力度，维护知识产权所有人的合法权益，提升文化产业参与主体知识产权保护的满意度。

（3）国际交流需进一步加强。

2016年浙江省的国际交流指标得分位于全国第12名，国际交流的强度和深度还需要进一步加强。文化产业的发展需要坚持“引进来”与“走出去”相结合，当前浙江发展文化产业的国际交流程度还不够高，在国际交流方面还需要进一步加强，提升文化产业发展的国际化水平。

（4）公共环境相对落后。

尽管从综合指数来看浙江省形势比较乐观，排名位列前5位，但浙江省的公共环境有进一步改善的空间。2016年浙江省综合指数位于全国第4名，但是公共环境中的公共服务满意度得分位于全国第24名、公共环境得分位列第12名，与其综合指数排名靠前的位次不符，因而需要在提升公共服务、改善公共环境方面进一步努力。

第四章　2016 年中国文化产业发展区域分析

近年来，在党的十八大确立文化强国发展战略的指引下，在国家一系列文化产业相关政策措施和文化体制机制改革等的推动下，各省市积极推动文化产业持续健康发展，完善现代文化产业体系，为实现文化产业成为国民经济支柱性产业目标不断奋进。本章将通过分析 2016 年各省市文化产业发展综合指数以及一级和二级指数来阐述我国文化产业发展的区域特征，并对发展强势区域和弱势区域的特征、决定要素和典型省市进行重点分析。

一、中国文化产业发展区域特征

由于不同省市资源禀赋、产业要素、发展环境等的差异，文化产业发展也呈现出了不同的区域特征。本节通过深入研究生产力指数、影响力指数和驱动力指数及其细分指标数据，对我国各省市文化产业的特征进行总结分析。

（一）中国文化产业发展区域现状

从 2016 年文化产业发展综合指数来看（见图 4－1），区域发展指数呈阶梯状分布，其中北京、上海、江苏、浙江、广东、山东、四川、天津、江西的综合指数值都在 74 分以上，这些省市是我国近两年内文化产业比较发达的区域；新疆、吉林、西藏、甘肃、宁夏的综合指数值在 71 分以下，属于我国文化产业比较落后的区域；而辽宁、重庆、湖南、福建、河北、河南、陕西、内蒙古、山西等是我国文化产业处于中间水平的区域。从图 4－1 中可以看出，文化产业综合指数排名靠前的省市大多位于经济发展水平比较高的地区，如排名靠前的 10 个省市中有 8 个来自经济相对发达的东部地区。文化产业综合指数排名靠后的省市有相当一部分位于经济发展水平比较低的地区，如排名靠后的 10 个省市中有 6 个来自经济欠发达的西部地区。

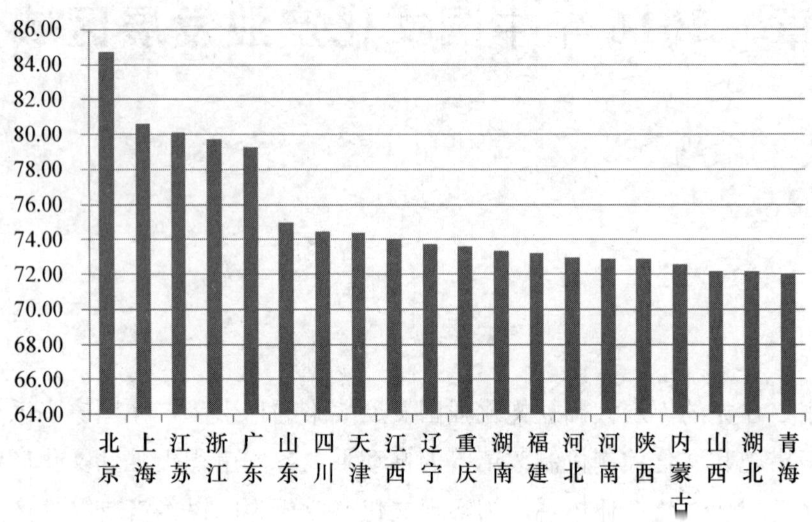

图 4－1　2016 年中国部分省市文化产业综合指数

从第二章第一节阐述的理论模型可知，文化产业综合指数是文化产业生产力指数、影响力指数、驱动力指数三个一级要素指标等权重平均得到的。图 4－2 展示了 2016 年三个一级指标指数的折线图。

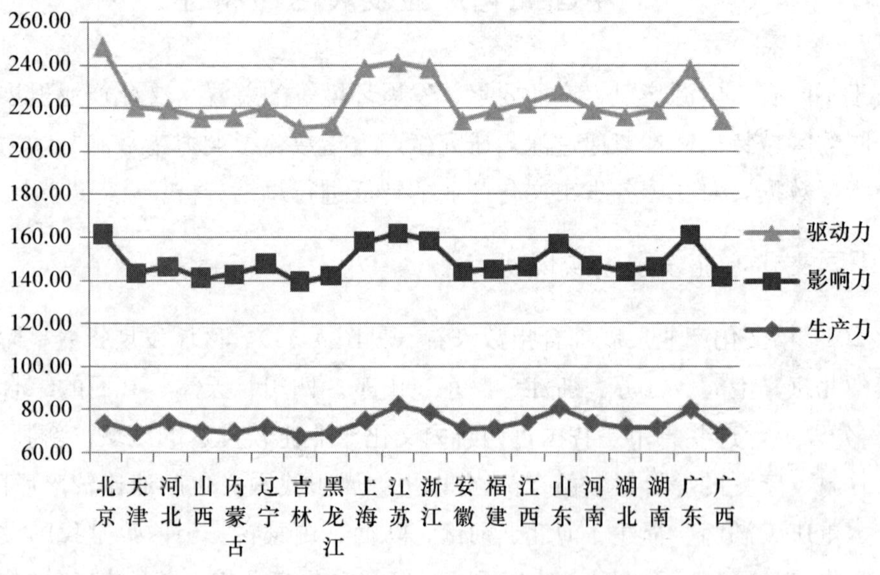

图 4－2　2016 年中国部分省市一级指标指数堆积折线图

从总体上来看，各个一级指标指数和综合指数的变动方向大体一致，但各个指标内部也存在不同程度的波动，且呈现出不同的特征。

1. 生产力指数

生产力指数衡量的主要是文化产业生产要素的投入情况。

如图4－3所示，从整体上来看，生产力指数数值主要分布于69～75区间。江苏、山东、广东生产力指数高于80，说明这三个省市在文化投入方面具有明显的优势，其中江苏最高，为81.92。青海、宁夏、海南生产力指数低于67，说明这三个省市文化投入相对不足。生产力指数的排名和综合指数的排名大体一致，生产力指数排名前10位的省市中，有8个进入了综合指数前10名之列，这充分说明了生产力投入对文化产业发展的影响作用，文化产业发达的地区大多有雄厚的资源条件。值得注意的是，生产力指数和综合指数在某些省市也存在着较大的差异。部分省市综合指数排名很靠前，但生产力指数排名居中甚至靠后，例如北京综合指数位居第1位，但生产力指数排在第10位，天津、重庆综合指数分别排在第8位和第11位，生产力指数分别排在第19位和第23位，说明这些省市文化产业发展总体较好，但生产力表现不足，需要补齐短板。此外，也有部分省市生产力指数排名靠前，但综合指数排名相对靠后，其中差异最大的是云南，云南的生产力指数排名为第15位，但综合指数却排在第24位，这说明云南在发展文化产业的过程中，具有良好的可投入资源，各类文化产业生产要素投入力度尚可，而综合排名较低说明云南没有把握好资源优势，也可能是影响综合指数的其他因素过低而导致的。下面根据生产力指数的三个子指标对各省市的特征进行进一步的分析。

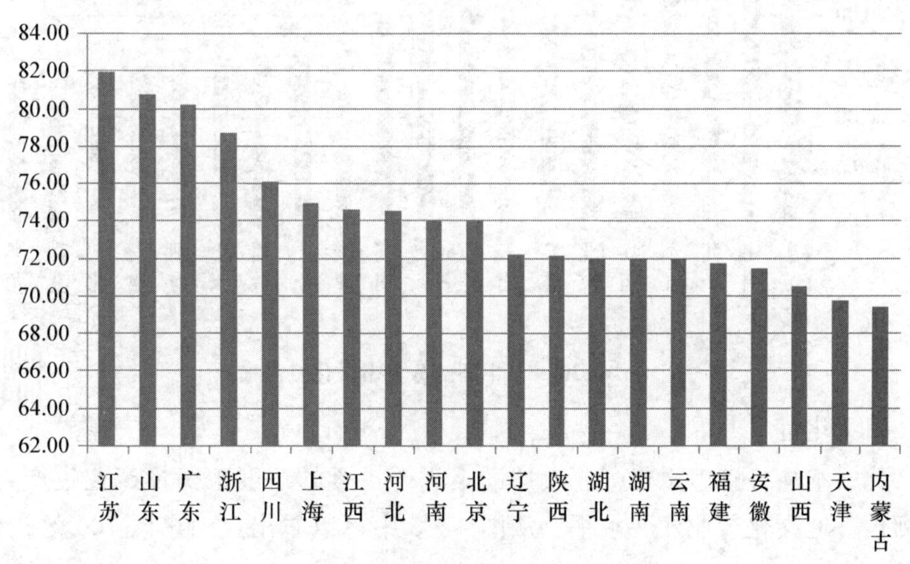

图4－3　2016年中国部分省市生产力指数

（1）文化资源。

文化资源是各种有形资源和无形资源的集合。有形资源主要包括物质文化遗产，如图书馆、博物馆、电影院及档案馆等；无形资源主要包括非物质文化遗产等。文化资源丰富与否的衡量指标是各种文化资源的数量。从图 4－4 可以看出，江苏、上海、四川 3 个省市的文化资源指数值超过了 75。其中，江苏在文化娱乐场馆数量和艺术表演场馆座席数量上表现突出，上海在博物馆藏品数量和图书馆藏书量方面均遥遥领先于其他省市，四川则在艺术馆、文化馆、文化站数量和文化娱乐类场所数量上有明显优势。文化资源指数值在 70～75 区间的省市有 8 个。北京在大学数量上具有绝对优势，同时在博物馆藏品数量上也有较好表现；江西在艺术表演场馆座席数量上位居全国第 1；浙江、广东、云南、辽宁在文化娱乐场馆数量上排在全国前列。文化资源指数值在 70 以下的有 20 个，其中新疆、甘肃、宁夏、贵州、海南排名靠后。海南在博物馆文物藏品量和艺术馆、文化馆、文化站数量上劣势明显，宁夏在艺术表演场馆座席数量、文化娱乐类场所数量、艺术馆、文化馆、文化站数量上均排名靠后，贵州、海南分别在博物馆文物藏品量，艺术馆、文化馆、文化站数量上排名倒数第一。

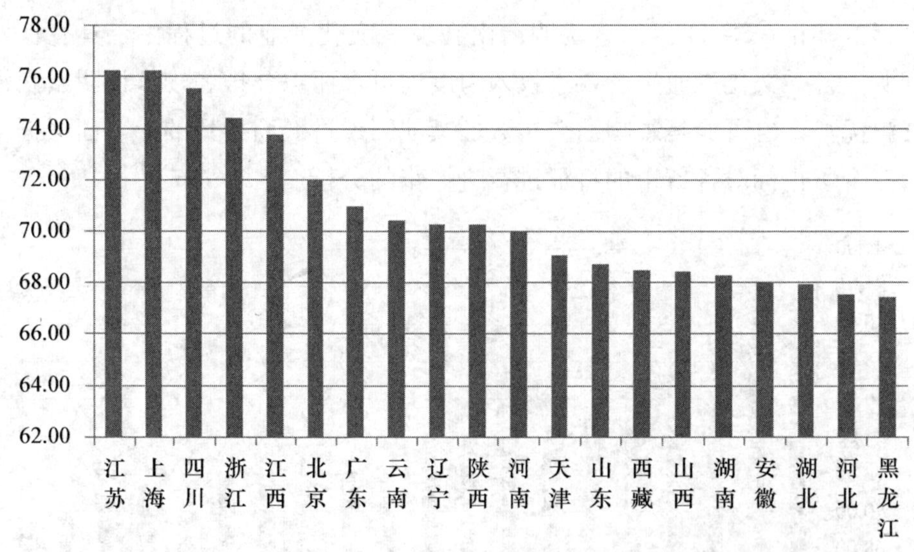

图 4－4　2016 年中国部分省市文化资源指数

（2）文化资本。

文化资本从各省市文化产业人均固定资产投资的角度来衡量产业生产力水平，进而评价各地文化产业发展水平。从图 4－5 中可以看出，山东以 100 的指数值高居榜首，自 2013 年开始连续四年在这个指标上排名第 1，且远高于其他省市，说明山东文化资本投入力度一直较大。江苏、河北、河南也是文化资本的强势省市，文化资本指数值均在 80 以上，尤其是江苏，文化资本指数值超过 90，连续四年在这个指标上排名第 2。浙江、广东、福建、辽宁、湖北、江西、湖南、陕西、安徽、云南、内蒙古、四川、山西、广西 14 省市文化资本指数值在 75～80 之间，其他省市均低于 75。从实际的文化产业投资量来看，各省市文化投资量差异较大，在文化产业固定资产投资上，山东最多，为 860.20 亿元；江苏次之，为 578.90 亿元；河北、河南分别为 362.80 亿元、309.50 亿元；其余省市都在 300 亿元以下，且有 10 个省市的投资在 100 亿元以下，西藏最少，仅为 12.8 亿元。从数据上可以看出，我国文化产业的人均固定资产投资差异较大，而且投资水平整体较低，在很大程度上制约了我国文化产业的发展。因此，文化产业的固定资产投资力度有待加大。

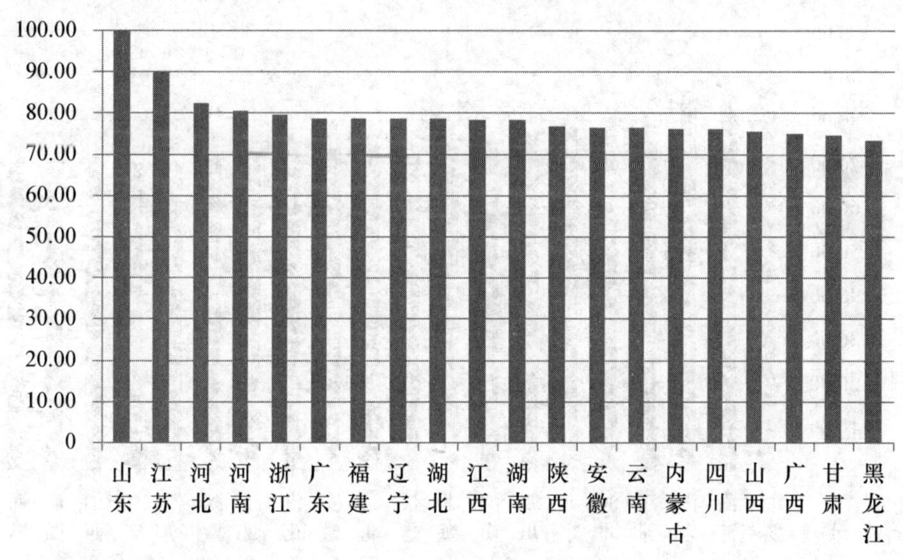

图 4－5　2016 年中国部分省市文化资本指数

（3）人力资源。

人力资源指数从本地区文化产业就业人员数量方面来衡量产业生产力，由于文化产业属于智力密集型产业，因此相关专业人才的数量对各地区文化产业的发展有着举足轻重的作用。从图 4－6 中可以看出，广东在人力资源指数方面表现突出，和其他省市相比优势非常明显。而且从近几年的数据可知，自 2011 年开始广东已经连续六年在这个指标上排名第 1。一方面是因为广东的文化产业规模比较大，可以提供更多的文化产业就业机会，相应就需要更多的文化产业人才；另一方面是因为广东经济发展水平一直在全国名列前茅，可以为人才提供更好的物质生活条件和职业发展机会，因此对文化产业人才有较大的吸引力，其他省市尤其是周边省市的优秀人才可能会流向广东。紧随其后的分别为浙江、山东、江苏、河北，均为东部沿海省份，人力资源指数值也超过了80，也是文化人才大省。除前5名在80以上之外，其余省市都在65～80之间，相对比较集中。北京、四川、河南、上海、福建、河北、安徽、湖南、江西等11个省市的人力资源指数在70～80之间，这些省市既需要保持对当地文化人才的培养与保留，激发文化人才活力，又需要采取措施引进更多的优秀人才，以此促进文化产业的发展。除此之外，有15个省市的人力资源指数在65～70之间，其中新疆、宁夏、西藏、海南、青海连续三年位列最后5名，这与它们的经济发展水平和文化产业发展水平有密切关系。但是，近三年位于中下游水平的省市人力资源指数普遍有所上升，说明这些省市近几年文化产业引进很多优秀人才。

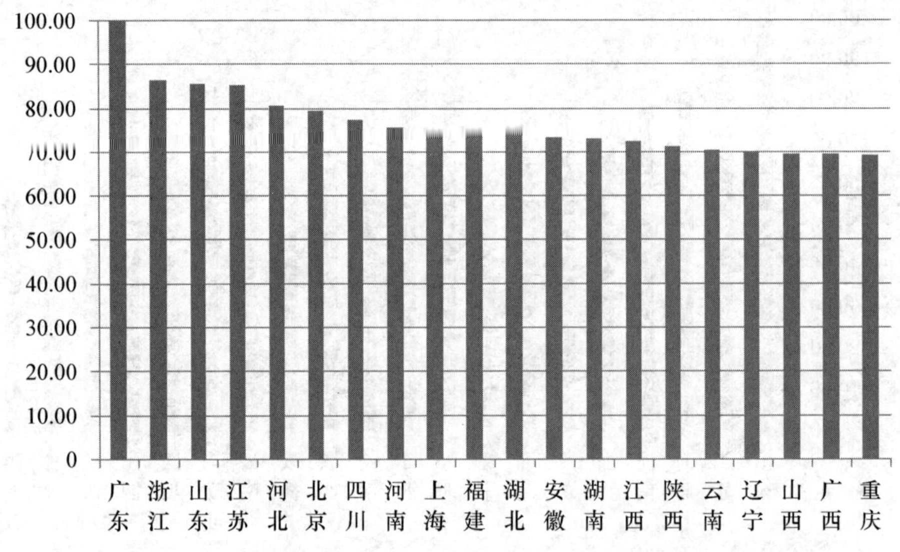

图4-6 2016年中国部分省市人力资源指数

2. 影响力指数

文化产业影响力指数衡量的是文化产业的产出状况，主要包括经济影响和社会影响两个方面。如图4-7所示，在文化产业影响力方面，北京、上海、广东、江苏、浙江5省市属于强势区域，指数值均超过80，其中北京最高，为87.32。同时，这五个省市的影响力指数与综合指数排名基本一致，这充分体现了产业影响力与文化产业发展的一致性。值得一提的是，辽宁的影响力指数由2015年的71.18上升到75.37，影响力指数上升幅度排名第1。指数在70～80之间的省市有22个，包括山东、四川、辽宁、陕西、湖南、天津等。新疆、海南、青海、西藏指数位列最后4位，均低于70，西藏以67.77排名最后。虽然影响力指数与综合指数的排名大体相同，但需要指出的是，其在某些省市中也存在很大的差异。部分省市综合指数排名靠前，但影响力指数排名居中甚至靠后，例如江西综合指数排在第 9 位，但影响力指数排在第 21 位，说明影响力是江西文化产业发展的劣势因素。此外，也有部分省市影响力指数排名靠前，但综合指数排名相对靠后，其中差异最大的是黑龙江，黑龙江的影响力指数排名为第 14 位，但综合指数排在第 26 位，这说明产业影响力是黑龙江发展文化产业的优势力量。由于产业影响力是通过经济影响和社会影响两个方面来衡量的，下文将针对这两个二级指标进行进一步分析。

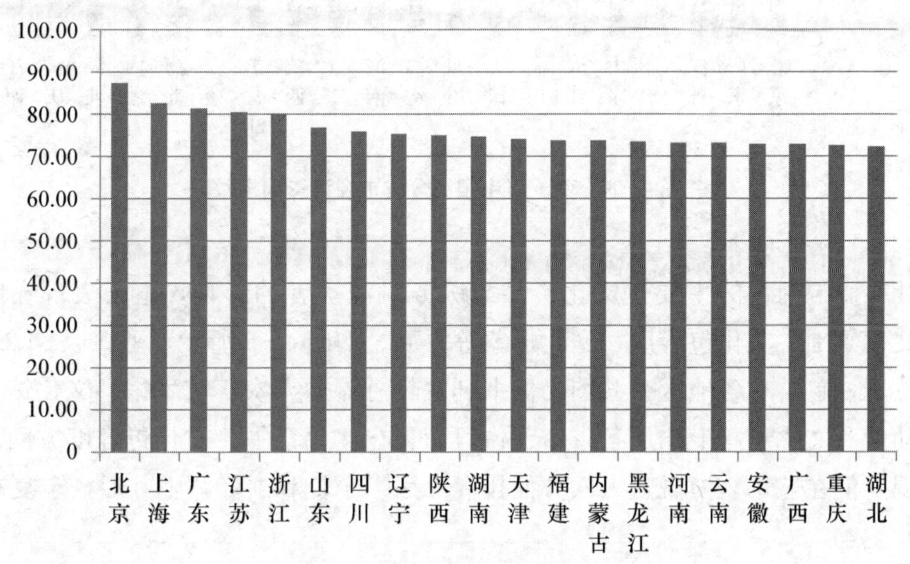

图 4－7　2016 年中国部分省市影响力指数

（1）经济影响。

文化产业经济影响指数主要考察文化产业总产出、文化产业人均收入和产业所带来的集聚效应的情况。如图 4－8 所示，北京、广东、江苏、上海、山东、浙江、湖南的经济影响指数值均超过 80，依次位列前 7 名。北京凭借文化产业人均收入和集聚效应的显著优势高居影响力榜首；广东的文化产业总产出最具优势，集聚效应也表现突出，紧随其后；江苏凭借文化产业总产出的突出表现位列第 3；上海、山东、浙江在文化产业总产出、文化产业人均收入和集聚效应三个方面表现比较均衡，分列第 4、5、6 名。天津、四川、福建、河南、辽宁等 10 个省市的经济影响指数在 70～80 之间。其他 14 个省市的经济影响指数低于 70，其中，宁夏、甘肃、新疆、西藏的指数低于 65，位列最后 4 名，主要是因为文化产业总产出和人均收入均排名靠后，说明这些省市在文化产业经济效益方面处于劣势。

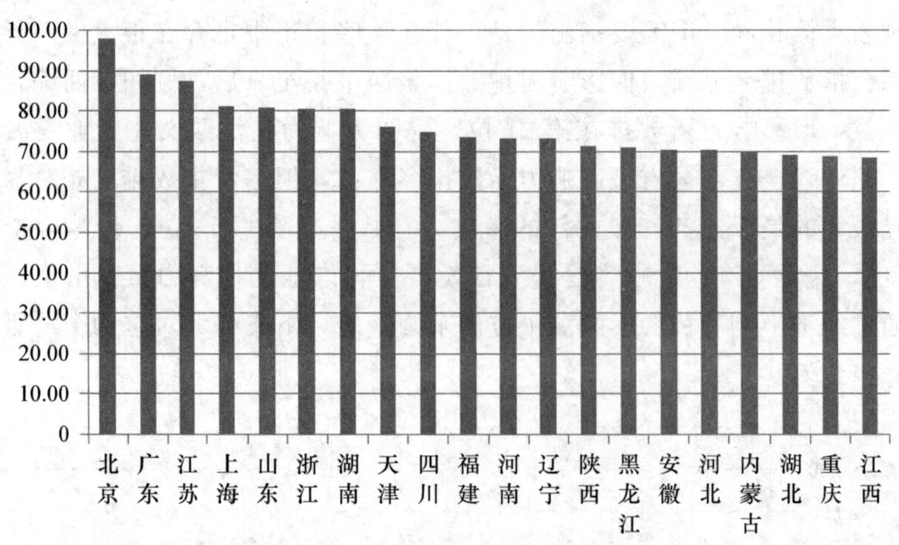

图 4-8　2016 年中国部分省市经济影响指数

（2）社会影响

社会影响衡量的主要是文化产品与服务对消费者的影响，主要表现在影响人次、文化氛围、文化包容度、文化形象等方面。如图 4-9 所示，上海以 84.23 的指数值位居榜首，在各地区公共图书馆书刊文献总流通人次，艺术馆、文化馆、文化站活动量和文化形象上均居各省市首位，而且在文化氛围、文化包容度方面均有较好表现，但在艺术表演观众人次方面排名靠后。宁夏和浙江紧随其后，宁夏在文化

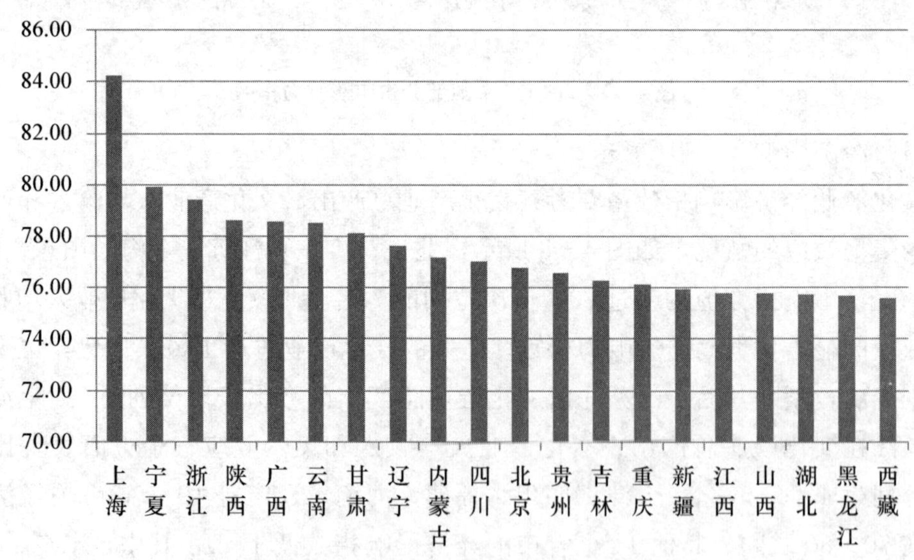

图 4-9　2016 年中国部分省市社会影响指数得分图

氛围、文化包容度、文化形象方面均表现较好，浙江则在艺术表演观众人次方面位列第1。社会影响指数在75～80区间的省市有20个，说明全国大部分省市文化产业的社会影响比较均衡。福建、海南、广东、河北、青海等9个省市的社会影响指数在70～75区间，其中，多数省市是因为在公共图书馆书刊文献总流通人次，艺术馆、文化馆、文化站活动量上排名靠后。

3. 驱动力指数

驱动力指数主要衡量的是外部环境对文化产业发展所起到的推动作用，主要包括市场环境、公共环境、创新环境三个方面。从图4－10中可知，北京和上海的指数在80以上。值得注意的是，前10名中江苏、重庆、天津、江西分别从2015年的第13、15、22、24位上升到第4、6、7、10位，新疆更是从2015年的最后一名，直接跃居2016年的第12名，说明这5个省市的外部环境在过去一年得到了显著优化。浙江、江苏、青海、重庆、天津等26个省市的驱动力指数在70～80之间，说明大多数省市文化产业驱动力比较均衡。黑龙江、宁夏、云南驱动力指数低于70，排名靠后。将驱动力指数和综合指数比较可知，驱动力指数排名和综合指数排名之间的一致性较弱。值得一提的是，部分中西部省市虽然文化产业发展程度普遍不高，但驱动力指数却位居前列，比如青海、西藏综合指数仅分别排在第20、29位，但驱动力指数分别排名第5、13位，从中可以看出这些省市的当地政府为发展文化产业做出的努力。此外，也有部分省市综合指数较高，但驱动力指数排名靠后，比如山东和四川综合指数分别高居第6、7位，但驱动力指数分别排在第27、20位，

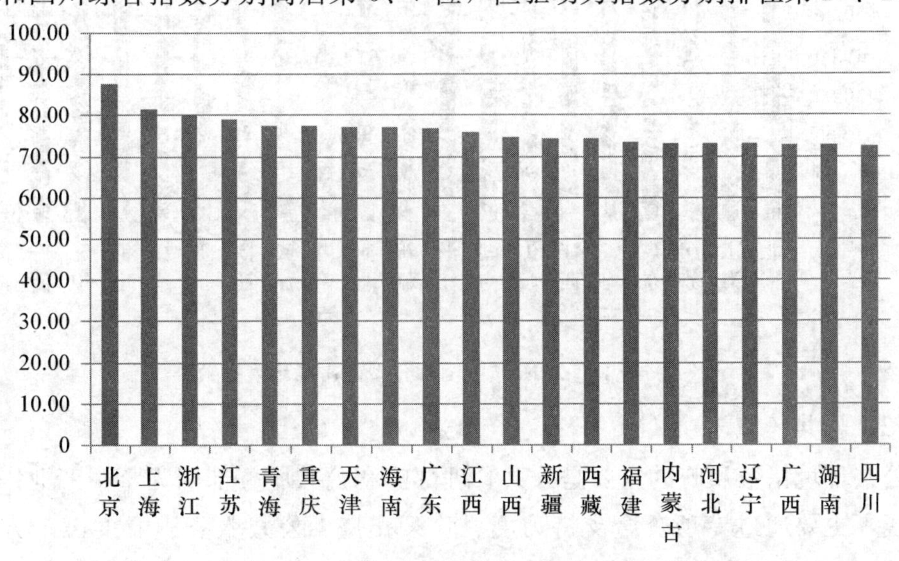

图4－10　2016年中国部分省市驱动力指数

这些省市需要在提升文化产业驱动力上加大努力。

（1）市场环境。

市场环境指数反映了文化企业所处的社会经济环境的优劣程度，主要通过文化消费支出行业协会所起作用、知识产权保护满意度、市场需求、融资渠道五个方面来衡量。如图 4－11 所示，北京、上海、江苏、广东、青海、江西、山西、湖南、浙江 9 个省市的市场环境指数均在 80 以上，其中北京以 93 位居榜首。上海和北京在文化消费支出方面表现极为突出，远超其他省市，而且北京在行业协会所起作用、知识产权保护满意度、市场需求、融资渠道方面均有较好的表现。同时需要注意的是，新疆凭借在行业协会所起作用、知识产权保护满意度、市场需求方面的明显改善，从 2015 年的第 31 位上升到 2016 年的第 10 位；山西则因行业协会所起作用、知识产权满意度和融资渠道的改善，从 2015 年的第 24 位上升到 2016 年的第 7 位，排名上升幅度较大；江西也因行业协会所起作用、知识产权保护满意度、市场需求、融资渠道四方面的显著提升由 2015 年的第 21 位跃至 2016 年的第 6 位。其余 22 个省市的市场环境指数均在 70～80 区间，说明各省市的市场环境指数差别不大。

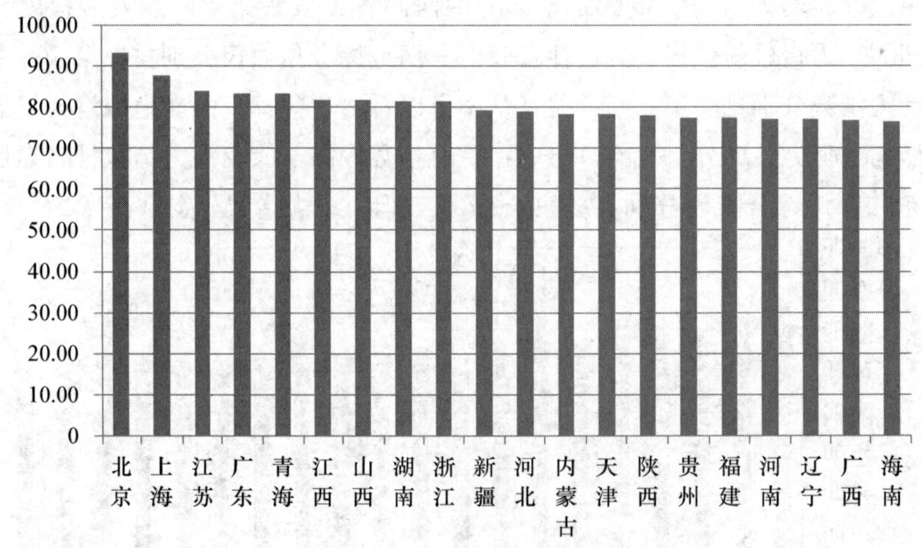

图 4－11　2016 年中国部分省市市场环境指数

（2）公共环境。

公共环境指数反映的主要是公共管理部门和公共服务部门为整个产业提供的发展环境，主要通过专项资金支持力度、政策支持、公共服务满意度三个方面来衡量。从图 4－12 可知，北京、上海、江苏、江西、山西等 14 个省市的公共环境指数超过了80，说明众多省市的公共环境状况良好。其中，北京以93.32的指数值排名第一，在专项资金支持力度、政策支持、公共服务满意度方面均排名第1。上海因在专项资金支持力度、政策支持、公共服务满意度三方面表现均衡，排名紧随其后。值得一提的是，山西和广西凭借在公共服务满意度、专项资金支持力度和政策支持方面的显著改善和均衡发展，分别从2015年的第31位、第29位，上升到2016年的第5位、第7位。陕西、福建、内蒙古、天津、西藏等其余17个省市公共环境指数在70～80区间，说明各省市公共环境差别不大。

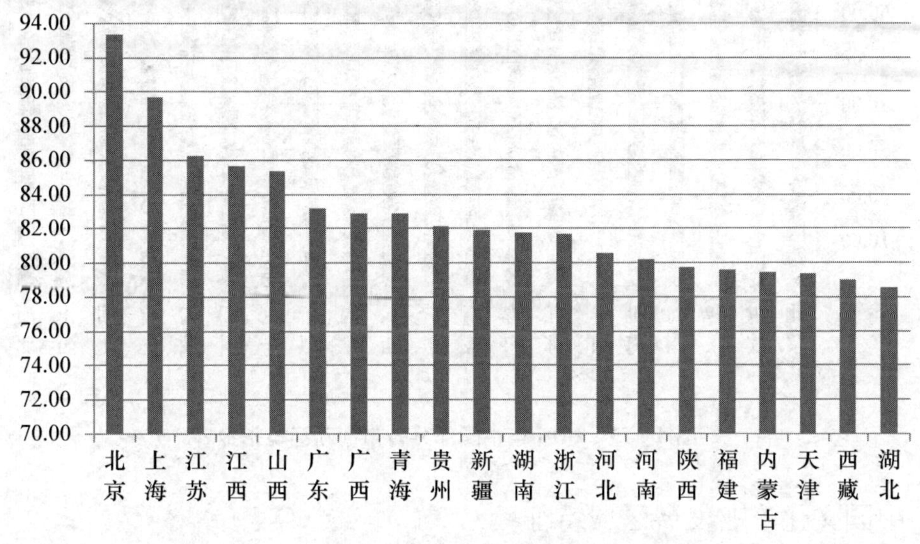

图4-12 2016年中国部分省市公共环境指数

(3) 创新环境。

创新环境指数主要衡量区域文化产业的科研技术投入水平和创新能力，主要表现在文化科技、科研单位人均科研经费，文化部门科研机构高级职称就业人员每百万人拥有量，国际交流情况等方面。从图4-13可知，北京2016年的创新环境指数为83.74，继续保持领先优势，位列第1名，但由于文化部门科研机构高级职称就业人员每百万人拥有量严重减少，整体得分有所下降。重庆、浙江、海南、上海、天津等11个省市创新环境指数值在70～80区间，重庆创新环境指数为79.25，排名第2。其余19个省市创新环境指数均低于70，虽然分布集中，但是整体表现依然较弱，亟须改善创新环境，通过文化科技融合促进文化产业的发展。其中，西藏、江西、海南的创新环境指数排名上升较多，西藏从2015年的第26位上升到第9位，江西从2015年的第27位上升到第11位，海南从2015年的第20位上升到第4位。西藏得益于国际交流的显著改善，江西凭借国际交流方面的优势排名回升，海南在文化部门科研机构高级职称就业人员每百万人拥有量方面位列第1，领先优势明显。值得引起注意的是，云南、宁夏和安徽的创新环境指数排名下降较多，分别从2015年的第9、14、12位下降到2016年的第27、31、29位，值得注意的是，这三个省市都是因为国际交流方面的下滑，需要提高对文化创新环境的重视程度。

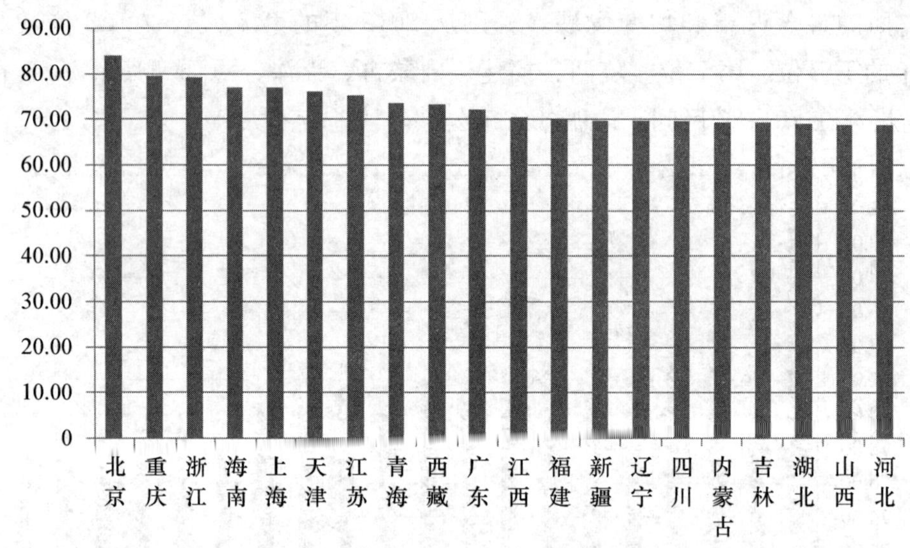

图4-13 2016年中国部分省市创新环境指数

（二）中国文化产业发展区域特征

从上节具体指数的分析中可以看出，中国文化产业总体发展尚不平衡，各区域影响力水平普遍较高，但生产力水平普遍较低。

1. 中国文化产业总体发展不平衡

我国文化产业总体水平呈现出东部发展较快、中部居中、西部偏弱的特征，这一现象与中国的经济发展分布特征一致，也说明了经济对文化产业的影响，经济能够从根本上支持文化产业的发展。

从2016年文化产业发展综合指数中可以看出，排名前10的省市中有8个来自东部地区，分别为北京、上海、江苏、浙江、广东、山东、天津、辽宁，且排名前5位均被东部省市包揽；中部地区只有江西进入前10，排名第9位；西部地区只有四川进入前10，排名第7位。从排名靠后的10个省市的情况看，东部地区中只有海南位列其中；中部地区有3个省市位列其中，分别为安徽、黑龙江、吉林；其他6个省市都来自西部地区。

从平均指数的角度出发，表4-1反映的是东、中、西部各省市文化产业综合指数和各个一级指标的平均情况。由表4－1的数据来看，在综合指数方面，东部地区2016年的指数为76.9，远高于西部地区的71.8，中部地区的指数值居中，为72.3；在生产力指数方面，东部地区平均值为74.9，远高于西部地区的69.3，中西部地区指数值差异较小；在影响力指数方面，东部地区为77.6，西部地区为72.0，差距较2015年有所减少，中部地区为72.5，略高于西部地区；在驱动力指数方面，东部地区仍排名第1，但西部地区为72.8，高于中部地区的72.4，说明近两年西部地区文化产业发展的外部环境较好，并且取得了一定成效。从总体上看，东部地区之所以在文化产业方面比较发达，主要得益于其较为丰富的资源禀赋和较好的投入产出效益。

表4－1　　2016年各地区综合指数及一级指标指数

地区	综合指数	生产力指数	影响力指数	驱动力指数
东部地区	76.9	74.9	77.6	77.1
中部地区	72.3	71.5	72.5	72.4
西部地区	71.8	69.3	72.0	72.8

2. 总体各区域影响力和驱动力水平较高，而生产力水平偏低

从上文文化产业发展一级指标的情况来看，东部地区影响力指数普遍较高，中西部地区驱动力指数普遍较高，而生产力指数均相对较低。表4－2反映的是各个一级指标的平均值，从表中可以看出：2016年的驱动力指数最高，为74.2；影响力指数略低于驱动力指数，为74.1；生产力指数的平均值为71.8，在三个指数中排名最后一位，且略低于2015年。

表4－2　　2016年一级指标全国平均值

一级指标指数	生产力指数	影响力指数	驱动力指数
全国平均值	71.8	74.1	74.2

在我国目前的文化产业发展水平下，在文化产业外部环境持续优化的推动下，文化产业的投入产出效益有所好转，文化产业投入在驱动力的作用下有效地转化为文化产出，文化产业的经济影响和社会影响较为显著。值得注意的是，近年来我国的文化产业生产要素投入一直相对不足，需要进一步加大文化产业的生产要素投入，有力促进文化产业更好更快地发展。此外，对于西部经济不够发达的地区来讲，虽然文化产业驱动力在持续提升，但仅仅靠本地区的投入是远远不够的，还需要得到各级政府的资金扶持和政策倾斜，在更优良的文化产业发展环境的催化下，西部的文化产业才有可能与东中部地区逐步缩小差距进而均衡发展。

二、中国文化产业发展强势区域特征及决定要素

本章第一节以文化产业发展指数为基准，对我国各个省市的文化发展特征进行了详细的介绍。由此可知，我国各省市间文化产业发展不平衡，一般来说东部沿海地区文化产业比较发达，西部地区文化产业相对落后。在此后两节中，通过综合分析和对比分析，本书把文化产业综合指数较高的北京、上海、江苏、浙江和广东5个省市作为文化产业发展的强势区域，把文化产业综合指数较低的新疆、吉林、西藏、甘肃和宁夏5个省市作为文化产业发展的弱势区域，通过对两区域内部文化产业发展特征的深入分析，揭示其产业发展现状的深层次原因。

（一）中国文化产业发展强势区域特征

作为2016中国文化产业发展的领先地区，北京、上海、江苏、浙江和广东在文化产业生产力、影响力和驱动力三方面均呈现出一定的优势，和2015年保持一致。本节将通过分析这5个省市地区文化产业发展的各细分指数、指数增速和指数变异系数来评述强势区域的文化产业发展特征。

1. 强势区域综合指数分析

产业生产力、产业影响力和产业驱动力三个指标共同构成了文化产业发展综合指数。表4-3是5个省市的综合指数、综合指数增速和综合指数变异系数数值以及5省市相关数据的平均值和全国相关数据的平均值。

表4-3　　2016年强势区域文化产业综合指数

地区	综合指数数值	综合指数增速	综合指数变异系数
北京	84.72	4.07%	0.094
上海	80.60	−1.03%	0.052
江苏	80.12	0.45%	0.018
浙江	79.72	0.22%	0.009
广东	79.23	−0.33%	0.032
区域均值	80.88	0.68%	0.041
全国均值	73.71	0.12%	0.036

（1）数值比较。

由图4-14可知，在强势区域中，北京综合指数值最高，为84.72，重回第1位；广东最低，为79.23，可见这5个省市综合指数相差不大。强势区域的平均值为80.88，总体均衡。全国平均分为73.71分，比强势区域低7.17分，可见强势区

域的文化产业整体发展水平高出全国平均发展水平很多。

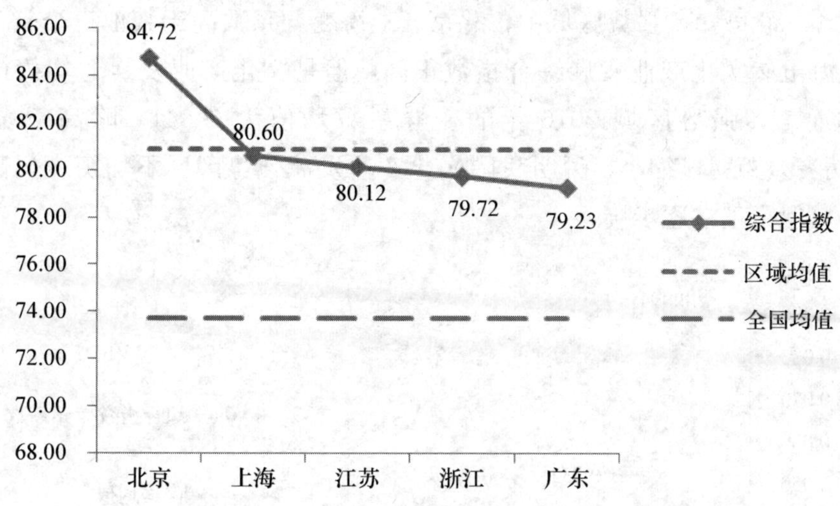

图4-14　2016年强势区域文化产业综合指数

（2）增速比较。

由图4-15可知，强势区域中，2016年文化产业综合指数增速呈现出较大差异。北京、江苏、浙江文化产业综合指数呈现正增长，其中北京文化产业综合指数上升幅度最大，达到4.07%。上海、广东综合指数增速均为负。从整体来看，2016年区域增速均值为0.68%，和全国均值（0.12%）相比，高出0.56个百分点，强势区域领先态势依旧明显。与2015年相比，区域增速和全国增速均显著提升，说明全国文化产业整体向前发展。

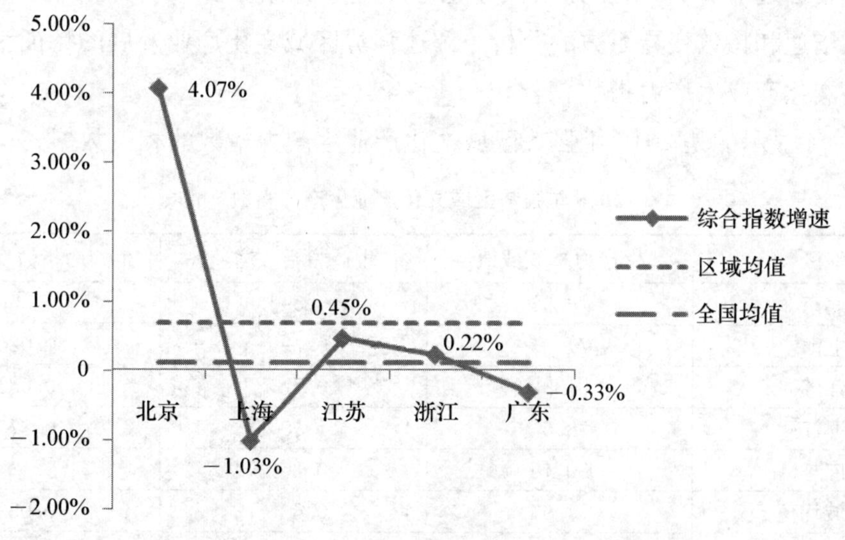

图4-15　2016年强势区域文化产业综合指数增速

（3）变异系数比较。

由图4－16可知，强势区域中，北京、上海变异系数高于其他三个省市，可见北京、上海虽然文化产业发展综合指数很高，但是文化产业发展的均衡性相对较弱。整体而言，强势区域2016年的变异系数均值为0.041，略高于全国均值0.036，两者差距明显缩小，说明我国文化产业发展强势区域不均衡度仍高于全国平均水平，但是正在逐步接近。

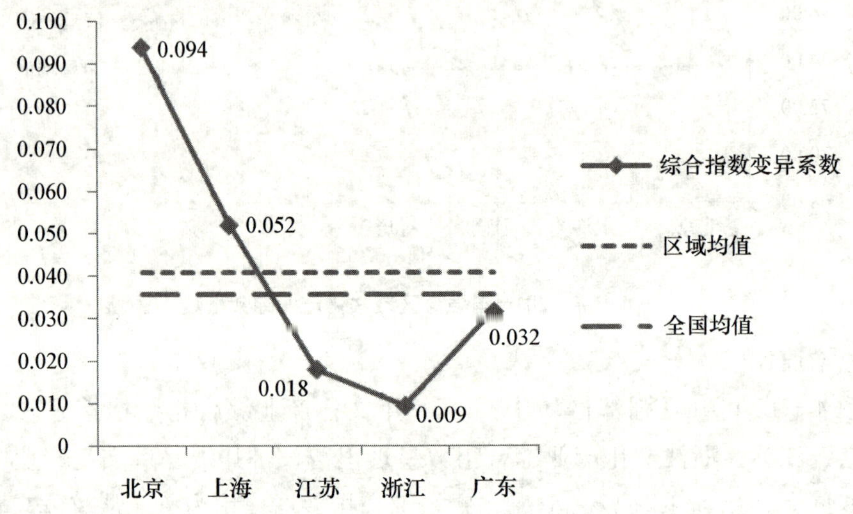

图4－16　2016年强势区域文化产业综合指数变异系数

2. 强势区域一级指标指数分析

本节将通过对2016年强势区域文化产业生产力指数、影响力指数、驱动力指数、指数增速和指数变异系数的分析，评述强势区域文化产业发展的特征。

（1）文化产业生产力指数。

表4－4显示的是2016年强势区域文化产业生产力指数的相关数据。

表4－4　　2016年强势区域文化产业生产力指数

地区	生产力指数数值	生产力指数增速	生产力指数变异系数
北京	73.96	0.59%	0.056
上海	74.93	0.79%	0.020
江苏	81.92	0.77%	0.084
浙江	78.67	1.10%	0.075
广东	80.16	−0.26%	0.181
区域均值	77.93	0.60%	0.083
全国均值	71.84	−0.28%	0.065

1）数值比较。

如图4－17所示，在产业生产力数值方面，强势区域中江苏指数最高，达到81.92；北京最低，为73.96；强势区域平均指数值为77.93，比全国平均值高出6.09，差距比2015年有所增加。这说明强势区域产业生产力状况比较好，可供投入文化产业的要素资源比较丰富，这是本区域文化产业的优势要素，促进了本区域文化产业的快速发展。例如，2016年江苏全年实现旅游业总收入10 263.6亿元，增长13.4%；全年接待境内外游客68 109.8万人次，比2015年增长9.4%，其中接待入境过夜旅游者329.8万人次，增长8.1%[①]。江苏的旅游人数和旅游收入之所以如此之多，主要得益于江苏良好的社会、经济环境和丰富的旅游资源。江苏拥有丰富的旅游资源，自然与人文景观交相辉映，有小桥流水人家的古镇水乡、众口颂传的千年名刹、精巧雅致的古典园林、烟波浩渺的湖光山色、规模宏大的帝王陵寝以及雄伟壮观的都城遗址。江苏13座城市均有其极具代表性的旅游资源：南京有六朝胜迹；徐州有两汉遗韵；苏州有园林古镇；无锡有太湖风光；常州有主题公园；镇江有寺院山林；扬州有汉唐文化；泰州有国粹风采；盐城有珍禽灵兽；南通有江涛海潮；淮安有伟人故居；宿迁有田园风景；连云港有海域仙境。

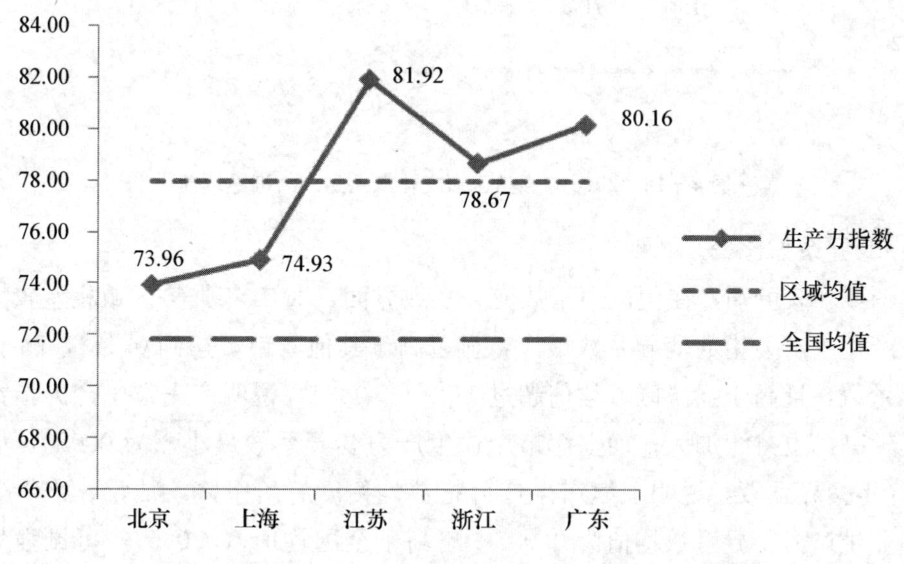

图4－17 2016年强势区域文化产业生产力指数

① 2016年江苏省国民经济和社会发展统计公报.（2017－03－06）. http://www.tjcn.org/tjgb/10js/34836_5.html.

2）增速比较。

如图 4－18 所示，在生产力指数增速方面，2016 年强势区域增速回升：只有广东呈现负增长，为－0.26％；其余 4 个省市均为正值，其中浙江生产力指数增速为 1.10％，其余增速均在 1％以下。总体来看，2016 年强势区域增速均值为 0.60％，扭转了 2015 年的负增长，强势区域文化产业生产力有所回升。全国增速均值为－0.28％，说明全国文化产业总体投入力度持续放缓。

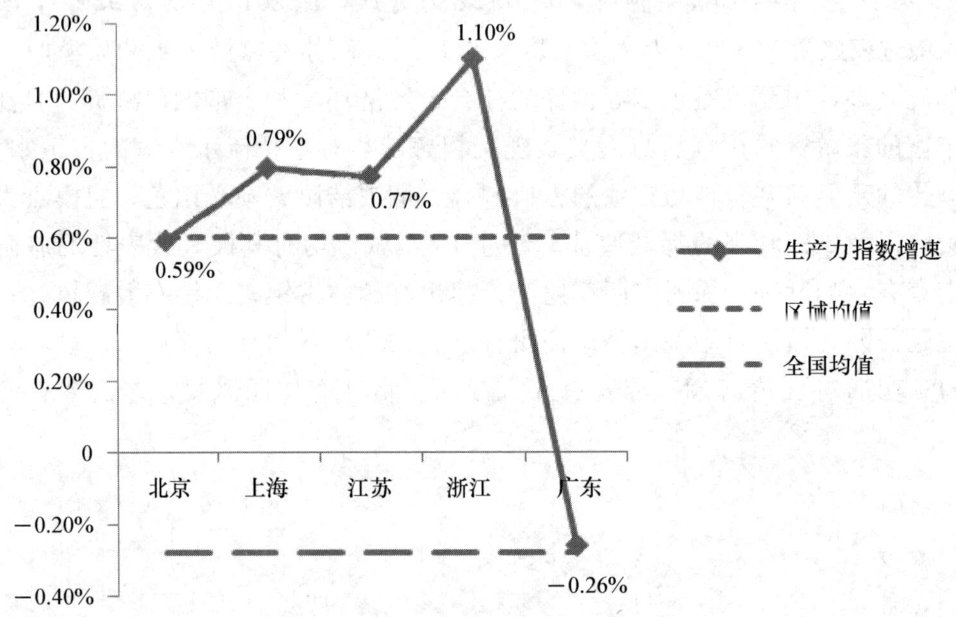

图 4－18　2016 年强势区域文化产业生产力指数增速

3）变异系数比较。

由图 4－19 可知，在生产力指数变异系数方面，2016 年强势区域相差较大，其中广东产业生产力指数变异系数最大，显著高于其他省市，达到 0.181，高于 2015 年变异系数，且高于强势区域均值超过 1 倍（0.083），说明广东省生产力指数不均衡程度较高，也持续加大；而上海市产业生产力变异系数最小，为 0.020，但略高于 2015 年变异系数，说明上海市生产力指数均衡度有所下降。从整体来看，强势区域产业生产力变异系数均值为 0.083，略高于全国均值（0.065），可见强势区域产业生产力发展均衡性较低。

（2）文化产业影响力指数。

表 4－5 显示的是 2016 年强势区域文化产业影响力指数的相关数据。

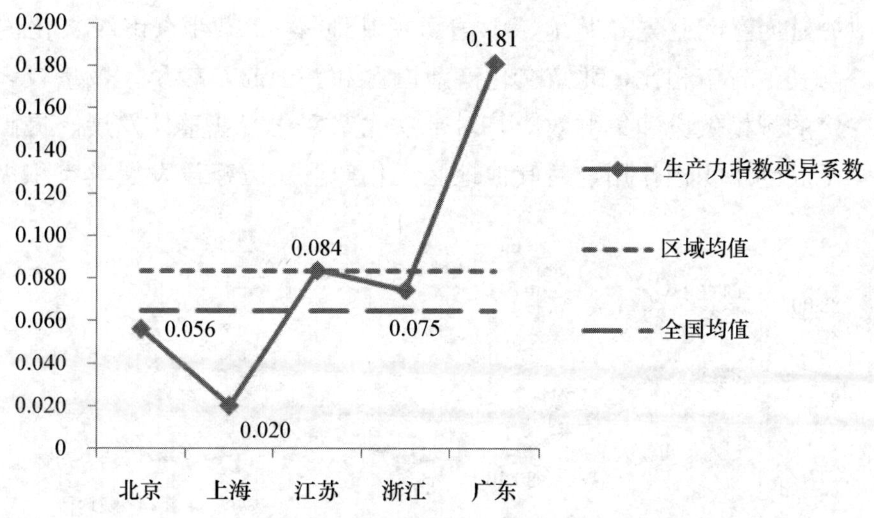

图 4-19 2016 年强势区域文化产业生产力指数变异系数

表 4-5 2016 年强势区域文化产业影响力指数

地区	影响力指数数值	影响力指数增速	影响力指数变异系数
北京	87.32	−1.03%	0.171
上海	82.59	−5.80%	0.028
江苏	80.30	−1.74%	0.124
浙江	80.00	−4.27%	0.011
广东	81.42	−0.74%	0.132
区域均值	82.32	−2.72%	0.093
全国均值	74.12	0.16%	0.081

1）数值比较。

如表 4-5 和图 4-20 所示，在文化产业影响力方面，强势区域中，北京的指数值最高，高达 87.32；浙江的指数值最低，为 80.00。从整体来看，强势区域指数均值较高，平均值达到 82.32，远高于全国指数均值 74.12，5 个省市的平均值比全国平均值高出 8.2，说明强势区域文化产业影响力发展状况良好，有很好的投入产出效益，这是导致其文化产业发展水平较高的关键因素。例如，北京 2016 年文化创意产业实现增加值 3 570.5 亿元，比 2015 年增长 12.3%；占地区生产总值的比重为 14.3%，比 2015 年提高 0.5 个百分点①。北京拥有一批发展较好的文化产业园区和基地，如国家文化产业创新实验区、北京数字娱乐产业示范基地、琉璃厂历史文化集聚区等 26 家国家级文化产业园区和基地，以及 798 艺术区、国家新媒体产业

① 北京市 2016 年国民经济和社会发展统计公报.（2017-02-25）. http://www.bjstats.gov.cn/tjsj/tjgb/ndgb/201702/t20170227_369467.html.

基地、中关村创意产业先导基地、中国影视基地等30家北京市级文化创意产业集聚区。与其他省市相比，北京文化产业园区和基地起步较早，数量较多，已经形成了一定的规模效应和集群效应，对带动北京文化产业整体发展、提高文化产业产出水平起到了积极作用，对其他地区文化产业园区建设发展具有积极的示范作用。

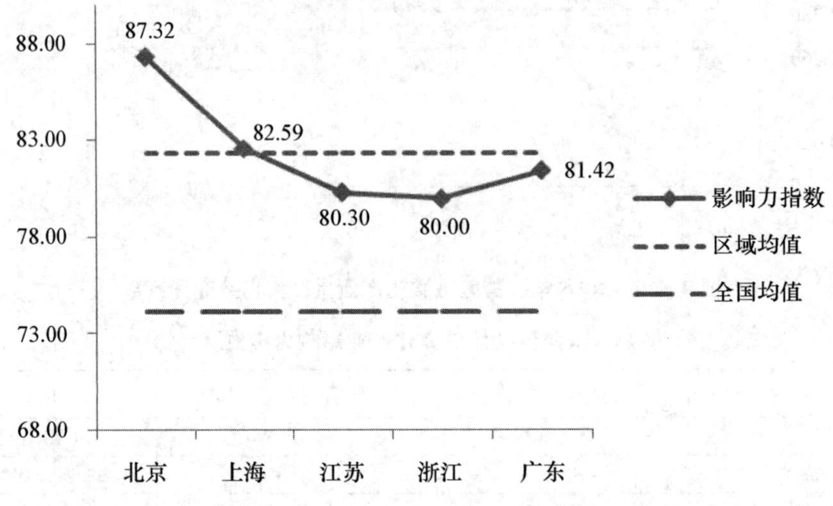

图4-20 2016年强势区域文化产业影响力指数

2）增速比较。

如表4-5和图4-21所示，强势区域文化产业影响力指数增速均为负值，尤其上海，文化产业影响力指数降低了5.80%，继2015年增长3.51%后明显回落，降幅最为明显，可见上海文化产业影响力波动较大。浙江影响力指数持续回落，2016年降幅达到4.27%。从整体来看，强势区域文化产业影响力增速均值为−2.72%，全国均值为0.16%，说明强势区域文化产业影响力下滑明显，而全国范围内的文化产业影响力总体情况稳中有升。

3）变异系数比较。

如表4-5和图4-22所示，强势区域中，文化产业影响力指数变异系数同样存在较大差异。其中，上海、浙江变异系数较小，分别为0.028和0.011，北京、广东和江苏变异系数较大，分别为0.171、0.132和0.124，北京连续三年变异系数在强势区域中最高，主要是因为经济影响显著高于社会影响，而上海和浙江的经济影响和社会影响比较均衡。从整体来看，强势区域影响力指数变异系数均值为0.093，而全国文化产业影响力指数变异系数均值为0.081，可见强势区域文化产业影响力的均衡发展程度比全国的均衡发展程度稍差。

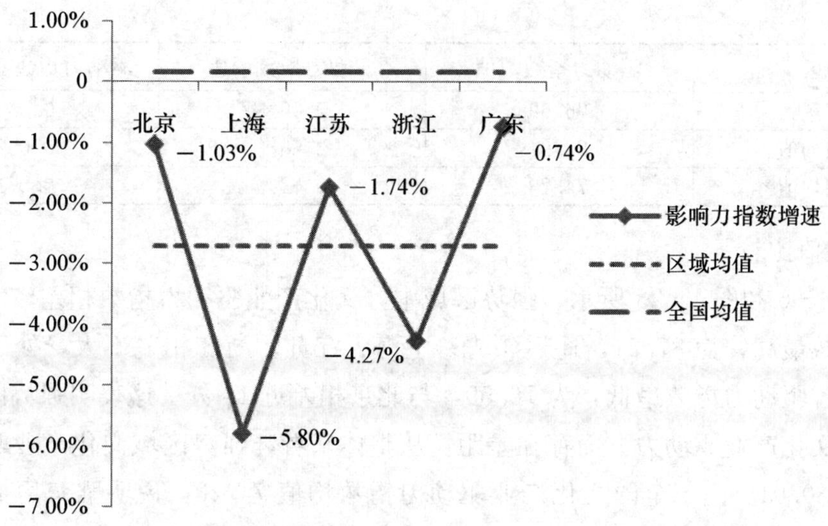

图4-21 2016年强势区域文化产业影响力指数增速

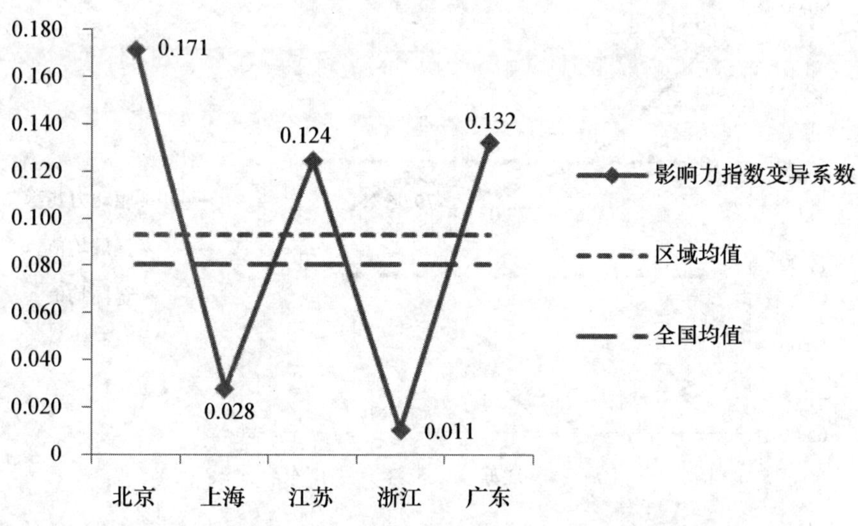

图4-22 2016年强势区域文化产业影响力指数变异系数

(3) 文化产业驱动力指数。

表4-6显示的是2016年强势区域文化产业驱动力指数的相关数据。

表4-6 2016年强势区域文化产业驱动力指数

地区	驱动力指数数值	驱动力指数增速	驱动力指数变异系数
北京	87.51	6.11%	0.060
上海	81.45	-1.04%	0.082
江苏	79.03	3.64%	0.072
浙江	79.96	3.51%	0.018

续前表

地区	驱动力指数数值	驱动力指数增速	驱动力指数变异系数
广东	76.59	0.66%	0.080
区域均值	80.91	2.58%	0.062
全国均值	74.23	−0.62%	0.071

1）数值比较。

如表 4-6 和图 4-23 所示，强势区域中，文化产业驱动力指数相差较大，北京驱动力指数最高，为 87.51，遥遥领先；上海、江苏、浙江相差不大，处于同一梯队；广东省驱动力指数最低，为 76.59，与北京相差近 11 分。这表明强势区域内部各省市在文化产业驱动力方面存在差距。从整体来看，强势区域文化产业驱动力指数均值为 80.91，高于全国文化产业驱动力指数均值 74.23，说明强势区域在市场环境、公共环境和创新环境方面具有整体或部分比较优势。

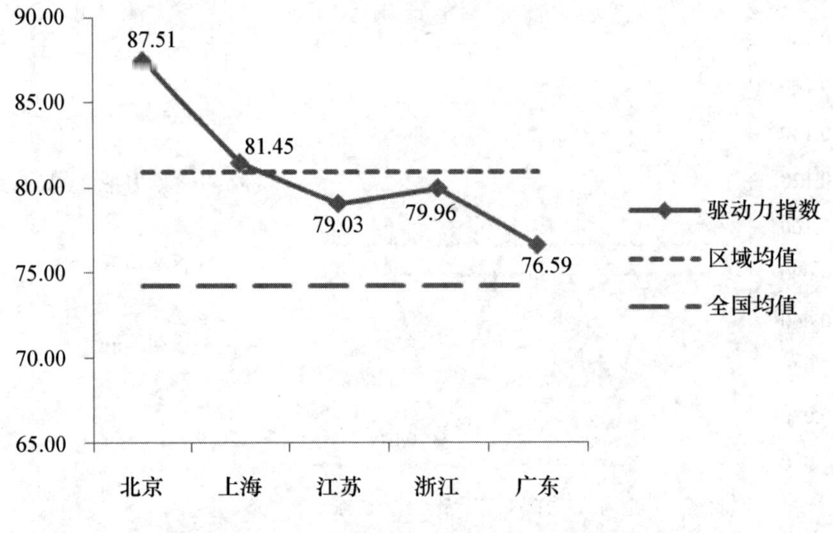

图 4-23　2016 年强势区域文化产业驱动力指数

2）增速比较。

由表 4-6 和图 4-24 可知，强势区域文化产业驱动力指数增速差异较大，其中北京文化产业驱动力指数增速最高，达到了 6.11%，显著高于其他 4 省市；江苏、浙江和广东也实现了正增长，但增速明显不如北京；而上海的文化产业驱动力指数呈现负增长，增速为−1.04%。从整体来看，强势局域的文化产业驱动力指数增速均值为 2.58%，远高于全国均值−0.62%，可见强势区域驱动力指数优势明显。

3）变异系数比较。

如表 4-6 和图 4-25 所示，强势区域中，文化产业驱动力指数变异系数最小的

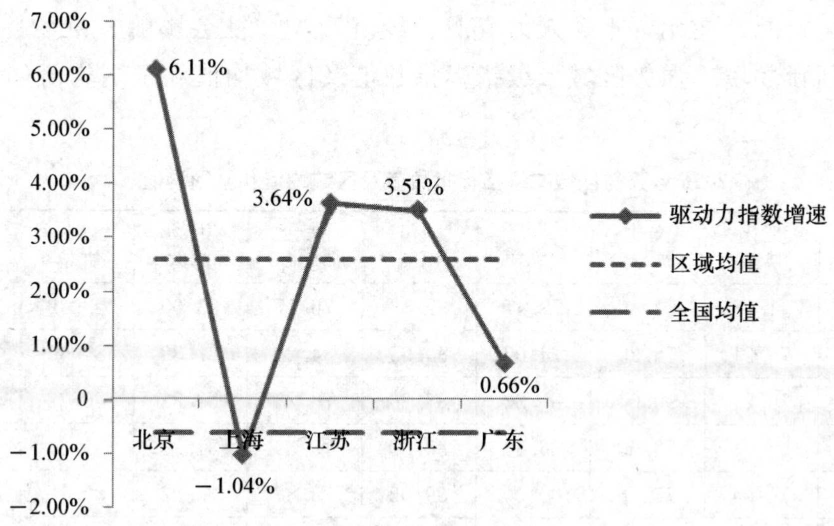

图 4-24　2016 年强势区域文化产业驱动力指数增速

是浙江，仅为 0.018，说明浙江的市场环境、公共环境、创新环境发展较为均衡。其他 4 省市文化产业驱动力指数变异系数比较集中，均在 0.070 左右，北京由 2015 年的 0.100 下降到 0.060。从整体来看，强势区域文化产业驱动力指数变异系数均值为 0.062，而全国文化产业驱动力指数变异系数均值为 0.071，两者基本相当，说明强势区域文化产业驱动力的均衡程度和全国平均水平高度一致。

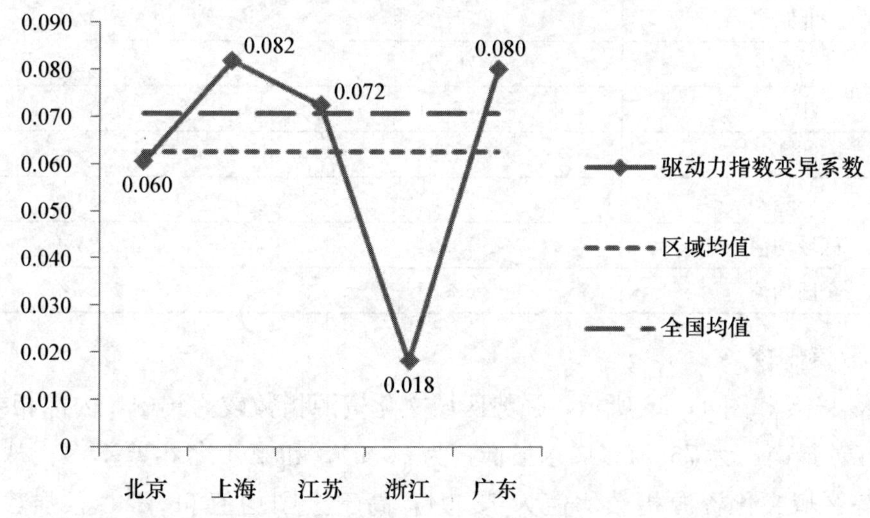

图 4-25　2016 年强势区域文化产业驱动力指数变异系数

3. 强势区域二级指标指数分析

根据本书第二章的介绍，文化产业发展指数体系的二级指标一共有 8 个，分别是文化资源、文化资本、人力资源、经济影响、社会影响、市场环境、公共环境、创新环境。强势区域二级指标指数值及区域均值和全国均值如表 4－7 所示。

表 4－7　　2016 年强势区域二级指标指数值及区域均值和全国均值

地区	文化资源	文化资本	人力资源	经济影响	社会影响	市场环境	公共环境	创新环境
北京	71.98	72.39	79.47	97.88	76.77	93.00	93.32	83.74
上海	76.21	73.25	74.07	80.95	84.23	87.39	89.66	76.73
江苏	76.21	90.04	85.22	87.36	73.23	83.88	86.22	75.02
浙江	74.38	79.63	86.30	80.60	79.39	81.28	81.66	78.95
广东	70.94	78.76	100.00	89.02	73.82	83.22	83.15	72.19
区域均值	73.94	78.82	85.01	87.16	77.49	85.76	86.80	77.32
全国均值	68.85	76.60	73.05	72.34	75.91	78.32	80.47	70.79

（1）文化资源。

表 4－8 显示的是 2016 年强势区域文化资源指数的相关数据。

表 4－8　　2016 年强势区域文化资源指数

地区	文化资源指数	文化资源指数增速
北京	71.98	1.22%
上海	76.21	1.58%
江苏	76.21	1.67%
浙江	74.38	2.35%
广东	70.94	−0.59%
区域均值	73.94	1.25%
全国均值	68.85	−0.59%

1）数值比较。

如表 4－8 和图 4－26 所示，强势区域文化资源指数较为集中，内部相差不大。上海和江苏最高，为 76.21；广东最低，为 70.94，和第 1 名相差不多。从整体来看，强势区域文化资源指数均值为 73.94，高于全国均值 68.85，且强势区域内部各省市指数值均在全国平均水平之上。这说明强势区域的文化资源要素非常丰富，对本区域的文化产业发展做出了较大贡献，其他省市在文化资源投入方面还需继续努力。

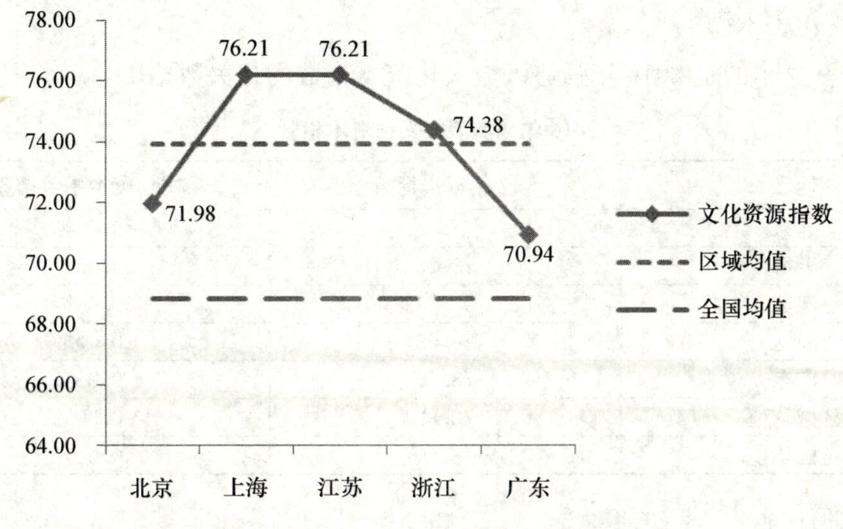

图 4－26　2016 年强势区域文化资源指数

2）增速比较。

由表 4－8 和图 4－27 可知，2016 年强势区域只有广东文化资源指数仍呈现负增长，为－0.59％，但降幅较 2015 年明显减小。其他 4 个省市均转负为正。其中，浙江文化资源指数增速相对较大，为 2.35％；北京、上海和江苏文化资源指数增速均在 1.00％～2.00％之间。从整体来看，强势区域的文化资源指数增速均值为 1.25％，明显高于全国文化资源指数平均增速（－0.59％），可以看出，强势区域扭转了 2015 年的劣势，2016 年文化资源投入有所增加。

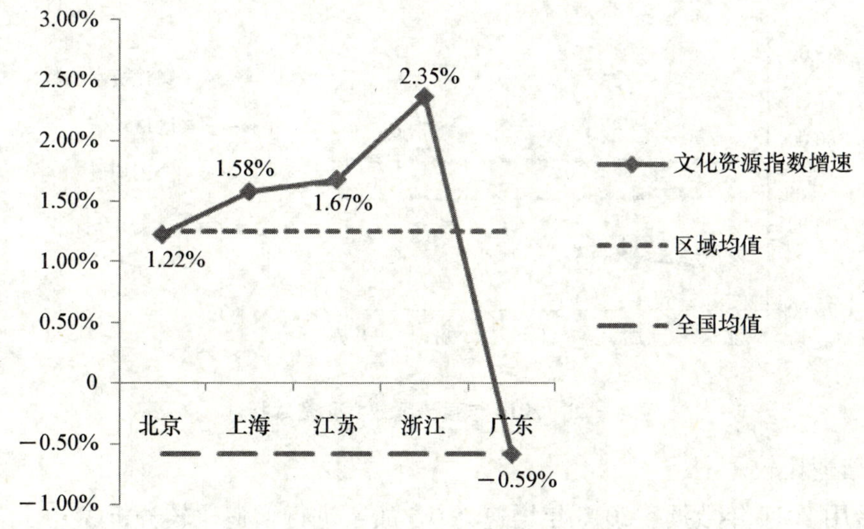

图 4－27　2016 年强势区域文化资源指数增速

(2) 文化资本。

表 4-9 显示的是 2016 年强势区域文化资本指数的相关数据。

表 4-9　　2016 年强势区域文化资本指数

地区	文化资本指数	文化资本指数增速
北京	72.39	0.00%
上海	73.25	0.00%
江苏	90.04	0.00%
浙江	79.63	0.00%
广东	78.76	0.00%
区域均值	78.82	0.00%
全国均值	76.60	0.00%

1) 数值比较。

如表 4-9 和图 4-28 所示，强势区域中，江苏文化资本指数最高，高达 90.04，远高于其他 4 个省市；最低的是北京，为 72.39。可见，强势区域内部文化资本表现差异明显。从整体来看，强势区域文化资本指数均值为 78.82，略高于全国文化资本指数均值 (76.60)，可见，强势区域文化资本仍表现出相对全国平均水平的领先优势，但优势已不明显，两者之间的差距明显缩小。

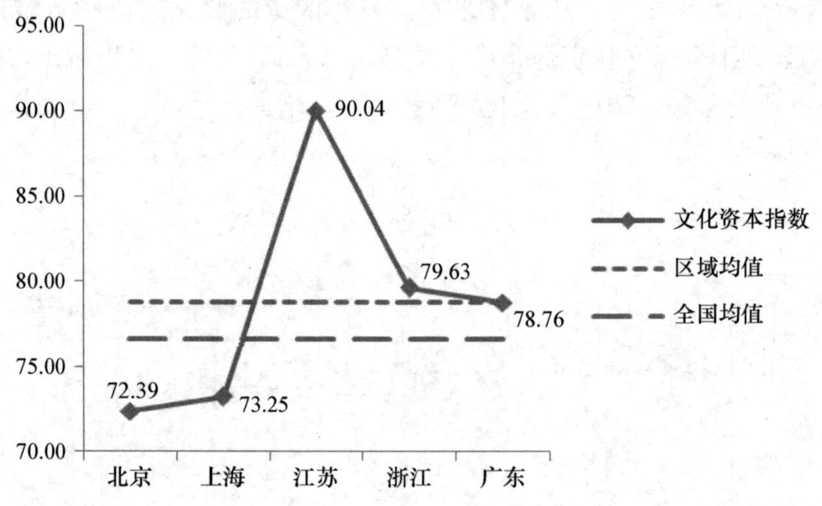

图 4-28　2016 年强势区域文化资本指数

2) 增速比较。

因沿用 2015 年数据，2016 年增速为 0，故不进行增速比较分析。

(3) 人力资源。

表 4-10 显示的是 2016 年强势区域人力资源指数的相关数据。

表 4-10　　2016 年强势区域人力资源指数

地区	人力资源指数	人力资源指数增速
北京	79.47	0.00%
上海	74.07	0.00%
江苏	85.22	0.00%
浙江	86.30	0.00%
广东	100.00	0.00%
区域均值	85.01	0.00%
全国均值	73.05	0.00%

1）数值比较。

如表 4-10 和图 4-29 所示，强势区域中，广东人力资源指数仍然最高，为 100.00；上海最低，为 74.07。可见，强势区域人力资源指数内部差异较大。从整体来看，强势区域人力资源指数均值高达 85.01，显著高于全国平均水平（73.05），这表明强势区域文化产业从业人员众多，人力资源非常丰富，对区域文化产业发展起到很大的促进作用。

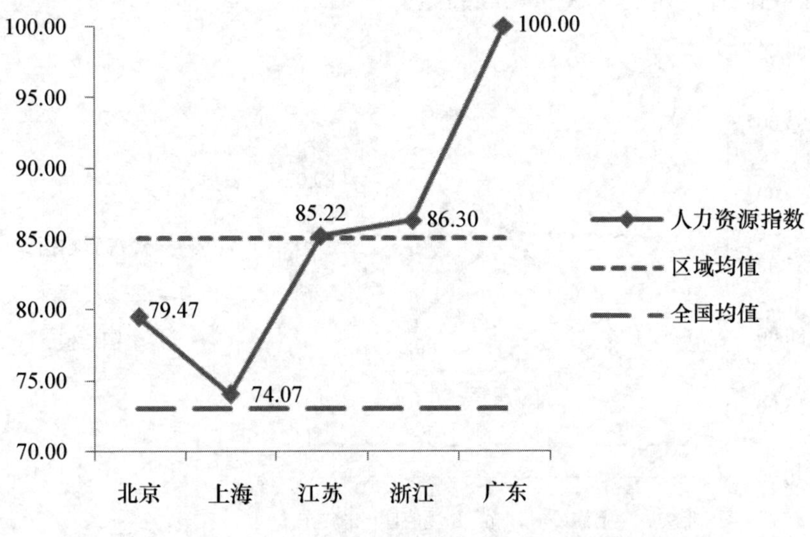

图 4-29　2016 年强势区域人力资源指数

2）增速比较。

因沿用 2015 年数据，2016 年增速为 0，故不进行增速比较分析。

（4）经济影响。

表 4-11 显示的是 2016 年强势区域经济影响指数的相关数据。

表 4－11　　　　2016 年强势区域经济影响指数

地区	经济影响指数	经济影响指数增速
北京	97.88	1.93％
上海	80.95	－8.86％
江苏	87.36	2.28％
浙江	80.60	－2.50％
广东	89.02	0.24％
区域均值	87.16	－1.38％
全国均值	72.34	0.55％

1）数值比较。

如表 4－11 和图 4－30 所示，在经济影响方面，强势区域中，北京经济影响指数高达 97.88，高居第 1 位；广东和江苏次之，分别为 89.02、87.36；上海和浙江均在 80 分左右。从整体来看，强势趋势经济影响指数均值达 87.16，明显高于全国经济影响均值（72.34），高出 14.82，可见强势区域经济影响显著高于全国平均水平，表明强势区域与全国其他地区相比在文化产业产出和收入方面具有较大优势，这是强势区域区别于其他区域的关键因素。

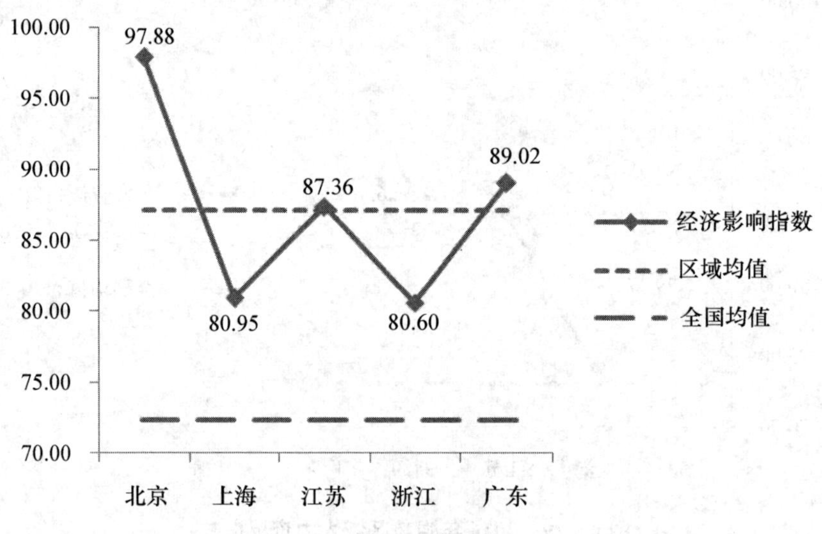

图 4－30　2016 年强势区域经济影响指数

2）增速比较。

由表 4－11 和图 4－31 可见，强势区域内部不同省市的经济影响指数增速相差较大。其中，最大的是江苏省，增速为 2.28％；上海和浙江呈现了负增长，最小的是上海，为－8.86％，降幅较大。从整体来看，强势区域经济影响指数的平均增速为－1.38％，而全国经济影响指数平均增速为 0.55％，可见强势区域文化产业经济影响指数平均增速呈现负增长，明显低于全国平均增速。

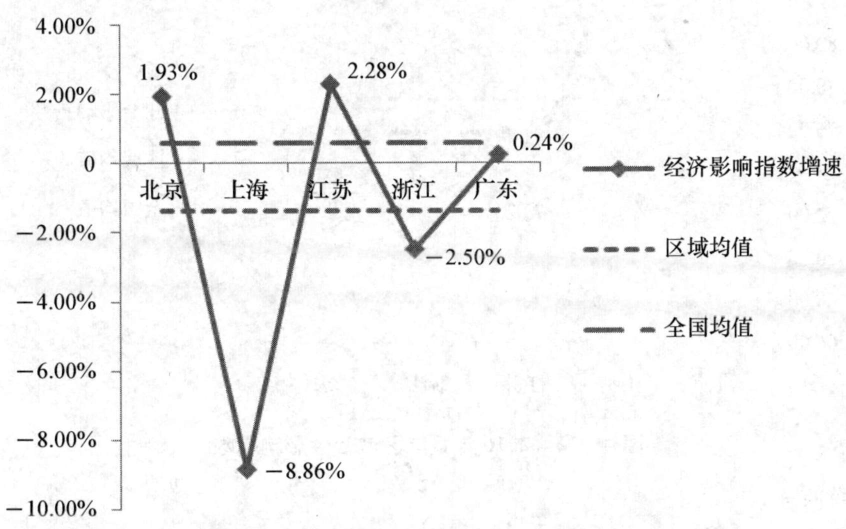

图 4－31　2016 年强势区域经济影响指数增速

（5）社会影响。

表 4－12 显示的是 2016 年强势区域社会影响指数的相关数据。

表 4－12　　2016 年强势区域社会影响指数

地区	社会影响指数	社会影响指数增速
北京	76.77	－4.57％
上海	84.23	－2.65％
江苏	73.23	－6.14％
浙江	79.39	－6.00％
广东	73.82	－1.90％
区域均值	77.49	－4.25％
全国均值	75.91	－0.24％

1）数值比较。

如表 4－12 和图 4－32 所示，强势区域中，上海的社会影响指数最高，为 84.23；江苏的社会影响指数最低，为 73.23。可见，强势区域内部各省市社会影响指数相差较大。从整体来看，强势区域文化产业社会影响指数的均值为 77.49，高于全国均值（75.91），高出 1.58，可见强势区域的文化产业社会影响力与全国平均水平相差不大，差距明显小于经济影响。

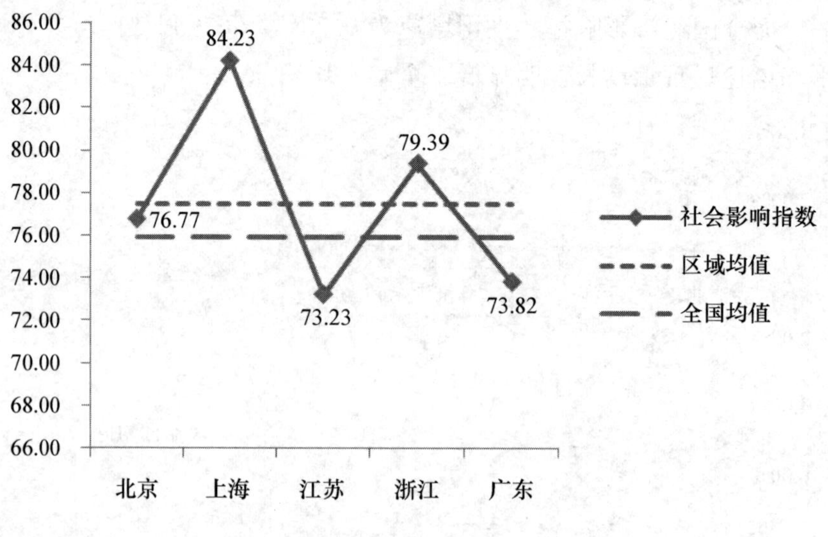

图 4-32　2016 年强势区域社会影响指数

2）增速比较。

由表 4-12 和图 4-33 可知，强势区域中各省市社会影响指数均呈现负增长。其中江苏的社会影响指数降幅最大，为 6.14%，其次是浙江，降幅为 6.00%。从整体来看，强势区域社会影响平均增速为－4.25%，和 2015 年相比降幅明显，而全国社会影响平均增速为－0.24%，可见强势区域社会影响下降幅度大于全国平均水平。

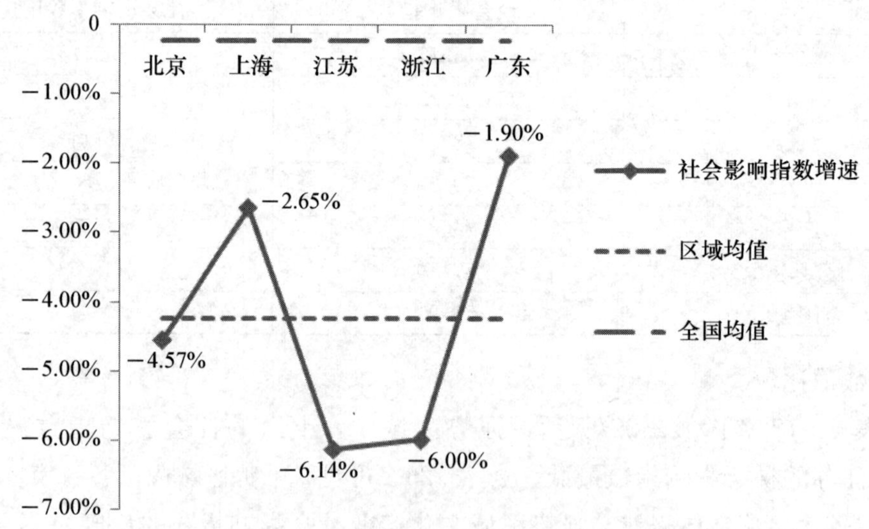

图 4-33　2016 年强势区域社会影响指数增速

（6）市场环境。

表 4-13 显示的是 2016 年强势区域市场环境指数的相关数据。

表 4-13　　2016年强势区域市场环境指数

地区	市场环境指数	市场环境指数增速
北京	93.00	15.96%
上海	87.39	−0.12%
江苏	83.88	5.97%
浙江	81.28	4.81%
广东	83.22	5.09%
区域均值	85.76	6.34%
全国均值	78.32	2.70%

1）数值比较。

如表4-13和图4-34所示，强势区域中，北京的市场环境指数最高，为93.00，上海次之；其他省市的市场环境指数相差无几，其中浙江最低，为81.28。从整体来看，强势区域市场环境指数均值为85.76，高于全国市场环境指数的均值(78.32)，高出7.44，优势较为明显。

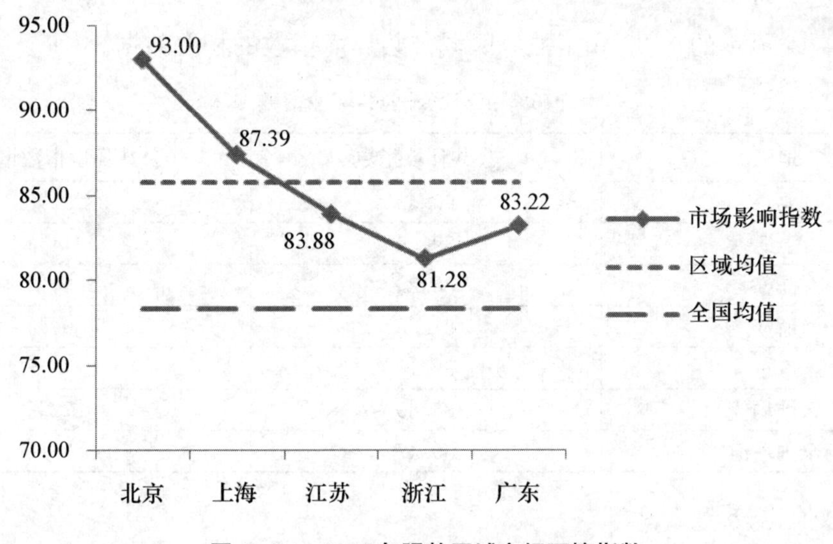

图4-34　2016年强势区域市场环境指数

2）增速比较。

由表4-13和图4-35可见，强势区域内部各省市的市场环境指数增速相差较大。其中，北京最高，达15.96%；上海最低，为−0.12%，是强势区域中唯一负增长的省市；此外，江苏、浙江和广东市场环境指数增幅也比较明显，均在5.00%左右。从整体来看，强势区域市场环境指数增速均值为6.34%，增幅较为明显，且大于全国平均降幅（2.70%）。这说明强势区域和全国其他省市的市场环境均有所改善，强势区域市场环境优势显著。

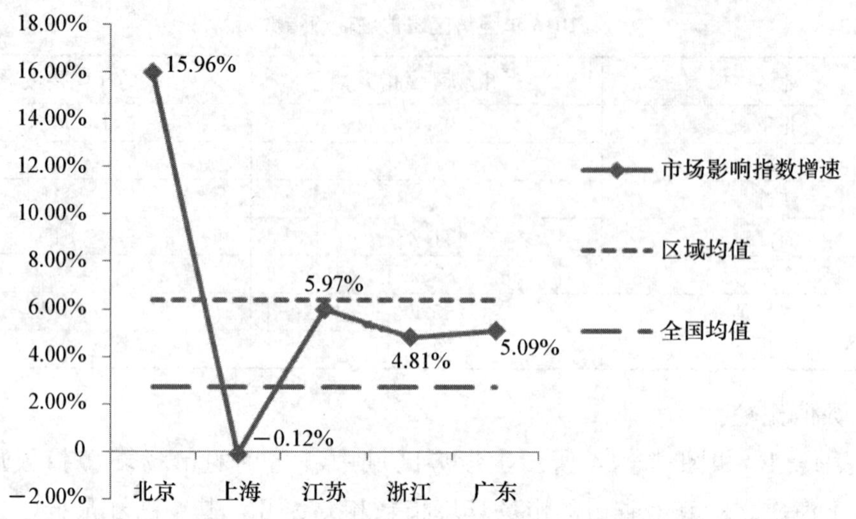

图 4-35 2016 年强势区域市场环境指数增速

(7) 公共环境。

表 4-14 显示的是 2016 年强势区域公共环境指数的相关数据。

表 4-14 2016 年强势区域公共环境指数

地区	公共环境指数	公共环境指数增速
北京	93.32	23.50%
上海	89.66	4.44%
江苏	86.22	9.94%
浙江	81.66	7.04%
广东	83.15	3.70%
区域均值	86.80	9.72%
全国均值	80.47	3.36%

1) 数值比较。

如表 4-14 和图 4-36 所示，强势区域中，北京的公共环境指数最高，为 93.32；浙江最低，为 81.66。值得注意的是，北京公共环境指数在强势区域中实现逆袭，从前两年的最后一位跃居第 1 位。从整体来看，强势区域公共环境指数的均值为 86.80，高于全国公共环境指数均值（80.47），差距较 2015 年有所增大，说明强势区域的公共环境领先于全国总体情况。

2) 增速比较。

由表 4-14 和图 4-37 可见，强势区域内部各省市公共环境指数增速相差较大，但均实现了正增长。其中最大的是北京，高达 23.50%；最小的是广东，为

3.70%，两者相差多达 19.80 个百分点。江苏公共环境指数增速也达到了 9.94%，增长明显。从整体来看，强势区域公共环境指数增速均值为 9.72%，远高于全国公共环境指数增速均值（3.36%），可见强势区域的公共环境优化程度高于全国平均水平。

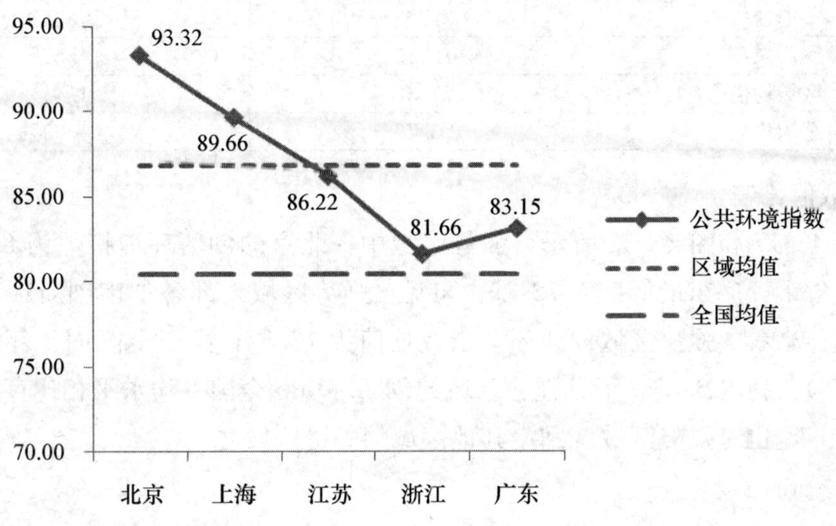

图 4－36　2016 年强势区域公共环境指数

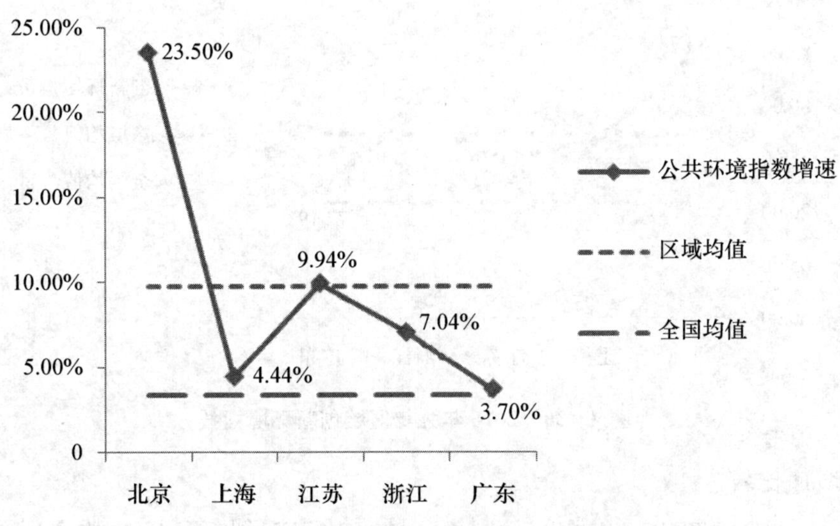

图 4－37　2016 年强势区域公共环境指数增速

（8）创新环境。

表 4－15 显示的是 2016 年强势区域创新环境指数的相关数据。

表 4－15　　2016 年强势区域创新环境指数

地区	创新环境指数	创新环境指数增速
北京	83.74	－8.62％
上海	76.73	4.31％
江苏	75.02	5.37％
浙江	78.95	1.34％
广东	72.19	4.81％
区域均值	77.32	1.44％
全国均值	70.79	1.63％

1）数值比较。

如表 4－15 和图 4－38 所示，强势区域中，北京的创新环境指数为 83.74，高于其他 4 省市；广东最低，为 72.19。可见，强势区域内部各省市创新环境相差较大。从整体来看，强势区域创新环境指数均值为 77.32，高于全国创新环境指数均值（70.79），高出 6.53，可见强势区域的创新环境和全国平均水平相比存在比较明显的优势，这也是强势区域区别于其他区域的关键因素之一。

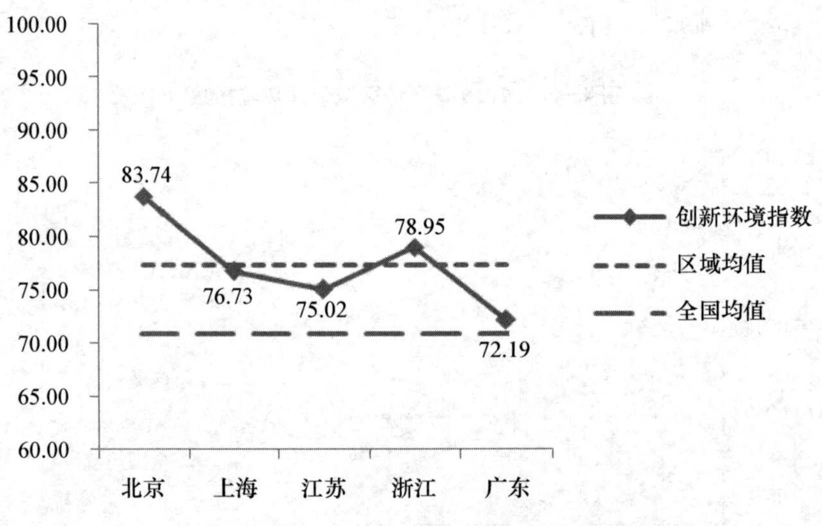

图 4－38　2016 年强势区域创新环境指数

2）增速比较。

由表 4－15 和图 4－39 可见，强势区域多数省市创新环境指数实现了正增长，但与 2015 年相比，增长放缓。增速最高的是江苏，为 5.37％，广东、上海创新环境指数增速紧随其后，也在 4％左右；浙江为 1.34％，稳中有升；北京创新环境指数虽然仍高居第 1，但是比 2015 年减少了 8.62％，是强势区域中唯一呈现负增长的省市，且已经连续两年负增长，说明强势区域中各省市的创新环境指数差距有所减少。从整体来看，强势区域创新环境指数增速均值为1.44%，略低于全国平均增速（1.63%），说明强势区域创新环境提升的速度与全国一般情况基本一致。

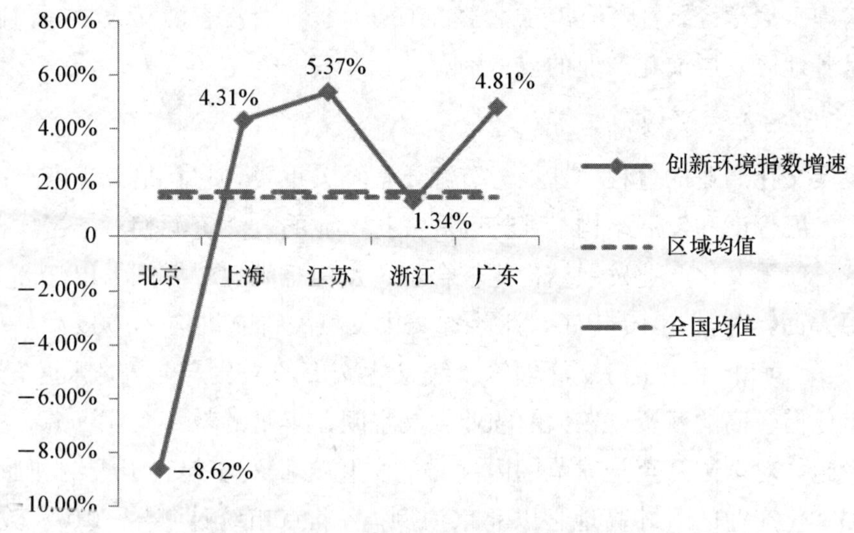

图4-39　2016年强势区域创新环境指数增速

（二）中国文化产业发展强势区域决定要素

通过前一节强势区域文化产业发展二级评价指标的分析，可以看出雄厚的文化资源、丰富的人力资源和不断优化的创新环境是促进强势区域文化产业发展的关键因素。

1. 雄厚的文化资源

文化资源代表一个地区发展文化产业可投入的资源量，是发展文化产业的主要根基。中国是文化资源大国，拥有五千年的文明史，历史文化积淀十分深厚，中华文化源远流长且博大精深，文化资源禀赋独特、丰厚，发展文化产业具有得天独厚的资源优势。随着推动文化产业成为国民经济支柱性产业目标的确立，社会各界对我国文化资源蕴含的多层次价值的认知逐渐深入，对其需求也显得更为迫切和直接。非物质文化遗产资源方面，浙江拥有省级以上非物质文化遗产多达1 103项，广东也拥有755项省级以上非物质文化遗产①。博物馆文物藏品量方面，强势区域各省市除广东为96万件，其余均超过100万件，例如上海的博物馆拥有多达215万件藏品，江苏的博物馆也拥有多达175万件藏品②。高校资源方面，我国许多著

① 数据源自浙江省非物质文化遗产保护中心，广东省非物质文化遗产处。
② 文化部财务司．中国文物统计年鉴．北京：国家图书馆出版社，2009．

名高校坐落于文化产业发展的强势区域，如北京有北京大学、清华大学、中国人民大学等，上海有复旦大学、上海交通大学、同济大学等，广东有中山大学、暨南大学、华南理工大学等，江苏有南京大学、东南大学，浙江有浙江大学等，这些重点高校都是各地区发展文化产业的宝贵资源。

2. 丰富的人力资源

在发展文化产业的过程中，人力资源要素至关重要，它在很大程度上影响着文化产业的发展程度和发展结构。强势区域文化产业的人力资源相对丰富，覆盖产业各个领域，使得文化产业发展结构比较合理、发展空间比较广阔。以江苏为例，在人力资源方面，截至2016年底，江苏省文化及相关行业机构21 506个，从业人员169 337人①。而北京、上海、深圳等一线发达城市的文化产业人才质量较为突出，这些城市凭借较高的薪资、较大的职业发展空间、丰富的教育医疗资源、完善的生活配套设施，对全国乃至全球范围内优秀的文化产业人才起到了吸纳和激励作用，成为我国文化产业的人才高地。以北京为例，《北京市统计年鉴2016》数据显示，2015年北京文化、体育和娱乐业从业人员的年平均工资高达13.3万元，超过北京市全行业平均工资17%，在全国范围内具有较大的竞争力。此外，浙江、山东、江苏等东部沿海省份的文化产业人才总量也较高。各地政府也积极制定政策引进和培养文化创意产业领域的专业人才，为文化创意产业的发展打下良好基础。

3. 不断优化的创新环境

良好的创新环境是文化产业健康快速发展的土壤。随着我国经济进入新常态发展时期，尤其是十八届五中全会确立的以创新为首的五大发展理念，从要素驱动转向创新驱动，推进文化内容和形式、文化产品和服务、文化业态、载体渠道、体制机制、政策法规、运营模式等各方面创新，激发各方主体参与文化产业发展的积极性和创造性，成为文化产业发展的重要方向。一方面，要大力发展新兴文化产业，推动文化和科技融合发展，促进新技术和模式不断涌现，使得新兴文化业态尽快成为新的增长点；另一方面，通过高新技术的运用加快传统文化产业转型升级，推动传统文化业态焕发新动力。强势区域凭借高新技术的研发和转化以及浓厚的创新氛围，在文化产业领域的创新方面走在了全国前列。创新投入方面，强势区域的创新投入明显高于其他区域，比如浙江积极推动文化与科技协作重大项目落地，加强文化科技重点实验室培育建设。创新人才方面，强势区域文化部门科研机构高级职称

① 2016年度全省文化发展相关统计报表.（2017-05-18）. http://wht.jiangsu.gov.cn/art/2017/5/18/art_48960_6694023.html.

就业人员每百万人拥有量在全国处于明显的领先位置。此外，强势区域拥有优良的国际交流环境，经常开展各级各类的行业交流会、博览交易会、学术研讨会等活动，有效促进了文化产业的创新发展。

（三）中国文化产业发展强势区域典型省份分析

在整体评述强势区域文化产业发展特征的基础上，本节将依照综合指数的排名详细分析北京、上海、江苏、浙江和广东文化产业发展的现状与瓶颈，并找出促进各地区发展的关键因素。

1. 北京市

（1）文化产业发展现状与瓶颈。

近几年，北京市的文化产业发展状况良好，人力资源、经济影响、市场环境、公共环境和创新环境均远超全国平均水平（见图4-40）。2016年，北京市文化创意产业实现增加值3570.5亿元，比2015年增长12.3%；占地区生产总值的比重为14.3%，比2015年提高0.5个百分点[①]。北京在文化创意产业实现的增加值已经连续六年增长在8%以上，占地区生产总值的比重也连续六年都在12%以上，表明北京文化创意产业发展态势良好，已成为支柱性产业。

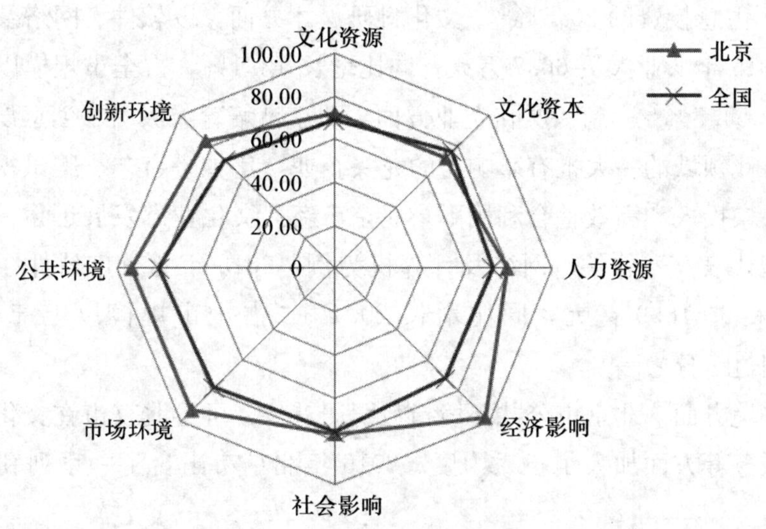

图4-40　2016年北京市文化产业二级指标雷达图

① 北京市2016年国民经济和社会发展统计公报.（2017-02-25）. http://www.bjstats.gov.cn/tjsj/tjgb/ndgb/201702/t20170227_369467.html.

文化资源方面，根据《北京市2016年国民经济和社会发展统计公报》，2016年末共有公共图书馆25个，总藏量6 264.7万册；档案馆18个，馆藏案卷771.9万卷件；博物馆177个，其中免费开放80个；群众艺术馆、文化馆20个。年末有线电视注册用户达到579.9万户，其中高清交互数字电视用户482万户。文化资本方面，2016年北京规模以上文化创意产业资产总计37 921.3亿元[①]。人力资源方面，2015年北京文化创意产业从业人员122.3万人，同比增长6.2%。

经济影响方面，北京市文化创意产业经济效益显著。2016年，北京市规模以上文化创意产业收入合计16 196.3亿元，同比增长10.8%[②]。北京地区25条院线209家影院，共放映电影273.7万场，观众7 636.3万人次，票房收入34亿元。全年制作电视剧73部3 140集，电视动画片22部6 321分钟，电影350部[③]。2016年北京动漫游戏产业产值约达521亿元，约占全国总产值三分之一，比2015年的455亿元增长14.5%，比“十二五”初年的130亿元增长300%；出口额约为60.2亿元，连续多年位居全国第一[④]。

创新环境方面，北京市创新环境指数高居全国首位，在文化科研人才和资金投入方面均有突出表现，创新能力不断提升。文化科研资金投入方面，数据显示，2016年北京互联网信息服务、软件开发等文化与科技融合产业完成固定资产投资76.4亿元，占总投资的20.5%[⑤]。文化科研人才方面，以软件、网络及计算机服务业为例，2015年从业人员66.7万人，同比增长13.1%，占全市规模以上产业从业人员总数的54.5%[⑥]。新兴文化企业方面，北京市培育或吸引了创意设计、网络文化、动漫游戏领域的一大批有影响力的龙头企业，比如爱奇艺、腾讯视频等等。在文化科研要素投入和高效整合利用下，北京市新兴文化业态发展迅猛，以新兴文化业态的典型代表——软件、网络及计算机为例，2015年北京市软件、网络及计算机实现收入5 616.9亿元，同比增长20.4%，占全市规模以上产业总收入的41.8%，超过三分之一[⑦]。

公共环境方面，北京市公共环境指数跃居首位，可见北京市在文化产业政策支持、公共服务等方面加大了投入力度。2016年北京市出台了一系列利好政策支持

---

①②⑥⑦ 北京市国有文化资产监督管理办公室．北京文化创意产业发展白皮书（2017）．(2018-01-30). http://zfxxgk.beijing.gov.cn/110091/tzgg52/2018-01/31/content.9387184d40134eoea94354d9ad7e3f3b.shtml.

③ 北京市2017年国民经济和社会发展统计公报．(2018-02-27). http://zhengwu.beijing/gov.cn/sj/tjgb/t1509890.htm.

④ 北京市文化局2016年工作总结．(2017-02-27). http://www.bjstats.gov.cn/tjsj/tjgb/ndgb/201702/t20170227_369467.html.

⑤ 融合产业占文创固定资产投资半壁江山．北京日报，2017-02-27.

文化产业发展，如《北京市“十三五”时期文化创意产业发展规划》《关于支持戏曲传承发展的实施意见》《关于政府向社会力量购买公共文化服务的实施意见》等。其中北京市级文化创意产业投融资政策多达18部，涵盖范围广泛，推动互联网+转型升级、专项资金实施细则出台、如何做大做强北京旅游业、繁荣社会主义文艺发展规划、实体书店扶持资金管理办法提上议程①。这些政策对于发挥北京作为全国文化中心的示范引领作用，满足人民群众的文化需求起到了重要作用，规范和引导了各种社会组织的健康发展，为北京市文化产业的繁荣搭建了良好的平台。

（2）文化产业发展成功的关键因素。

1）深入推动文化改革创新，文化发展活力有效释放。主要包括：“放管服”改革深入推进。规范政务服务，推动简政放权，加强对文化娱乐场所、演出内容的安全监管，推动文化娱乐场所标准化建设，着力提高服务效能，入驻北京市政务服务中心，优化审批流程。社会力量参与公共文化建设有新进展。贯彻落实国务院文件精神，推动出台北京市《关于政府向社会力量购买公共文化服务工作的实施意见》，并公布《北京市政府向社会力量购买公共文化服务指导性目录》，购买内容涉及七大类五十一项。大力推动以购买服务方式开展的文化惠民活动。艺术引导扶持方式进一步创新。北京文化艺术基金顺利启动运行，打破行业、系统、体制界限，重点围绕舞台艺术创作、文化传播交流推广和艺术人才培养三大方向开展资助②。

2）文化消费水平高，发展潜力巨大。北京市文化消费对文化创意产业发展的贡献效应明显。以2016年8月至11月期间举办的第四届北京惠民文化消费季为例。三个月活动期间，共有190余家单位参与，组织开展各类活动21 000余场次，共计7 776.2万人次参与消费，直接消费金额达到160.8亿元，与第三届消费季相比，消费人次增加了2 918.8万，增幅高达60.1%，消费金额增加48.7亿元，增幅达到43.4%，而且通过进一步挖掘和盘活文化消费资源，加大文化消费新供给，拓展文化消费新空间，有效提升了首都居民文化消费意识和北京文化市场消费活力，实现了经济效益和社会效益双丰收。

3）京津冀文化合作深化，文化共建共享成效显著。京津冀协同发展的工作机制进一步完善。2016年印发了《关于推进京冀两地文化协同发展的工作意见》，签订了

① 2016北京文创产业发展：政策利好、营收同比增长8.5%.（2017-02-24）. http://www.jiemian.com/article/1131971.html.

② 北京市文化局2016年工作总结.（2017-02-27）. http://www.bjstats.gov.cn/tjsj/tjgb/ndgb/201702/t20170227_369467.html.

《京津冀三地文化人才交流与合作框架协议》《京津冀动漫游戏产业一带一路国际合作平台框架协议》等一系列协议，积极发挥联盟平台作用，统筹三地文化资源。重点文化合作项目继续开展，在演出艺术、文化产业、非遗保护和公共文化等重点领域合作成效显著。市区并进的协同发展新趋势初步形成，在省市级文化厅（局）合作统筹的基础上，各区依托各自优势，与津、冀两地开展了形式多样的文化合作。如通州举办“文化一脉协同发展”京津冀运河沿线城市文化交流季、“流淌的记忆”京津冀非遗展，邀请河北沧州市和天津西青区共百余件非遗作品参展；顺义举办第十四届“赵全营杯”民间花会大赛暨京津冀三地民间花会展演活动，特邀天津武青中幡表演队、河北省保安高跷表演队及北京朝阳区小车会做表演展示，促进了三地文化交流与提升。

2. 上海市

（1）文化产业发展现状与瓶颈。

2016 年，上海的文化资源、经济影响、社会影响、市场环境、公共环境、创新环境等方面发展情况良好，均超过了全国平均水平（见图 4－41）。

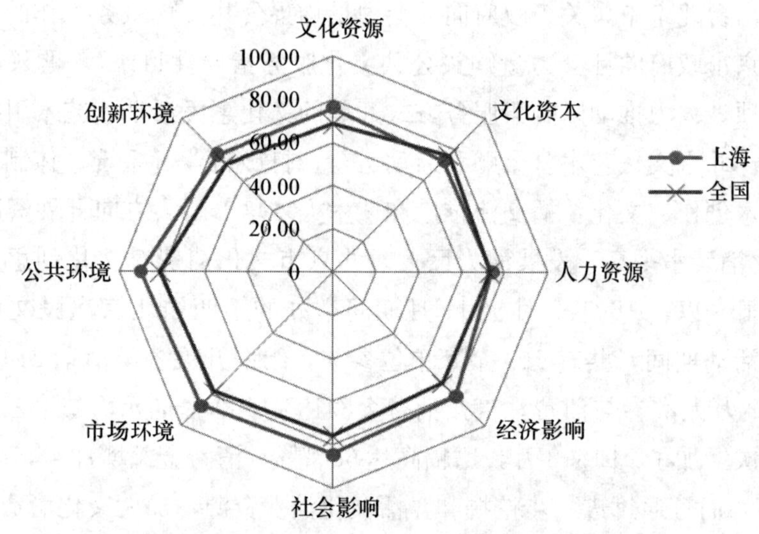

图 4－41　2016 年上海市文化产业二级指标雷达图

文化资源方面，根据《2016 年上海市国民经济和社会发展统计公报》，至年末，全市有市、区（县）级文化馆、群众艺术馆 24 个，艺术表演团体 273 个，市、区（县）级公共图书馆 24 个，档案馆 50 个，博物馆 124 个。全市共有公共广播节目 22 套，公共电视节目 25 套。有线电视用户 771.68 万户，有线数字电视用户 721.55 万户。全年生产电视剧 52 部，共 2 118 集；动画电视 10 184 分钟。全年共出版报纸 10.08 亿份、各类期刊 1.11 亿册、图书 4.18 亿册；摄制完成 80 部影片。

经济影响方面，上海作为金融中心，文创产业发展充分发挥了金融杠杆优势。2016年，上海市市区两级扶持资金共投入5.7亿元，撬动社会投资33.3亿元扶持文创产业[①]。上海文化企业发生股权投融资事件141起，涉及资金规模182.6亿元。央数文化精耕互动娱乐、动漫早教领域，获得尚城资本、新天域资本等2.5亿元人民币B轮融资。新锐企业兰渡文化专注于女性互联网栏目，获得盛景网联5 500万元人民币C轮融资等[②]。截至2016年12月31日，上海迪士尼入园游客达560万，在迪士尼全球乐园的开园过程中，是游客人数最快突破500万的乐园之一[③]。此外，上海设计之都活动周、上海国际电影节、上海国际艺术节等一系列文化活动参与人数屡创新高，国内外影响力不断提升。

创新环境方面，上海市一批新兴文化领域拥抱“互联网+”，文化和科技融合成效显著。创意设计领域，虚拟现实技术（VR）领域走向成熟，技术的集成创新与服务设计能力得到显著提升，例如木创设计作品“上汽安悦充电桩”获国际IF大奖，TAYOHYA多样屋颠覆中国家居零售业旧有零售方式，以新零售进阶心灵受的体验销售，以及整合线上线下零时差服务，端出与时俱进的创新做法，代表中国荣获gia全球零售创新奖。数字出版快速发展，上海数字出版产业全年产值预计超过750亿元，同比增长14%，其中网络文学全国市场占有率超过70%。

市场环境方面，上海市一批重大文化产业项目的建设，显著改善了文化产业的市场环境。浦东自贸试验区建设艺术品保税交易中心、浦西普陀文化艺术品展示交易中心相继成立，徐汇滨江积极打造艺术走廊、私人美术馆掀起建馆办展热潮。上海双年展、上海艺博会、ART021、西岸艺术与设计博览会等都收获较好的口碑和业绩。此外，上海形成M50、红坊艺术社区、田子坊、五角场800号等多个极具特色的艺术集聚区，各集聚区共占地11.6万平方米，入驻艺术机构达400多家。

但是，上海在文化创意产业发展中也面临问题。文化资本方面，2016年上海文化产业人均固定资产投资仍低于全国平均水平，需要政府文化产业相关部门给予更多的关注。值得一提的是，上海市公共环境指数由2015年的第4名上升到2016年的第2名，说明这两年上海市公共环境持续优化。

（2）文化产业发展成功的关键因素。

1）新兴产业热点频现促进发展。其中，数字出版继续占据领先优势。目前，

---

① 来看看11城文创产业排位赛.（2017-08-31）. http://www.sohu.com/a/168591370_119562.

② 超级干货丨授权发布《2016年上海文化产业发展报告》.（2017-02-16）. http://shcci.eastday.com/c/20170216/u1ai10345503.html.

③ 截至2016年底上海迪士尼乐园客流数已超560万.（2017-01-16）. http://www.yinhang123.net/gnyh/yhdt/547444.html.

作为国内最大的 IP 源头之一，阅文集团拥有白金作家 500 人，普通作家 400 万人，作品数量达到 1 000 万部，注册用户数突破 6 亿，订阅销售同比增长 140%，付费率高达 20%，几乎已经覆盖网络文学的主流用户，旗下创世中文王等网络原创平台、阅读网等图书出版发行品牌正逐步建立起多元共享的生态平台。针对《辞海》（第七版）数字出版，网络音频领域积极加强对接传统出版业。网络直播发展如火如荼。随着移动互联和各类业态深度融合，创新产业形态不断涌现，继短视频之后，网络直播成为新的风口，网红经济应运而生，2016 年被誉为“中国网络直播元年”。由上海熊猫互娱文化创办的熊猫直播（熊猫 TV）、由中国移动下属咪咕视讯科技创办的咪咕直播，成为继虎牙直播、YY 直播、映客直播、斗鱼直播后的本市网络直播领域领头企业。

2）全市重大文化项目取得新突破。作为中国内地首座、全球第 6 座的上海迪士尼度假区于 6 月正式开放，主题乐园拥有全球迪士尼乐园中最大最高的城堡、第一个海盗主题园区、路线最长的花车巡游以及全球首发的“创极速光轮”设施。5 月，环上大国际影视产业园顺利开园，首批入驻企业包括好莱坞文化、三视新媒体、木灿文化、阳光影视等企业，旨在依托上海大学电影学院，形成以影视制作产业为主导的国际文化创意集聚区。上海地区首个大型儿童户外主题公园——上海安徒生童话乐园已经进入内测阶段，开放预约体验。英国默林娱乐集团已与华人文化控股集团、青浦区政府达成了在青浦选址和投资建设上海乐高乐园的意向。上海海昌极地海洋公园、冰雪世界、动漫主题乐园“达高炫乐园”、徐汇滨江“梦中心”等一批重点项目进展顺利。

3）对外文化贸易渠道不断拓展和提升。上海积极发挥特色优势，充分利用各类走出去平台和渠道，推动本市文化贸易继续发展。2016 年，组织本市优秀文化企业和文化产品参加洛杉矶艺术展、布鲁塞尔文化中心媒体活动、美国 NAB 展、法国里昂动漫节、美国国际品牌授权博览会、香港国际授权展等，为上海优秀外向型文化企业搭建与国外先进文化企业和文化市场等深入合作的平台。

4）文化产业融合跨界发展成效显著。文化与金融合作持续深入。上海市级文化产业创业投资引导基金市场机制优势显现，2016 年，先后与旌灏投资、创客天地创业投资、联创君潭投资等 6 家第二批创投机构签订合伙协议，完成对星湾创业、探针（上海）创业、国灏创业、无穹创业 4 家第一批创投机构的出资工作。文化与科技融合效能显现，上海围绕“建设具有全球影响力的科技创新中心”的总体目标，聚焦“新技术、新产业、新模式、新业态”，切实把握文化科技领域关键技术环节，在 4K 超高清电视领域和“全息声”技术等方面都有突出表现。文化和商业融合氛围活跃，上海继续以商圈文化为重点，在全市中心城区30家左右一流商业设施推动“上海艺术商圈”落地，通过打造文化商业跨界平台，积极营造与国际文化大都市相适应的城市文化氛围。文化与装备制造创新融合，上海高科技文化装备应用示范中心加强与市民生活对接，不断加强跨地区辐射带动效应，9月与陕西曲江新区签署战略合作协议，规划建设大明宫VR展示厅。同期，组织文化装备企业在陕西丝绸之路电影节开展专场VR展映。

3. 江苏省

(1) 文化产业发展现状与瓶颈。

2016年，江苏省在文化资源、文化资本、人力资源、经济影响、市场环境、公共环境和创新环境方面表现突出，均超过全国平均水平（见图4-42）。

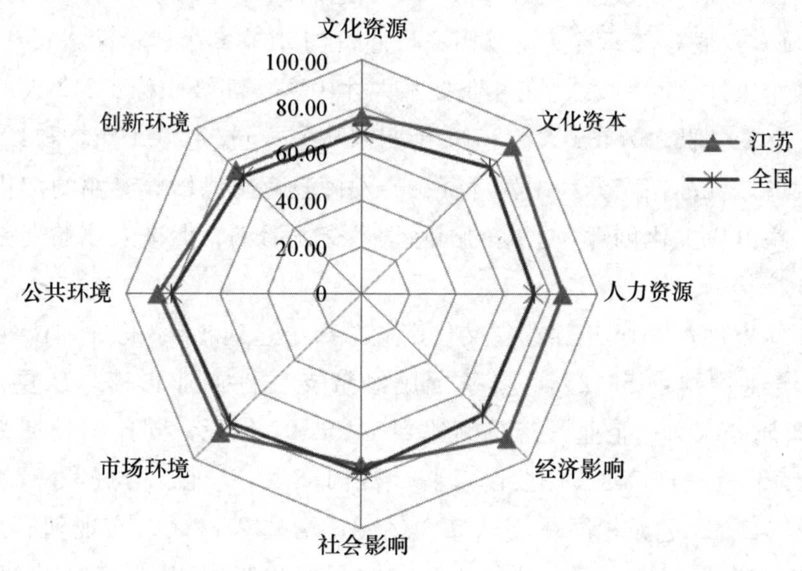

图4-42　2016年江苏省文化产业二级指标雷达图

文化资源方面，江苏省公共文化服务水平稳步提高，文化场馆类资源优势尤其明显。根据《2016年江苏省国民经济和社会发展统计公报》，年末江苏全省共有文化馆、群众艺术馆115个，公共图书馆114个，博物馆312个，美术馆25个，综合档案馆117个，向社会开放档案52.2万件。共有广播电台8座，中短波广播发射台和转播台21座，电视台8座，广播综合人口覆盖率和电视综合人口覆盖率均为100%。有线电视用户2 063万户。生产故事影剧片29部。全年报纸出版23.3亿份，杂志出版1.2亿册，图书出版5.6亿册。

文化资本方面，2016年江苏省财政加大公共文化投入，全面推进文化事业、文化产业发展。一是支持公共文化设施免费开放。2016 年，江苏省共安排 2 亿元，支持全省公共博物馆、纪念馆、爱国主义教育基地、公共图书馆、美术馆、文化馆（站）等 400 余个公共文化设施免费开放。二是支持公共文化服务向基层和弱势群体倾斜。江苏省财政安排专项经费，支持经济薄弱地区 34.3 万农村低保户收看有线电视，为经济薄弱地区 700 个乡镇文化站免费赠送图书，为 5 000 家农家书屋更新出版物，支持新建电子农家书屋 2 000 家。三是支持重大文化活动和精品创作。江苏省财政安排 5.2 亿元，重点支持省演艺集团打造精品剧目和赴境外演出、第三届“紫金奖”文化创意设计大赛及第三届江苏文化艺术节等成功举办。同时安排文化产业发展专项资金 2.5 亿元，扶持文化产业项目 245 个，支持省内培育一批具有影响力的文化企业[①]。

人力资源方面，江苏省指数为 85.22，远远超出了全国平均水平，表现非常突出。截至 2016 年底，江苏省文化及相关行业机构 21 506 个，从业人员 169 337 人，其中专业技术人才 25 834 人，在专业技术人才中，正高级职称 1 217 人，副高级职称 2 600 人，中级职称 7 489 人。2016 年期末从业人员较 2011 年增长 38 265 人[②]。作为教育大省，江苏在充分利用教育资源、发挥教育优势培养专业的文化创意产业从业人员、举办以文化创意为主题的国际学术交流活动、促进人才的交流互动等方面做出了积极努力。

经济影响方面，2016 年江苏省文化产业总产出达到 3 488 亿元，位列全国第 2，较 2015 年增速达到了 59.2%，具备国民经济支柱性产业形态。从重点企业看，2016 年，省属 6 家文化企业资产总额达到 1 156.22 亿元，同比增长 252.75 亿元，增幅 27.98%；净资产 743.04 亿元，同比增长 166.23 亿元，增幅 22.37%；累计实现营业收入 340.83 亿元，同比增长 9.6 亿元，增幅 2.82%；实现利润总额 50.26 亿元，较上年增长 0.65 亿元，增幅 1.29%。凤凰出版集团、省广电集团、江苏有线 3 家企业连续多届入选全国“文化企业 30 强”，幸福蓝海影视文化集团 2017 年首次入选 30 强提名企业[③]。

社会影响方面，江苏省在文化精品、文化领军人物、龙头文化企业、品牌文化活动的引领下，文化产业社会影响力不断提升。一批优秀文化作品享誉全国，淮剧

---

① 2017 年 1 月 17 日：公共财政保障和改善民生工作新闻发布会.（2017－01－17）. http://www.jiangsu.gov.cn/szfxwfbh/xwfbhhz/201701/t20170117_464933.html.

② 2016 年度全省文化发展相关统计报表.（2017－05－18）. http://wht.jiangsu.gov.cn/art/2017/5/18/art_48960_6694023.html.

③ 文创前沿. 江苏文化产业：呈现全方位纵深化发展态势.（2017－07－24）. http://www.sohu.com/a/159650773_488939.

《小镇》摘得第十五届国家文华大奖。48个项目入选国家艺术基金，入选数量全国第3，立项率全国第1。2部剧本入选文化部戏曲剧本孵化计划一类项目。全省新闻出版广电事业继续呈现蓬勃向上的良好发展态势。105种项目入选“十三五”首批国家重点出版项目，居全国第3。生产电影19部、电视剧8部331集。10部纪录片被推荐为优秀国产纪录片。江苏省广电集团、凤凰出版传媒集团、江苏有线连续入选“全国文化企业30强”。新华报业集团“交汇点”、省广电总台“荔枝云”等新型主流媒体不断发展。英文网站“Wonderful Jiangsu”上线，采用“国际表达”形式让江苏文化更好地走出国门。举办2016柏林“精彩江苏”文化年，推进江苏与哥伦比亚大西洋省、荷兰北布拉邦省等友城的文化交流。组织“精彩江苏”进剑桥，举办纪念汤显祖和莎士比亚逝世400周年系列文化活动，引进爱丁堡艺术节优秀剧目来江苏演出。此外，“2016精彩江苏·中国昆曲英伦行”大获成功，全国第二家海外中国文化中心花落江苏，“第四届林散之·江苏书法作品双年展”、江苏省第二届（国际）艺术品博览会等系列活动成功举办，显著提升了江苏省文化产业在全国的社会影响。

公共环境方面，江苏各地政府积极出台政策为文化产业发展铺路。以苏州市为例，2016年，苏州市出台《苏州市文化创意产业投资引导基金管理办法（试行）》、《苏州市优秀新兴业态文化创意企业评选办法（试行）》和多个非遗保护规范性文件，着力创新文创产业投资基金管理方式方法，推动文创产业发展，为苏州市文化产业发展提供良好的政策机遇。南京市也持续加强对文化产业的政策扶持力度，2016年出台了《南京市创意文化产业空间布局和功能区发展规划》、《关于促进文化创意和设计服务与相关产业融合发展的实施意见》和《关于促进博物馆文创产品发展的指导意见》等，进一步优化创意文化产业布局，并提出“建设创意文化产业功能区”的战略构想，促进博物馆与文化创意、旅游等产业相结合，系统地推动文化产业融合发展，有力助推南京市产业转型升级。

2016年江苏省文化产业取得了长足的进步，在诸多方面表现优异，但在一些方面仍存在问题。在社会影响方面，2016年江苏文化产业社会影响排名全国第27，远远落后于其他指标，具体表现在文化氛围、文化包容度和文化形象等方面，指数值均低于全国平均水平，需要进一步丰富文化活动，塑造良好的文化形象。在创新环境方面，2016年江苏省人均科研经费指数值为74.03，高级科研人才指数值只有62.85，仍有很大的进步空间。针对这一问题，江苏省应继续加大文化科研经费投入力度，设立文化产业创新基金，鼓励文化产业领域创新。充分利用南京大学、东南大学等知名高校的高素质创新人才资源，吸引国内外文化领军人才，培养创新型人才队伍，打造文化产业人才高地。

（2）文化产业发展成功的关键因素。

1）政府政策的大力支持。江苏文化产业发展与省政府的重视和大力扶植是分不开的。江苏将文化强省建设作为经济结构转型的抓手，出台了一系列政策促进文化产业转型升级，推动文化产业成为国民经济支柱性产业。首先，积极帮助文化企业和项目获得中央支持。全省文化系统获中央文化产业发展专项资金 4 120 万元，总额位居全国第 2。省级现代服务业（文化）发展专项资金资助文化系统项目 98 个、金额 9 000 万元。32 个项目入选国家文化产业重点项目库。5 个项目入选文化部文化金融扶持计划，入选数量全国第 1。南京被确定为全国首批文化消费试点城市。其次，开展江苏省重点文化产业示范园区创建，8 家园区获得命名。

2）文化金融投融资体系健全发展。鼓励金融机构针对文化产业特点创新产品和服务，推广无形资产评估和质押融资，健全文化企业信用评价体系、融资风险补偿机制和融资信用担保体系。支持文化企业利用资本市场上市融资、再融资和并购重组，研究设计“文创债”，扩大文化企业债券融资规模。注重文化领域政府和社会资本合作（PPP）示范，推广实施文化领域政府和社会资本合作模式，征集适宜采用政府和社会资本合作（PPP）模式的文化项目。创建文化与金融合作示范区，选择文化产业发展成熟、金融服务基础较好的地区创建文化与金融合作示范区，发挥地方政府主体作用，探索建立文化、金融、财政等多部门沟通协作机制，引导和促进金融机构创新金融产品和服务模式，搭建文化与金融合作服务平台，优化文化与金融合作政策环境。

3）公共基础设施完善，文化资源丰富，居民文化消费水平较高。截至 2015 年底，全省共有艺术表演团体 309 个、艺术表演场馆 207 个（包括非公有制艺术表演团体、艺术表演场馆）。原创首演剧目 117 个，比上年有所增加；国内艺术演出 9.6 万场次；艺术观众 3 112.57 万人次，比上年增长 75%。政府采购的公益演出 0.68 万场次，受众 514.14 万人次，同比分别增长 13%、30%，可见政府采购的公益文化产品受到市民喜爱[①]。这些完善的文化基础设施，为该省居民参与文化活动、推动文化消费、树立文化形象等都起到了积极作用。

4. 浙江省

（1）文化产业发展现状与瓶颈。

如图 4－43 所示，浙江省在文化资源、文化资本、人力资源、经济影响、社会

① 江苏省“十二五”时期文化发展情况统计分析. http://wht.jiangsu.gov.cn/art/2016/8/29/art_48958_6381224.html.

影响、市场环境、公共环境、创新环境方面均超过全国平均水平，人力资源、经济影响、创新环境方面表现尤为突出。

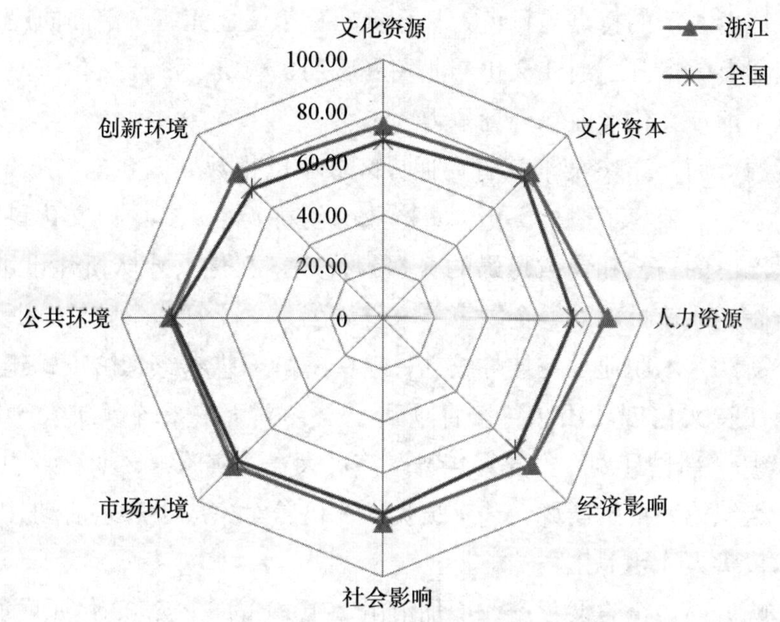

图 4－43　2016 年浙江省文化产业二级指标雷达图

文化资源方面，浙江省是吴越文化的重要发祥地，拥有越剧、丝绸、瓷器、木雕、根雕等一大批特色传统文化资源①。根据《2016 年浙江省国民经济和社会发展统计公报》，年末全省共有公共图书馆 102 个，文化馆 102 个，文化站 1 364 个，博物馆 275 个，隶属文化部门艺术表演团体 63 个。全省有线广播电视用户数 1 531 万户，与上年基本持平；广播、电视人口综合覆盖率分别为 99.6%和 99.7%。全年制作电视剧 57 部 2 576 集；制作影片 54 部；制作动画片 46 部 21 782 分钟。图书出版社 14 家；影视制作机构 1 435 家，其中上市公司 32 家。公开发行报纸 68 种，出版期刊 226 种。新闻出版广播影视业营业收入 2 001 亿元，与上年基本持平。

文化资本方面，浙江优势明显，其指数在全国排名第五，达到 79.63。浙江省各地区为文化企业尤其是小微文化企业信贷提供多元化的融资服务。例如，2016 年初，浙江省内首个文化产业金融服务平台“鑫文化”上线，该平台致力于通过“线上＋线下”“标准化＋个性化”的服务体系，成为一个服务于文化企业的“一站

① 浙江省文化创意产业政策.（2014－02－25）. http://www.zgsxzs.com/a/news/zhaoshangdongtai/shengquzhengce/2014/0225/594544.html.

式”融资服务平台。此外，由浙江文化产业促进会发起，促进会副会长、常务理事、理事单位联合组建的浙江文化产业成长基金正式成立。基金规模在50亿元，为体现浙江民营经济的特点与特色，基金首期募集2亿元，全部面向民营文化企业募集。该基金有效提升了浙江文化产业发展后劲，构筑了浙江文化产业投融资服务平台，提升了浙江文化产业综合竞争力。

人力资源方面，2016年浙江省在强势区域中以指数86.30排名第2。浙江省延续了良好的态势，聚集了一批文化创意产业的创新人才，其中以文化科技领域的领军人物阿里巴巴的马云和华数传媒的曹强为代表。文化人才队伍建设进一步加强，浙江音乐学院正式获批建立，全国第一家省级公共文化管理学院——浙江公共文化管理学院在浙江艺术职业学院挂牌成立，赵松庭笛子艺术纪念馆正式建成开馆。同时实施“浙江省文化创新团队”培育项目、全省文化馆系统紧缺人才培养深造项目，举办2016“新松计划”全省青年舞蹈演员大赛，实施第3期全省中青年编剧扶持计划等，组织第一批省属舞台艺术拔尖人才培养对象成果展示活动，引领示范全省舞台艺术拔尖人才培养工作①。

经济影响方面，全省文化产业增加值由2010年的1 056.09亿元增加到2016年的3 200亿元，年均增长20.3%。浙江省文化及相关特色产业增加值一路走高，文化产业已成为浙江省国民经济支柱性产业之一，是国民经济支柱性产业和经济社会发展的新亮点②。第十一届中国（义乌）文交会实现洽谈交易额52.04亿元（其中外贸成交额32.67亿元），同比增长2.7%；第十二届中国国际动漫节实际成交及达成签约交易、意向合作项目948项，涉及金额129.37亿元。成功推荐宁波市列入第一批国家文化消费试点城市。认定17家文化企业为省文化产业示范基地。确定浙江图书馆、宁波市图书馆和宁波美术馆等3家单位为文化创意产品开发试点单位。组织举办第四届动漫衍生品授权交易活动，共达成17项授权交易，总授权金额2.09亿元，较上届增长32%③。

社会影响方面，2016年浙江省社会影响指数高达79.39，在强势区域中排名第2。根据浙江省文化厅公布数据，2016年浙江每万人拥有公共图书馆建筑面积达188.9平方米，浙江艺术表演团体国内演出观众180 405万人次，在全国各地区中均排名第1。此外，出色完成G20杭州峰会和第三届世界互联网大会服务保障工

①③ 浙江省文化厅2016年工作总结.（2017-01-24）. http://zjwh.gov.cn/zwxx/2017-03-20/209637.htm.

② 浙江文化产业掘金“万亿” 底气源于满园春色.（2017-08-10）. http://zj.cnr.cn/zjyw/20170810/t20170810_523893920.shtml.

作，制定实施了《关于加快推进特色小镇文化建设的若干意见》，确定了第一批全省特色小镇文化建设示范点，推进特色小镇文化建设试点工作，努力为特色小镇建设注入文化内涵。持续推动中国（义乌）文交会、中国国际动漫节转型升级。由浙江中南卡通股份有限公司牵头发起申报的《动画渲染管理与服务平台规范》通过省级地方标准立项，这在国内同行业中尚属首个。推动文化与科技融合创新，文化领域 3 个项目入选省重大科技项目。2016 年浙江省共有 19 个国家社科基金艺术学项目立项，占全国立项项目总数的 9.18%。

近几年来，浙江省文化产业稳健发展，取得了较好的成绩。但在市场环境和公共环境方面与全国平均水平相比优势并不大，仍有较大的进步空间。各级政府应进一步明晰其在规划引导、政策扶持、项目支持、园区建设、企业孵化等方面的职责重点，努力搭建更加便利的文化创意产业园区公共服务平台，使文化产业信息集散、人才培训、成果转化、评估交易、风险投资等配套服务能力不断增强，同时积极完善文化创意成果的保护体系，加强知识产权保护和科研成果转化，充分发挥文化产业协会的协调促进作用，营造良好的市场环境和公共环境。

（2）文化产业发展成功的关键因素。

1）推动文化产业融合发展。浙江省注重推动文化产业和互联网融合发展，启动了浙江省“文化＋互联网”产业推进工程，将发展“文化＋互联网”产业列为下一阶段文化产业发展的重点内容。2016 年 11 月 1 日，由浙江工商大学与北京峰火文创中心联合发起的中国互联网文化产业研究院在杭州成立。第四届中国互联网文化产业论坛同期举行，与会专家学者围绕在“互联网＋”环境下，“互联网＋文化产业”的新趋势与新机会，探讨如何创新文化业态。作为全国互联网强省，浙江拥有世界互联网大会永久落户乌镇、全国首个国家信息经济示范区落地等多项优势，为“文化＋互联网”产业创造了极好的发展条件。同时，浙江充分发挥国家级信息经济示范区优势，依托杭州、宁波、横店等三个国家级文化和科技融合示范基地，以及乌镇互联网经济创新发展综合试验区、金华网络文化产业实验区，增强辐射带动作用，加快发展互联网文化产业，推进文化领域“大众创业、万众创新”。

2）不断推动文化业态和模式创新。浙江省积极利用创新科学技术，将现代营销理念应用于旅游、科技、文化的融合发展，拓展了发展空间，取得了业态创新的新进展。宁波云朵网络与浙江省文化产业促进会共同组建并重点建设和运营的“浙江省文化产业大数据服务平台”（简称“浙朵云”），为浙江 20 多万家企业、政府机构等提供全方位的数据推送、分析、评估和共享等服务；中国移动手机阅读基地咪咕数媒全平台拥有超过46万种正版图书内容，覆盖了近5亿用户，年收入超65亿元；浙报集团按照省委部署要求，大力建设核心圈、紧密圈、协同圈红色新媒体矩阵，开辟了互联网上的舆论新阵地，新兴文化业态的多种可能在全省各领域遍地开花[①]。

3）加快推动文化“走出去”。组织实施了多项高规格、高水平的对外文化活动，有力地服务了国家整体外交。积极参与我国与“一带一路”沿线重点国家埃及、卡塔尔两国开展的国家文化年活动。赴埃及举办《丝绸之路与丝路之绸》展览和“中华霓裳”丝绸服饰秀活动；作为中卡文化年活动的重点承办省份，全年执行“中国节”等项目4起。积极参与国家海外“欢乐春节”活动，共组派了9个团组、259人次，先后赴亚洲、南美洲、大洋洲、非洲的12个国家、17个城市，举办演出活动64场，组派团队规模、出访国家数量居历年之最。以汤显祖和莎士比亚逝世400周年纪念年为契机，组派浙江小百花越剧团携《寇流兰与杜丽娘》赴英、法、德、奥四国访演，组派浙江昆剧团携《牡丹亭》参加“2016第七届香港中国戏曲节”和英国爱丁堡艺术节活动，大力向世界推介汤显祖文化，深化国际文化交流。圆满完成了“美丽浙江·欣赏香港”浙江文化旅游美食节活动开幕演出等任务。精心组织实施浙江文化交流品牌项目，成功举办了“2016新西兰·美丽浙江文化节”“2016澳大利亚·美丽浙江文化节”活动。支持和指导宁波市举办2016“东亚文化之都”系列活动，扩大浙江文化在日韩的影响力。继续承办文化部中阿合作论坛框架下项目——阿拉伯国家文博专家研修班活动，举办第六届“非洲学员（陶艺）培训班”，推进浙江与阿拉伯国家、非洲国家人文交流。2016年共实施对外文化交流项目832起。对港澳台文化交流深入开展。赴台举办“第十届台湾·浙江文化节”活动，持续打响台湾·浙江文化节品牌。组织12家优秀文博单位、动漫和创意设计企业参展第14届香港国际授权展“中国内地馆”。2016年共实施对台文化交流项目115起，对港澳文化交流项目67起[②]。

5. 广东省

（1）文化产业发展现状与瓶颈。

如图4-44所示，2016年广东省在文化资源、文化资本、人力资源、经济影响、市场环境、公共环境和创新环境方面的表现都超过了全国平均水平，其在人力资源、经济影响方面表现尤为突出。

---

① 浙江文化产业掘金“万亿”底气源于满园春色.（2017-08-10）. http://zj.cnr.cn/zjyw/20170810/t20170810_523893920.shtml.

② 浙江省文化厅2016年工作总结.（2017-01-24）. http://zjwh.gov.cn/zwxx/2017-03-20/209637.htm.

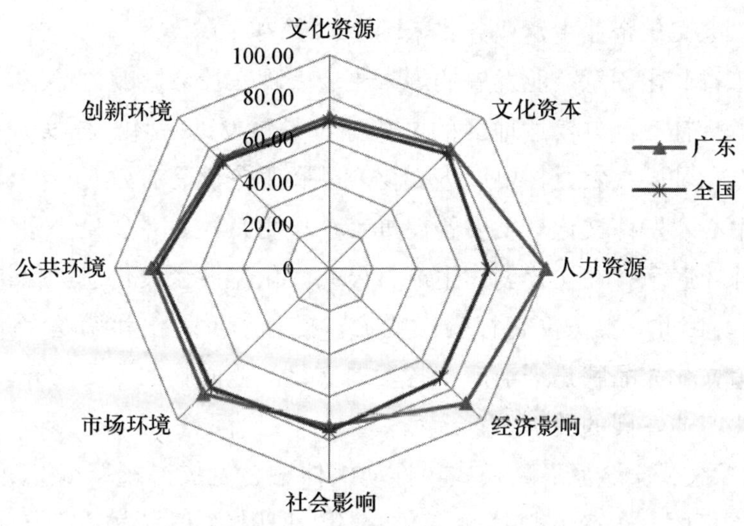

图 4-44　2016 年广东省文化产业二级指标雷达图

文化资源方面，《2016 年广东国民经济和社会发展统计公报》显示，2016 年年末，全省共有各类专业艺术表演团体（公有制）82 个，群众艺术馆、文化馆 145 个，县级及以上公共图书馆 147 个，博物馆、纪念馆 179 个。全省有广播电台 22 座，电视台 24 座。广播综合人口覆盖率和电视综合人口覆盖率均为 99.9%。有线广播电视用户 1 874.12 万户，有线数字电视用户 1 730.70 万户，分别比上年末增长 0.8%和 2.5%。全年出版报纸 27.64 亿份，各类期刊 1.29 亿册，图书 2.91 亿册。全省共有综合档案馆 141 个。

人力资源方面，广东省持续表现突出，连续五年都位列第 1，且达到 100 的指数。作为全国人口最大省份，广东在人才方面具有得天独厚的优势。据中国社会科学院文化研究中心近期发布的《文化蓝皮书：中国文化产业发展报告（2015—2016）》，截至 2013 年末，广东以 374 万人的文化产业从业人员数量在全国排第 1，占据全国 17.54%的比重。

经济影响方面，初步测算，2016 年广东省全省文化产业增加值有望突破 4 000 亿元大关，继续位居全国首位，占 GDP 比重有所提高。全省规模以上文化企业数量突破 7 千家，由上年的 6 653 家增加到 7 327 家，增加 674 家，增长 10.1%；规模以上文化企业主营业务收入达 1.55 万亿元，增长 15.7%，居全国首位。全省规模以上文化企业主营业务收入中，文化制造业企业实现主营业务收入 8 985 亿元，增长 4.2%，占规模以上文化企业主营业务收入的 58%；文化服务业和文化批发零售企业分别实现主营业务收入 3 437 亿元和 3 126 亿元，分别增长 39.9%和 32.4%，分别占规模以上文化企业主营业务收入的22.2%和20.2%[①]。

制约广东省文化创意产业发展的因素主要表现在社会影响力偏差。“文化小康”的工作短板亟待补齐，欠发达地区的文化建设是重要的一环。而实现“文化小康”的重点和难点在基层在农村，要促进文化产品和服务供需有效对接，建好基层综合性文化服务中心，发挥文化对发展的促进带动作用，补齐“文化小康”工作短板格外重要。此外，广东省在文艺创作生产、公共文化建设、文化遗产保护利用等方面也比较薄弱[②]。因此，扩大文化社会影响力，提升华侨文化和海丝之路特色文化品牌建设，打造文化大品牌是当前广东省发展文化产业面临的主要任务。

（2）文化产业发展的关键因素。

1）开拓“文化+金融”新模式，推动媒体融合发展。2016年广东省组建了全国首家全媒体集团——南方财经全媒体集团，以财经市场为突破方向，发展“媒体”“数据”“交易”三大核心业务。同时发起设立运作三个百亿元量级的产业基金，还设立总规模50亿元的珠影越秀影视文化产业发展投资基金，成功与浦发银行签署500亿元投融资额度的“文化+金融”战略合作协议。广东省主要媒体借助资金力量，加快推动媒体深度融合发展。其中，《南方+》客户端2016年实现下载量和营业收入“两个1 000万”。《南方都市报》的《并读》客户端下载量超8 800万，月均活跃用户1 000万，处于国内新闻资讯类APP领先地位。南方财经全媒体集团所属《21财经》APP下载量超过4 000万，稳居全国财经媒体客户端前列。广东广播电视台IPTV用户超过400万，手机视频用户超过300万，互联网电视用户超过800万。《2016中国媒体融合传播指数报告》中，广东各类媒体类型的融合传播力遥遥领先，与北京、浙江、上海等处于第一方阵。

2）产业结构布局持续优化。从产业结构来看，广东高附加值的、以内容创意生产为核心的文化服务业增长较快，占比持续提高。广东文化新业态迅猛发展，占比显著提高，在增加新型文化产品供给方面成效突出，凸显文化产业供给侧结构性改革取得良好进展。全省产业投资结构也持续优化，据统计，仅2016年前三季度，全省文化产业投资就增长14.6%，其中，文化艺术服务投资增长20.4%，文化创意和设计服务投资增长30.4%，广播电影电视服务投资增长更是达到了175%。产业布局方面，广州、深圳发挥了中心城市的引领辐射作用，着力打造“创意之城”

① 2016年广东文化产业发展再上新台阶.（2017-07-11）. http://www.gdstats.gov.cn/tjzl/tjkx/201707/t20170711_367536.html.

② 加大力度补齐文化建设短板　广东朝“文化小康”目标迈进.（2017-04-23）. http://news.ycwb.com/2017-04/23/content_24693832.htm.

“设计之都”，新闻出版、影视、音乐制作、动漫游戏、创意设计、演艺娱乐、数字新媒体、网络文化服务、文化会展等发展突出，建设了一批空间集聚、竞争力强的文化产业集群和园区，以及文化物流中心、出口基地。珠三角其余各市创意设计、印刷复制、动漫游戏、工艺美术、演艺娱乐、文化旅游、文化设备制造等产业优势突出。东西两翼和粤北山区依托地方特色文化资源，大力发展文化旅游、演艺娱乐、工艺美术、文化产品制造等，区域特色文化产业初见规模。

3）积极推动文化“走出去”。2016年，广东文化产品进出口为437.9亿美元，其中出口418.1亿美元，进口19.8亿美元，实现贸易顺差398.3亿美元，出口总额高居全国榜首。在积极发挥区位优势，利用对外贸易发达、文化交流紧密的优势，在“一带一路”沿线国家广泛传播中国文化，大力推动文化产品和服务“走出去”等方面，广东不遗余力。2012年以来，全省文化产品和服务出口年均增长约20%，初步形成完备的出口体系，文化产品出口覆盖100多个国家和地区，在新闻出版、广播影视、文化艺术、动漫游戏、创意设计等领域培育了大批具有国际竞争力的重点文化企业和文化出口品牌。广东游戏2016年出口营收达到176亿元，出口的国家和地区已经超过了160个。全省入选国家2015—2016年度《文化出口重点企业目录》的文化企业有43家，占全国总数的12%，居各省市前列。特别是在新媒体领域，广东优势突出，取得了不俗的成绩，如UC浏览器服务150多个国家和地区，海外用户超过1亿，是亚洲最受欢迎的移动浏览器，在印度和印尼两地市场份额分别达到55.4%和47.5%，成为中国互联网国际化领先企业①。

三、中国文化产业发展弱势区域特征及决定要素

本书把文化产业发展指数较低的新疆、吉林、西藏、甘肃、宁夏5省市作为文化发展弱势区域，从文化产业发展指数体系角度出发，对5省市的各级指标进行逐一分析，探究其文化发展水平的决定因素，并对典型城市进行具体分析。

（一）中国文化产业发展弱势区域特征

1. 弱势区域综合指数分析

表4-16显示了弱势区域的文化产业综合指数、文化产业综合指数增速和文化

① 广东文化产业创新发展领跑全国.（2017-05-10）. http://gd.people.com.cn/n2/2017/0510/c123932_30163879.html.

产业综合指数变异系数数值，以及5省市相关数据的平均值和全国相关数据的平均值。

表4-16　　2016年弱势区域文化产业综合指数

地区	综合指数数值	综合指数增速	综合指数变异系数
新疆	70.98	3.06%	0.050
吉林	70.75	−2.93%	0.028
西藏	70.35	1.24%	0.051
甘肃	70.10	1.84%	0.020
宁夏	69.99	−1.14%	0.041
区域均值	70.43	0.41%	0.038
全国均值	73.71	0.12%	0.036

（1）数值比较。

由表4-16和图4-45可知，从整体来看，2016年弱势区域的文化产业综合指数平均值为70.43，低于全国平均水平（73.71）。在弱势区域内部，新疆的综合指数最高，为70.98，但仍低于全国的平均水平。其他4个地区的文化产业综合指数更低，其中，宁夏最低，为69.99。可见，弱势区域的文化产业整体发展水平和全国平均发展水平有较大差距。

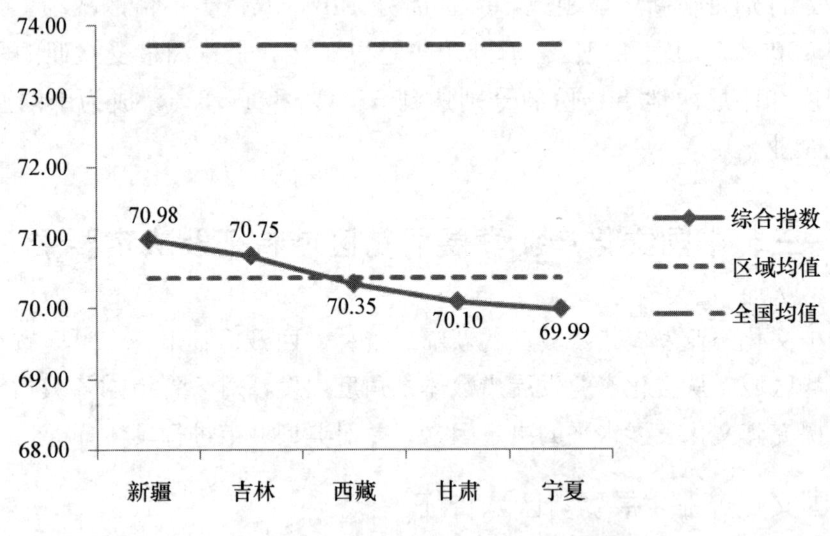

图4-45　2016年弱势区域文化产业综合指数

（2）增速比较。

由表4-16和图4-46可知，2016年弱势区域内部各省市的文化产业综合指数增速差异较为明显。其中，新疆的增速最高，为3.06%；吉林的增速最低，为−2.93%。此外，宁夏综合指数也呈现负增长，为−1.14%。从整体来看，弱势区域的增速均值为0.41%，高于全国均值（0.12%）。可见，弱势区域的文化产业发展速度略高于全国平均水平，差距逐渐缩小。

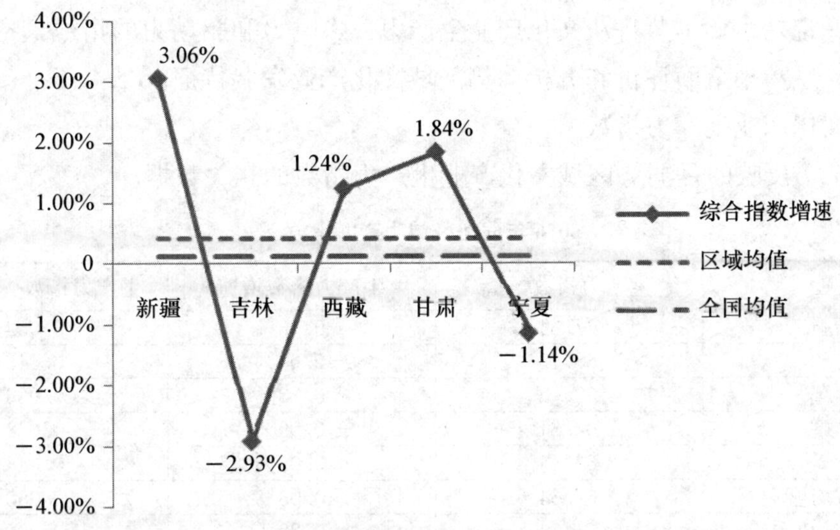

图4-46　2016年弱势区域文化产业综合指数增速

（3）变异系数比较。

由表4-16和图4-47可见，2016年弱势区域各省市文化产业综合指数变异系数差异同样较为明显。其中，西藏的综合指数变异系数最高，为0.051；甘肃的综合指数变异系数最低，为0.020。从整体来看，弱势区域文化产业综合指数变异系数均值为0.038，略高于全国均值（0.036），说明弱势区域文化产业发展均衡度和全国平均水平基本一致。

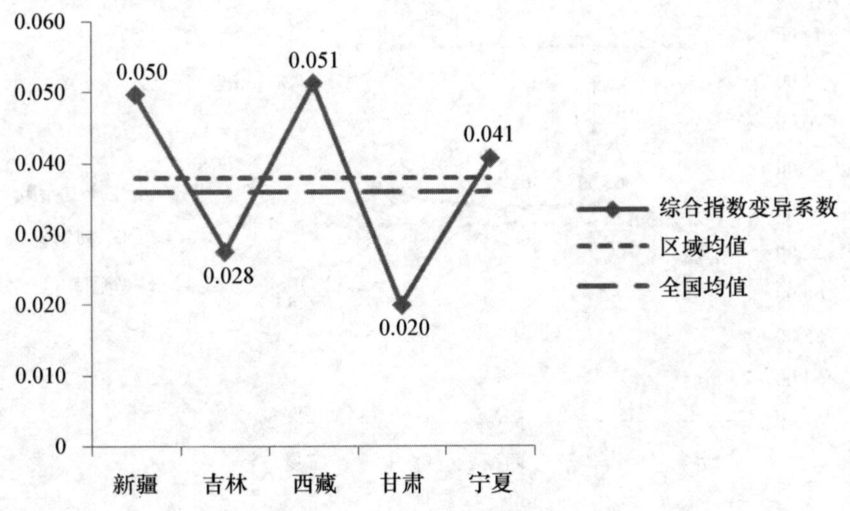

图4-47　2016年弱势区域文化产业综合指数变异系数

2. 弱势区域一级指标分析

总体来看，弱势区域文化产业发展在生产力、影响力和驱动力方面都与全国平均水平有一定差距。本节将从文化产业生产力、影响力和驱动力的指数，指数增速和指数变异系数来全面评价和分析弱势区域文化产业发展特征。

（1）文化产业生产力指数。

表 4－17 反映的是弱势区域文化产业生产力指数的相关数据。

表 4－17　　2016 年弱势区域生产力指数

地区	生产力指数数值	生产力指数增速	生产力指数变异系数
新疆	67.34	−0.33%	0.052
吉林	68.11	−0.03%	0.048
西藏	68.02	0.23%	0.036
甘肃	68.31	−0.09%	0.068
宁夏	66.44	0.06%	0.045
区域均值	67.64	−0.03%	0.050
全国均值	71.01	−0.28%	0.065

1）数值比较。

如表 4－17 和图 4－48 所示，在弱势区域当中，甘肃的文化产业生产力指数最高，为 68.31；宁夏的文化产业生产力指数最低，为 66.44，均低于全国均值。从整体来看，弱势区域文化产业生产力指数均值为 67.64，低于全国均值（71.84），说明弱势区域的文化产业生产力水平比较低，文化产业投入的要素资源相对匮乏，这是弱势区域发展文化产业的一大劣势。

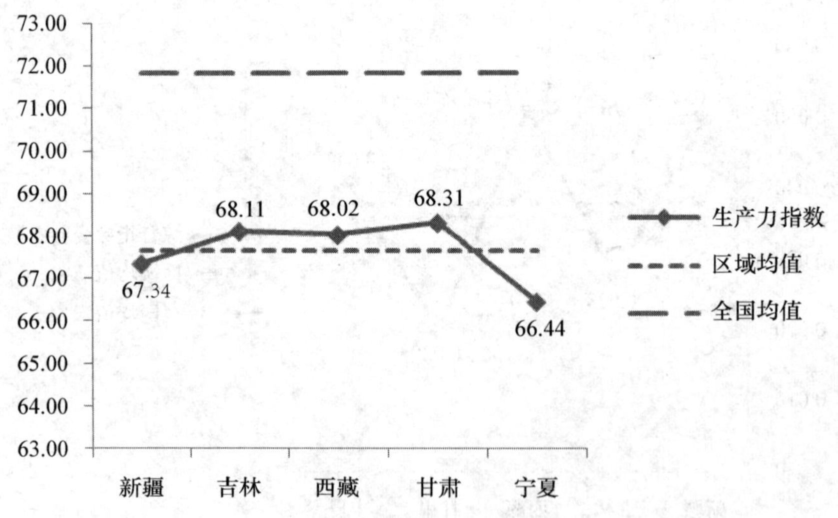

图 4－48　2016 年弱势区域文化产业生产力指数

2）增速比较。

如表 4－17 和图 4－49 所示，2016 年弱势区域文化产业生产力指数增速呈现不均衡状态。其中，西藏和宁夏的文化产业生产力指数增速为正值，分别为 0.23%和 0.06%；其他 3 个地区均为负增长，其中新疆的文化产业生产力增速最低，为－0.33%。从整体来看，弱势区域文化产业生产力指数增速均值为－0.03%，高于全国均值（－0.28%）。这说明弱势区域文化产业生产力提升情况仍优于全国平均水平。

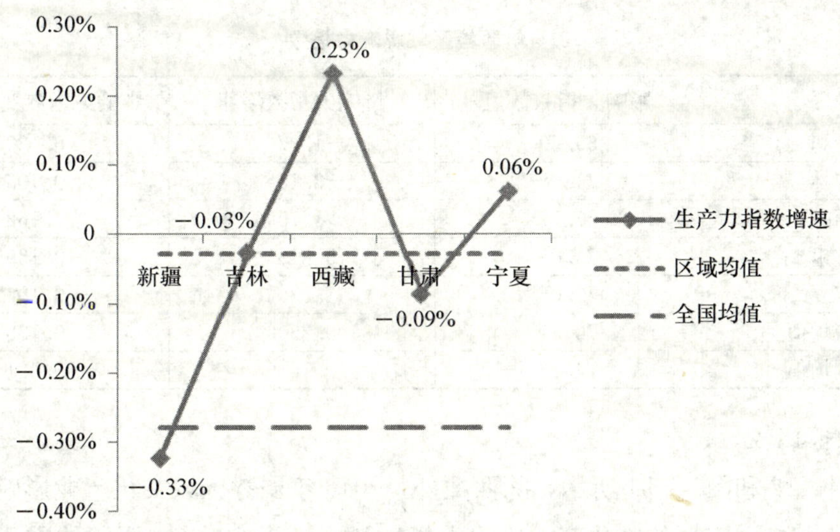

图 4－49　2016 年弱势区域文化产业生产力指数增速

3）变异系数比较。

如表 4－17 和图 4－50 所示，2016 年弱势区域各地区文化产业生产力指数变异

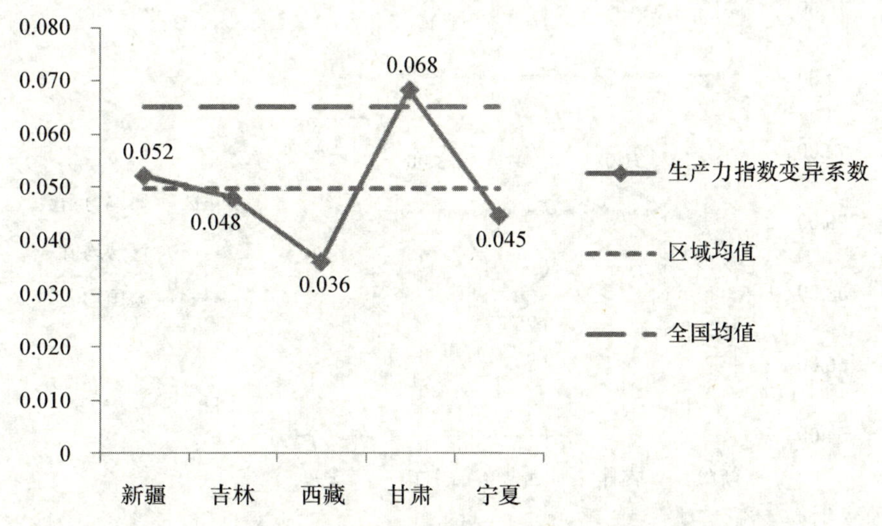

图 4－50　2016 年弱势区域文化产业生产力指数变异系数

系数相差不大。其中，甘肃的生产力指数变异系数最高，为 0.068；西藏的生产力指数变异系数最低，仅为 0.036。从整体情况来说，2016 年弱势区域文化产业生产力指数的变异系数均值为 0.050，低于全国均值（0.065），说明弱势区域生产力发展均衡程度高于全国平均水平。

（2）文化产业影响力指数。

表 4－18 反映的是弱势区域文化产业影响力指数的相关数据。

表 4－18　　2016 年弱势区域影响力指数

地区	影响力指数数值	影响力指数增速	影响力指数变异系数
新疆	69.59	－1.27％	0.129
吉林	71.08	－3.16％	0.103
西藏	67.77	－1.75％	0.162
甘肃	71.08	5.87％	0.139
宁夏	72.05	1.55％	0.154
区域均值	70.31	0.25％	0.138
全国均值	74.12	0.16％	0.081

1）数值比较。

如表 4－18 和图 4－51 所示，除西藏外，2016 年弱势区域文化产业影响力指数相差不大。其中，宁夏的文化产业影响力指数最大，为 72.05；西藏的文化产业影响力指数最小，为 67.77。从整体来看，2016 年弱势区域文化产业影响力指数平均值为 70.31，明显低于全国均值（74.12），说明弱势区域文化产业产出效益有待提升。

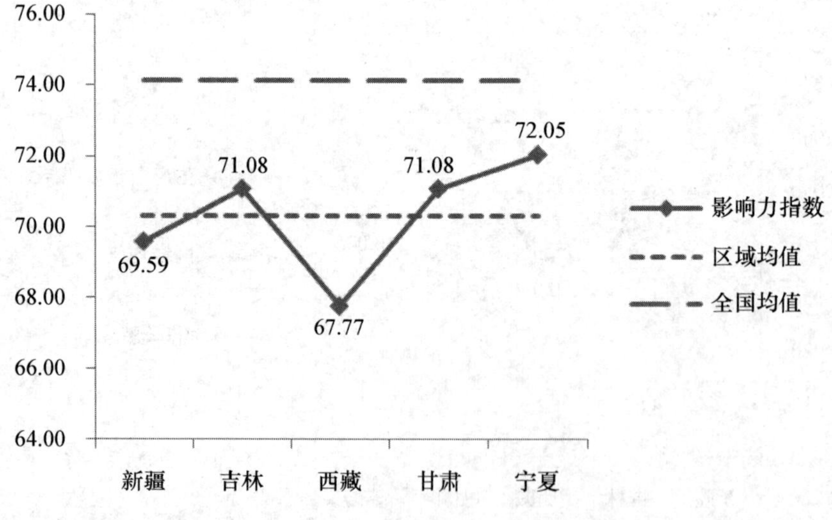

图 4－51　2016 年弱势区域文化产业影响力指数

2）增速比较。

如表 4－18 和图 4－52 所示，2016 年弱势区域文化产业影响力指数增速存在较大的差异。其中，甘肃的影响力指数增速最高，为 5.87％；吉林的影响力指数增速最低，为－3.16％。此外，新疆和西藏的影响力指数增速也为负值。从整体来看，弱势区域影响力指数增速均值为 0.25％，略高于全国均值（0.16％），可见弱势区域影响力有所提升。

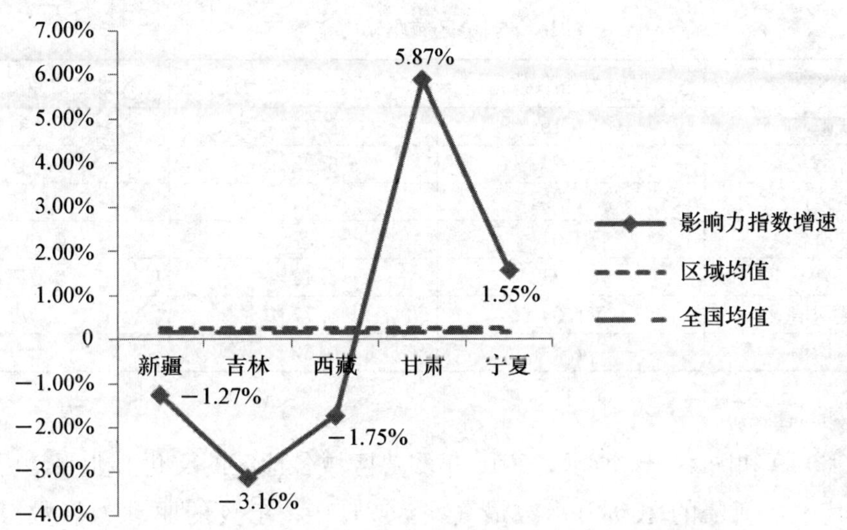

图 4－52　2016 年弱势区域文化产业影响力指数增速

3）变异系数比较。

如表 4－18 和图 4－53 所示，2016 年弱势区域内各地区文化产业影响力指数变

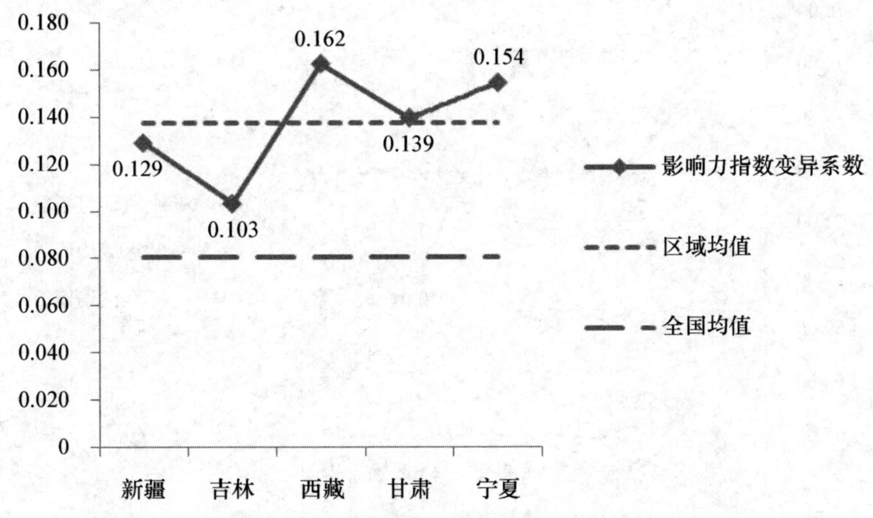

图 4－53　2016 年弱势区域文化产业影响力指数变异系数

异系数差异较为明显。其中，西藏的影响力指数变异系数最高，为0.162；吉林的影响力指数变异系数最低，为0.103。从整体来看，弱势区域影响力指数变异系数均值为0.138，明显高于全国均值（0.081），说明弱势区域在文化产业影响力方面的发展尚不均衡。

（3）文化产业驱动力指数。

表4－19反映的是弱势区域文化产业驱动力指数的相关数据。

表4－19　2016年弱势区域驱动力指数

地区	驱动力指数数值	驱动力指数增速	驱动力指数变异系数
新疆	74.19	8.19％	0.081
吉林	71.73	－6.98％	0.048
西藏	74.09	3.44％	0.049
甘肃	70.01	－1.37％	0.088
宁夏	69.71	－7.12％	0.087
区域均值	71.94	－0.77％	0.071
全国均值	74.23	－0.62％	0.071

1）数值比较。

如表4－19和图4－54所示，2016年弱势区域各地区的文化产业驱动力指数相差不大。其中，新疆的驱动力指数最高，为74.19；宁夏的驱动力指数最低，为69.71，均低于全国平均水平。从整体来看，弱势区域的驱动力指数均值为71.94，低于全国均值（74.23）。这说明弱势区域在文化产业驱动力方面与全国的平均水平有一定差距。

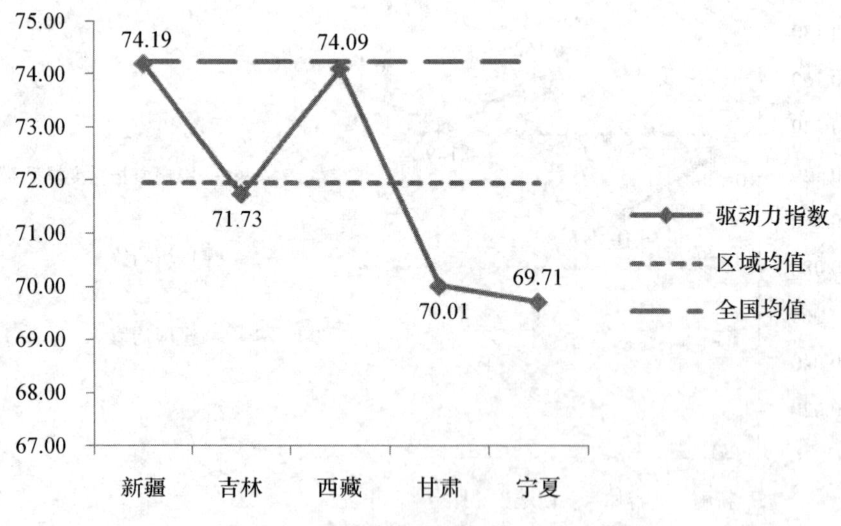

图4－54　2016年弱势区域文化产业驱动力指数

2）增速比较。

如表 4－19 和图 4－55 所示，2016 年弱势区域文化产业驱动力指数增速相差较大。其中，新疆的驱动力指数增速最高，为 8.19%；西藏驱动力指数增长同样相对较快，为 3.44%；其他 3 个地区均为负增长，宁夏的驱动力指数增速最低，为－7.12%，降幅非常明显，吉林省的降幅也达到了 6.98%，值得引起重视。从整体来看，弱势区域文化产业驱动力指数增速均值为－0.77%，低于全国均值（－0.62%），可见，弱势区域文化产业在驱动力的发展方面尚不稳定，与全国平均水平存在一定差距。

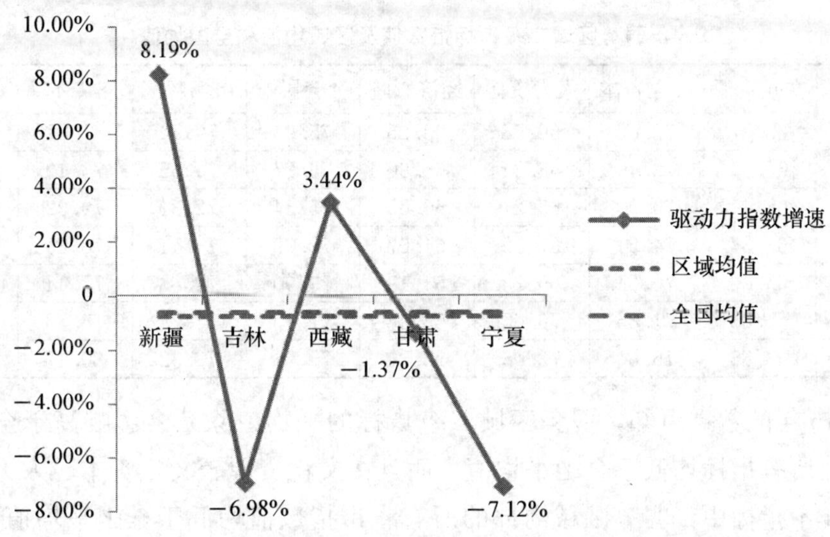

图 4－55　2016 年弱势区域文化产业驱动力指数增速

3）变异系数比较。

如表 4－19 和图 4－56 所示，2016 年弱势区域文化产业驱动力指数变异系数差

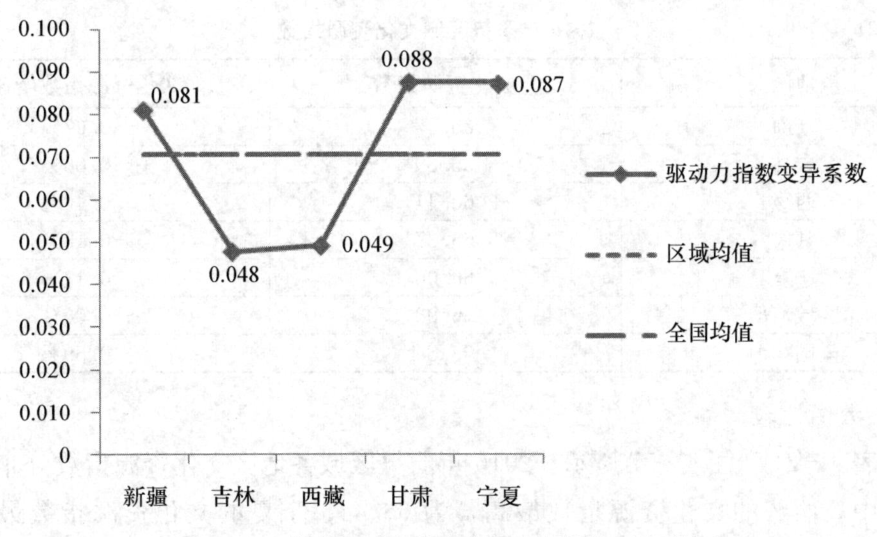

图 4－56　弱势区域文化产业驱动力指数变异系数

异同样较为明显。其中，甘肃、宁夏和新疆的驱动力指数变异系数较高，分别为0.088、0.087和0.081；吉林的驱动力指数变异系数最低，为0.048。从整体来看，弱势区域的驱动力指数变异系数均值为0.071，与全国均值（0.071）持平，说明弱势区域的文化产业驱动力均衡度与全国平均水平基本保持一致。

3. 弱势区域二级指标分析

本书中文化产业发展指数体系包括8个二级指标，表4－20反映的是弱势区域二级指标指数值及区域均值和全国均值的相关数据。

表4－20　　　　2016年弱势区域二级指标指数值及区域均值和全国均值

地区	文化资源	文化资本	人力资源	经济影响	社会影响	市场环境	公共环境	创新环境
新疆	65.37	72.02	66.58	63.25	75.93	79.16	81.87	69.97
吉林	65.89	72.40	68.24	65.90	76.27	75.55	75.19	69.31
西藏	68.44	70.00	65.21	60.00	75.54	72.30	79.02	73.05
甘肃	65.37	74.54	67.95	64.07	78.09	74.41	78.25	65.79
宁夏	65.06	70.34	65.28	64.10	79.90	74.83	77.44	65.42
区域均值	66.03	71.86	66.65	63.48	77.15	75.25	78.35	68.71
全国均值	68.85	76.60	73.05	72.34	75.91	78.32	80.47	70.79

由2016年的数据可知，弱势区域二级指标的平均值除社会影响高于全国平均值外，其他所有指标均低于全国平均值；而且在文化资源、文化资本、人力资源和经济影响4个指标中，弱势区域内部的所有省市指数值均低于全国平均值。因此，下文将对这8个二级指标依次进行分析。

（1）文化资源。

表4－21显示的是弱势区域文化产业文化资源指数的相关数据。

表4－21　　　　2016年弱势区域文化资源指数

地区	文化资源指数	文化资源指数增速
新疆	65.37	－0.67%
吉林	65.89	－0.06%
西藏	68.44	0.46%
甘肃	65.37	－0.18%
宁夏	65.06	0.13%
区域均值	66.03	－0.06%
全国均值	68.85	－0.59%

1）数值比较。

如表4－21和图4－57所示，2016年弱势区域各地区文化资源指数分布较为集中。其中，西藏的文化资源指数最高，为68.44；宁夏的文化资源指数最低，为

65.06，二者相差不大。从整体来看，弱势区域各地区文化资源指数均值为 66.03，低于全国均值（68.85），这说明弱势区域文化资源水平落后于全国平均水平，弱势区域的文化资源匮乏是其发展文化产业的短板因素，是亟待解决的问题。

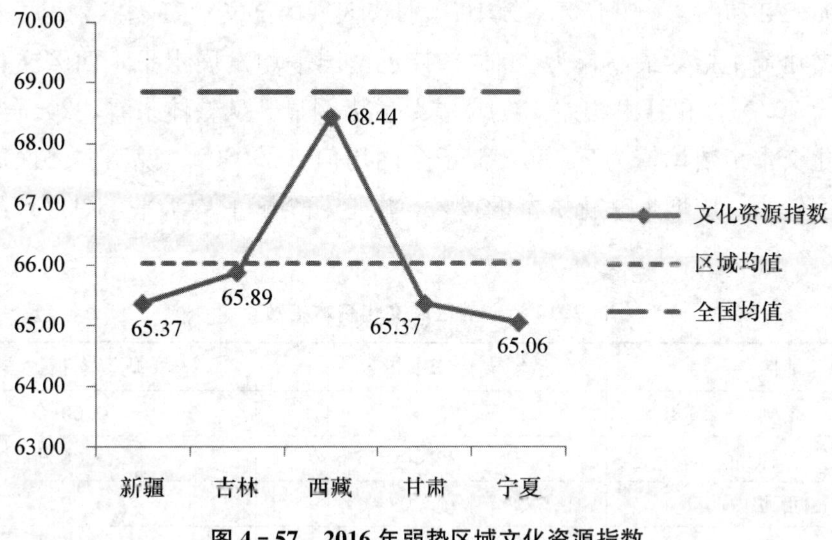

图 4-57　2016 年弱势区域文化资源指数

2）增速比较。

如表 4-21 和图 4-58 所示，除西藏和宁夏 2016 年文化资源指数增速为正值外，其他 3 个地区的增速均为负值。其中，西藏文化资源指数增速最高，为 0.46%；新疆最低，为－0.67%。从整体来看，2016 年弱势区域的文化资源指数增速均值为－0.06%，但高于全国平均增速（－0.59%），说明弱势区域在文化资源方面的发展有退步迹象，但降幅低于全国平均水平。

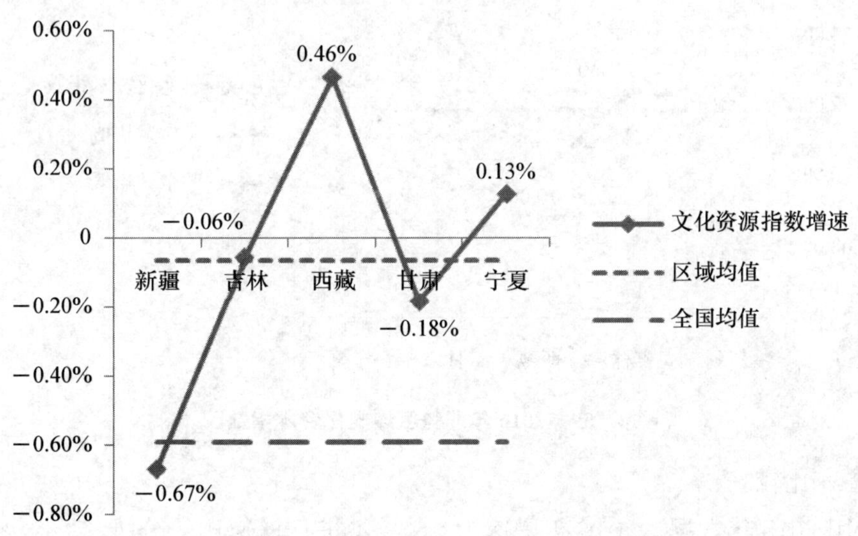

图 4-58　2016 年弱势区域文化资源指数增速

（2）文化资本。

表4－22显示的是弱势区域文化产业文化资本指数的相关数据。

1）数值比较。

如表4－22和图4－59所示，2016年弱势区域内部文化资本指数相差较大。其中，甘肃文化资本指数最高，为74.54，接近全国平均发展水平；西藏文化资本指数最低，为70.00，和甘肃相差4.54，差距较为明显。从整体来看，2016年弱势区域内部文化资本指数均值为71.86，低于全国均值（76.60），说明弱势区域文化资本投入力度较小，应增加文化资本的投入，以追赶全国平均水平，更好地发展文化产业。

表4－22　　2016年弱势区域文化资本指数

地区	文化资本指数	文化资本指数增速
新疆	72.02	0.00%
吉林	72.40	0.00%
西藏	70.00	0.00%
甘肃	74.54	0.00%
宁夏	70.34	0.00%
区域均值	71.86	0.00%
全国均值	76.60	0.00%

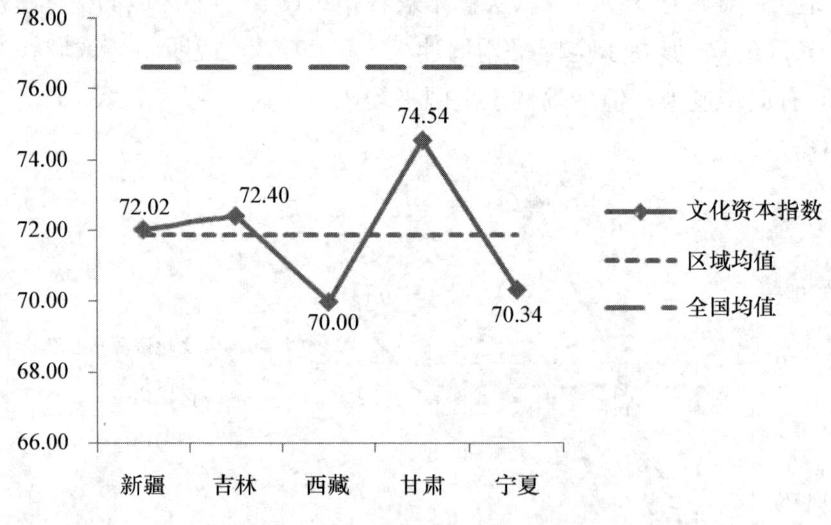

图4－59　2016年弱势区域文化资本指数

2）增速比较。

因沿用2015年数据，2016年增速为0，故不进行增速比较分析。

（3）人力资源。

表4-23显示的是弱势区域文化产业人力资源指数的相关数据。

表4-23　2016年弱势区域人力资源指数

地区	人力资源指数	人力资源指数增速
新疆	66.58	0.00%
吉林	68.24	0.00%
西藏	65.21	0.00%
甘肃	67.95	0.00%
宁夏	65.28	0.00%
区域均值	66.65	0.00%
全国均值	73.05	0.00%

1）数值比较。

如表4-23和图4-60所示，2016年弱势区域的人力资源指数值相对较为集中，均比较低。其中，吉林的人力资源指数最高，为68.24；西藏的人力资源指数最低，为65.21，均大幅低于全国均值。从整体来看，2016年弱势区域的人力资源指数均值为66.65，明显低于全国均值（73.05）。这表明，弱势区域的文化产业人力资源水平落后于全国平均水平，该区域内各地区政府应积极采取措施吸引文化产业优秀人才，为发展文化产业打好基础。

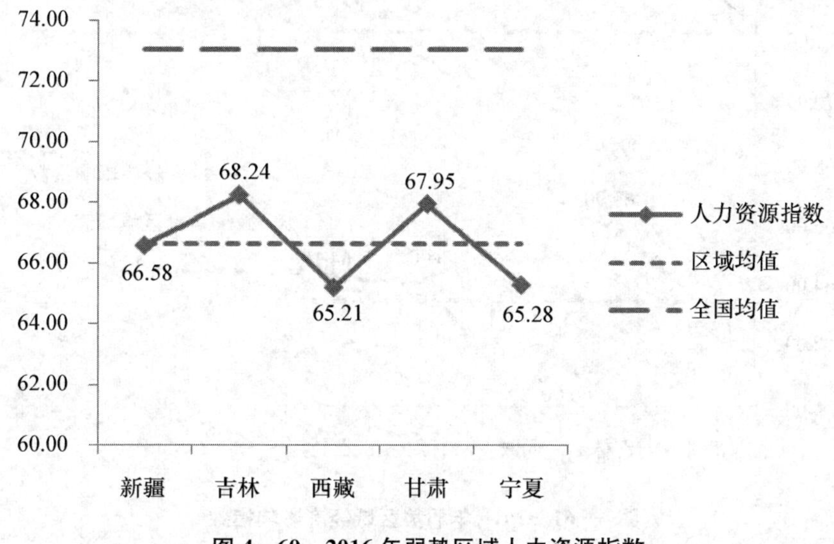

图4-60　2016年弱势区域人力资源指数

2）增速比较。

因沿用2015年数据，2016年增速为0，故不进行增速比较分析。

（4）经济影响。

表4-24显示的是弱势区域文化产业经济影响指数的相关数据。

表 4－24　　2016 年弱势区域经济影响指数

地区	经济影响指数	经济影响指数增速
新疆	63.25	－2.28%
吉林	65.90	－4.11%
西藏	60.00	0.00%
甘肃	64.07	0.30%
宁夏	64.19	0.66%
区域均值	63.48	－1.09%
全国均值	72.34	0.55%

1）数值比较。

如表 4－24 和图 4－61 所示，2016 年弱势区域文化产业经济影响指数均较低。其中，吉林的经济影响指数最高，为 65.90；西藏的经济影响指数最低，只有 60.00。从整体来看，2016 年弱势区域文化产业经济影响指数均值为 63.48，显著低于全国均值（72.34）。可见，弱势区域在文化产业经济影响方面与全国平均水平有很大差距，而且这种差距在最近四年持续扩大，经济影响成为弱势区域文化产业发展非常明显的短板，当地政府应努力提高文化产业的经济效益。

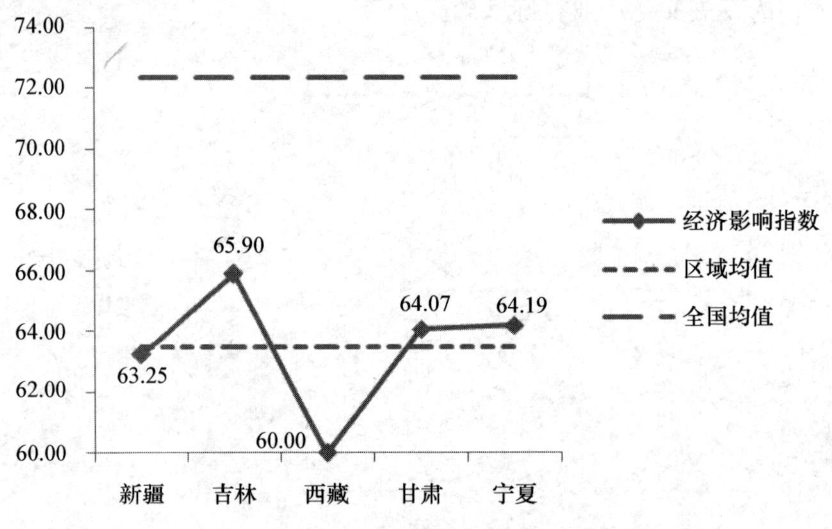

图 4－61　2016 年弱势区域经济影响指数

2）增速比较。

如表 4－24 和图 4－62 所示，2016 年弱势区域内部各地区经济影响指数增速差异较大。其中，宁夏的经济影响指数增速最高，为 0.66%；吉林的经济影响指数增速最低，为－4.11%，降幅较为明显。此外，新疆的经济影响指数也呈现负增长。

从整体来看，2016 年弱势区域经济影响指数的增速均值为－1.09%，低于全国均值（0.55%）。可见，弱势区域在经济影响方面的发展速度缓慢。

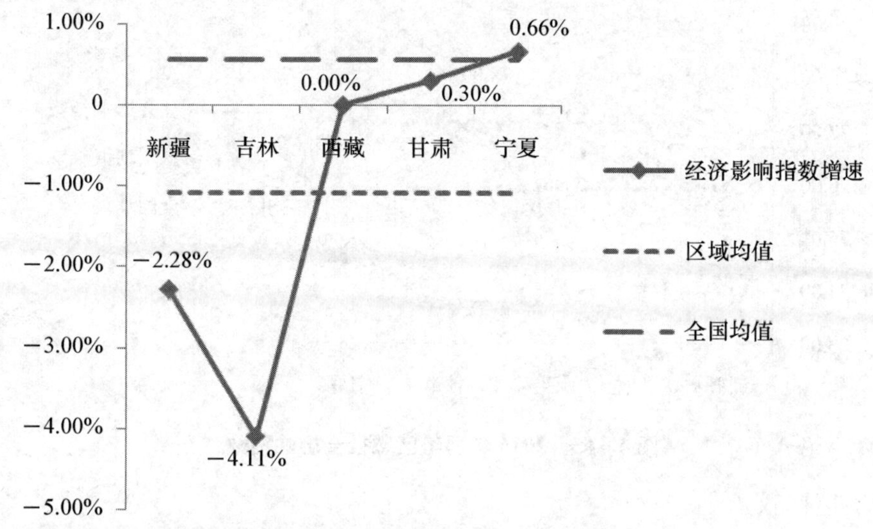

图 4－62　2016 年弱势区域经济影响指数增速

（5）社会影响。

表 4－25 显示的是弱势区域文化产业社会影响指数的相关数据。

表 4－25　　2016 年弱势区域社会影响指数

地区	社会影响指数	社会影响指数增速
新疆	75.93	－0.41%
吉林	76.27	－2.33%
西藏	75.54	－3.09%
甘肃	78.09	10.91%
宁夏	79.90	2.27%
区域均值	77.15	1.47%
全国均值	75.91	－0.24%

1）数值比较。

如表 4－25 和图 4－63 所示，2016 年弱势区域社会影响指数较为集中。其中，宁夏的社会影响指数最高，为 79.90；西藏的社会影响指数最低，为 75.54。从整体来看，2016 年弱势区域社会影响指数均值为 77.15，高于全国均值（75.91）。这说明，弱势区域在社会影响方面已经领先于全国平均水平，该区域各地区政府应在鼓励群众参与文化活动、营造文化氛围、塑造文化形象、提高文化包容度等方面有所进步。

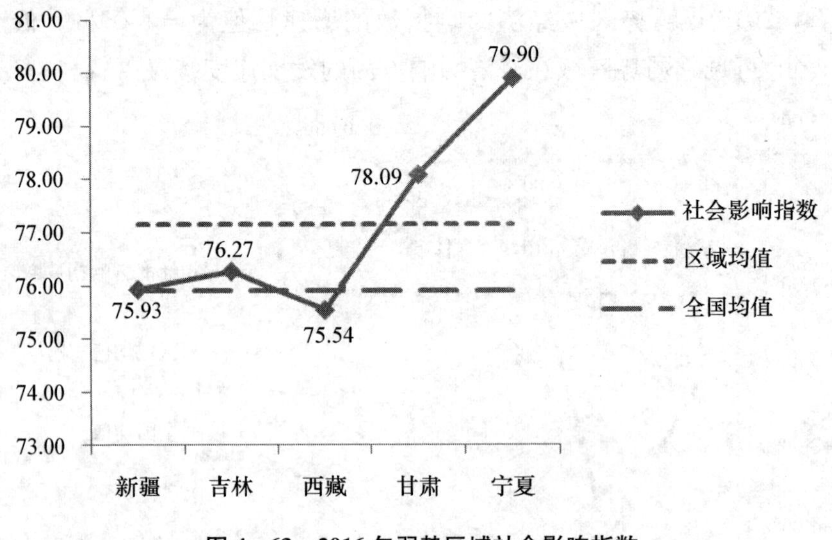

图 4-63　2016 年弱势区域社会影响指数

2）增速比较。

如表 4-23 和图 4-64 所示，2016 年弱势区域社会影响指数增速差异较大。其中，甘肃的社会影响指数增速最高，为 10.91%；西藏的社会影响指数增速最低，为－3.09%。此外，吉林的社会影响指数增速也为负值，为－2.33%。从整体来看，2016 年弱势区域社会影响指数增速均值为 1.47%，高于全国均值(－0.24%)。可见弱势区域在社会影响方面的发展速度高于全国的平均水平，整体发展表现良好。

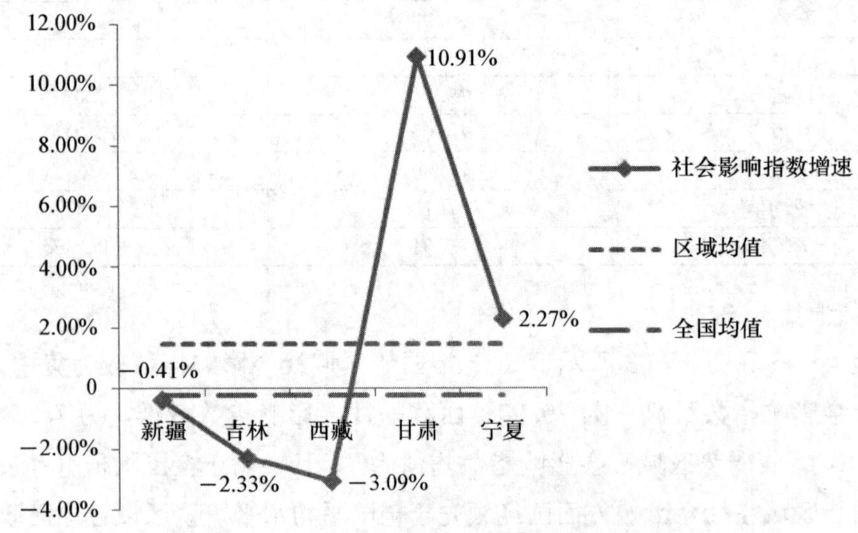

图 4-64　2016 年弱势区域社会影响指数增速

(6) 市场环境。

表4-26显示的是弱势区域文化产业市场环境指数的相关数据。

表4-26　　2016年弱势区域市场环境指数

地区	市场环境指数	市场环境指数增速
新疆	79.16	18.28%
吉林	75.55	−5.00%
西藏	72.30	1.36%
甘肃	74.41	2.53%
宁夏	74.83	−0.84%
区域均值	75.25	3.27%
全国均值	78.32	2.70%

1) 数值比较。

如表4-26和图4-65所示，2016年弱势区域各地区市场环境指数差距较大。其中，新疆的市场环境指数最高，为79.16；西藏的市场环境指数最低，为72.30。从整体来看，2016年弱势区域各地区市场环境指数均值为75.25，低于全国均值(78.32)。这说明弱势区域市场环境相对较差，与全国平均水平有一定差距，但与2015年相比，差距有所减小，说明弱势地区整体市场环境有所改善。

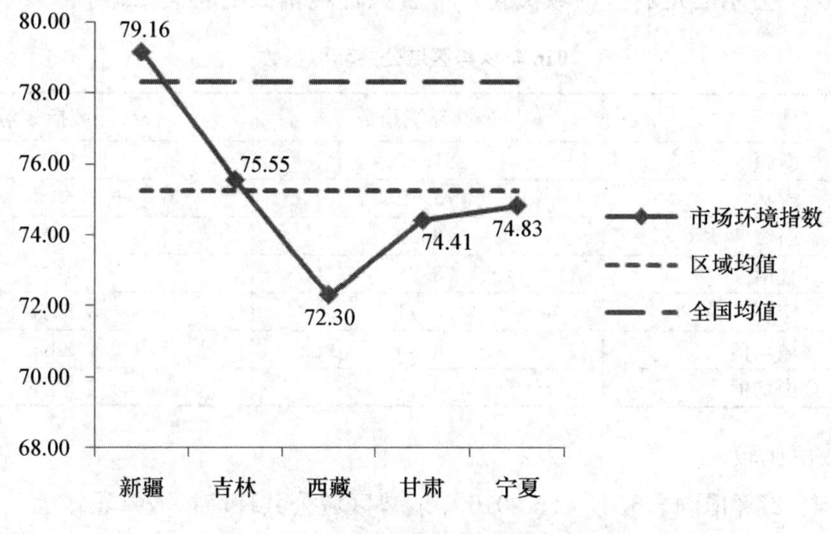

图4-65　2016年弱势区域市场环境指数

2) 增速比较。

如表4-26和图4-66所示，2016年弱势区域市场环境指数增速差异较大。其中，新疆的市场环境指数最高，为18.28%，上升幅度较大；吉林和宁夏的市场环境指数增速为负值，其中吉林的增速最低，为−5.00%。从整体来看，2016年弱势区域市场环境指数增速均值为3.27%，高于全国均值（2.70%）。可见，弱势区域各地区的市场环境改善明显。

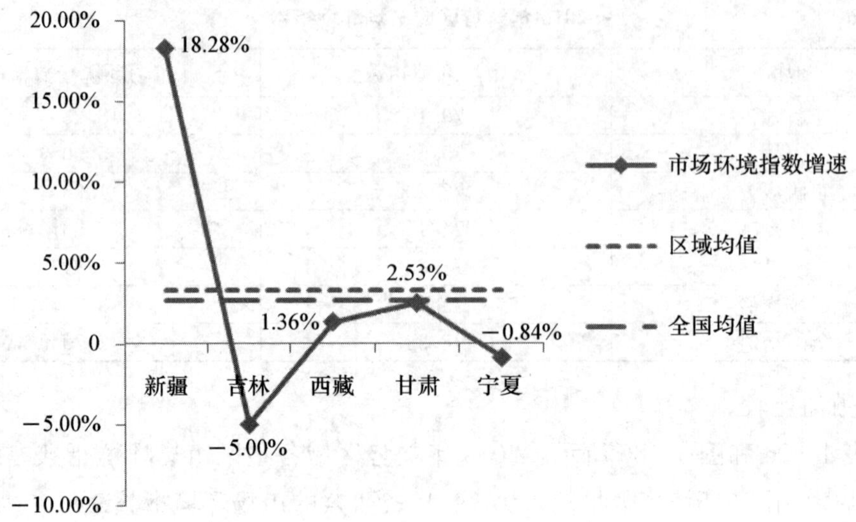

图4-66 2016年弱势区域市场环境指数增速

（7）公共环境。

表4-27显示的是弱势区域文化产业公共环境指数的相关数据。

表4-27 2016年弱势区域公共环境指数

地区	公共环境指数	公共环境指数增速
新疆	81.87	12.99%
吉林	75.19	−7.56%
西藏	79.02	1.57%
甘肃	78.25	3.18%
宁夏	77.44	−3.80%
区域均值	78.35	1.28%
全国均值	80.47	3.36%

1）数值比较。

如表4-27和图4-67所示，2016年弱势区域公共环境指数差异较大。其中，新疆的公共环境指数最高，为81.87；吉林的公共环境指数最低，为75.19。从整体来看，2016年弱势区域公共环境指数均值为78.35，低于全国均值（80.47），且弱势区域仅有新疆的公共环境指数高于全国均值。可见，弱势区域在文化产业的公共环境方面与全国的平均水平有一定差距，公共环境是制约弱势区域文化产业发展的重要因素之一。该区域各地区政府应加大文化产业专项资金支持力度，增强政策支持的针对性，提高文化产业公共服务满意度，为文化产业发展营造良好的公共环境。

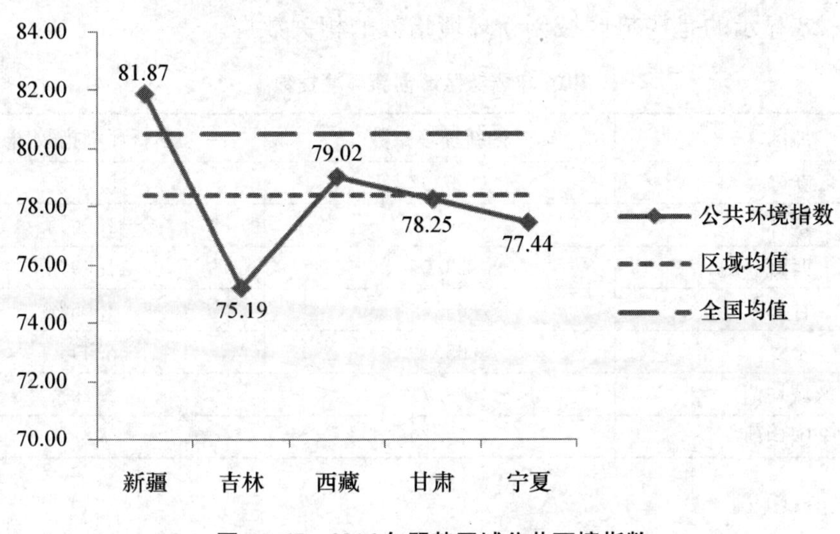

图4-67 2016年弱势区域公共环境指数

2）增速比较。

如表4-27和图4-68所示，2016年弱势区域内部各地区的公共环境指数增速差异明显。其中，新疆的公共环境指数增速最高，高达12.99%，增幅明显；吉林的公共环境指数增速最低，仅为-7.56%，降幅非常明显。从整体来看，2016年弱势区域公共环境指数增速均值为1.28%，低于全国均值（3.36%）。可见，弱势区域公共环境得到优化，但发展速度不如全国平均水平。弱势地区政府应促进文化产业公共环境不断优化，以具有竞争力的扶持政策和高效的公共服务助推文化产业快速发展。

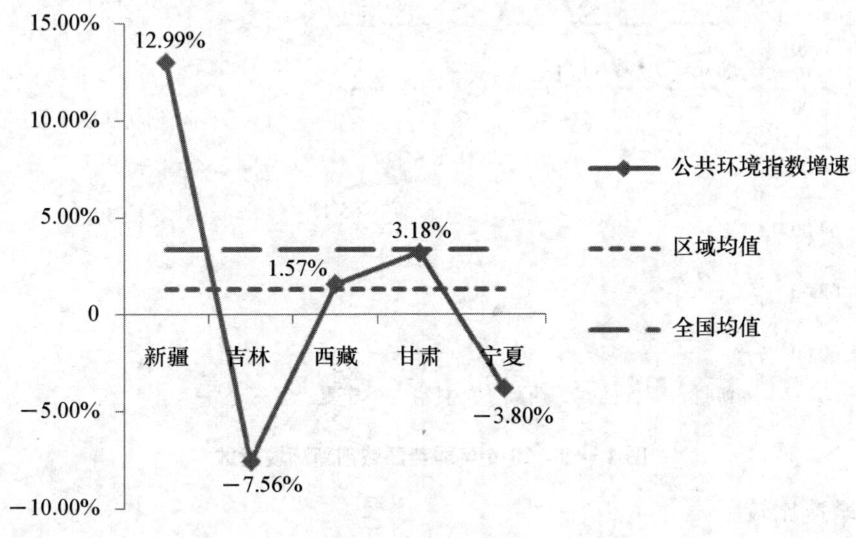

图4-68 2016年弱势区域公共环境指数增速

（8）创新环境。

表 4－28 显示的是弱势区域创新环境指数的相关数据。

表 4－28　2016 年弱势区域创新环境指数

地区	创新环境指数	创新环境指数增速
新疆	69.97	5.50％
吉林	69.31	－1.66％
西藏	73.05	11.09％
甘肃	65.79	1.96％
宁夏	65.42	－5.44％
区域均值	68.71	2.29％
全国均值	70.79	1.63％

1）数值比较。

如表 4－28 和图 4－69 所示，2016 年弱势区域内部各地区的创新环境指数差异较大。其中，西藏的创新环境指数最高，为 73.05；宁夏的创新环境指数最低，为 65.42。从整体来看，2016 年弱势区域创新环境指数均值为 68.71，低于全国均值（70.79）。可见，弱势区域文化产业发展的创新环境与全国平均水平有一定差距，是该地区文化产业落后的重要制约因素之一，该地区的政府应积极采取措施增加文化领域的科研经费和科研人才投入，优化文化产业发展的创新环境。

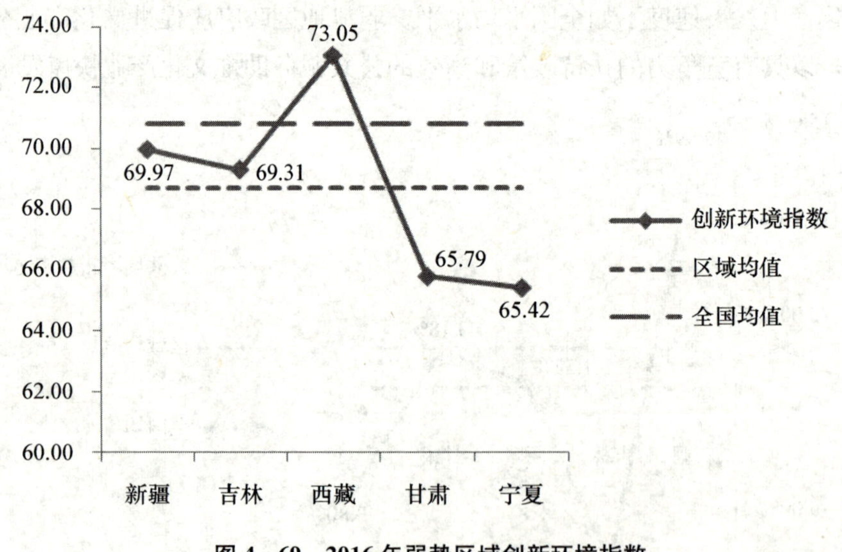

图 4－69　2016 年弱势区域创新环境指数

2）增速比较。

如表 4－28 和图 4－70 所示，2016 年弱势区域内部各地区的创新环境指数增速差异较大。其中，西藏的创新环境指数增速最高，为11.09%；宁夏的创新环境指数增速最低，为－5.44%。从整体来看，2016年弱势区域创新环境指数均值为2.29%，略高于全国均值（1.63%）。可见，弱势区域创新环境得到了一定程度的优化，甚至优化程度大于全国平均水平，是弱势区域进步最为明显的因素。

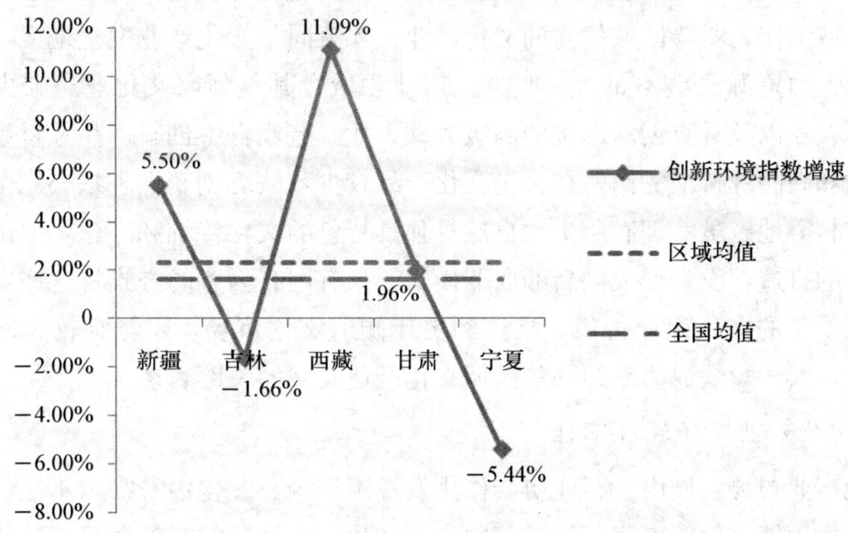

图4－70　2016年弱势区域创新环境指数增速

（二）中国文化产业发展弱势区域决定要素

弱势区域文化产业发展落后于全国平均水平，主要影响因素既有先天条件的不足，又有后天环境的不完善，主要体现在文化产业基础设施薄弱、文化产业人力资源匮乏和市场环境不佳。

1. 文化产业基础设施薄弱

我国文化产业发展的弱势区域经济发展水平较落后，这些地区受制于其整体经济发展状况，文化产业起步较晚，文化基础设施建设相对滞后，运营效率较低，公共文化服务缺乏，文化产业经济效益和全国平均水平相比存在明显差距。近几年，在各级政府的高度重视和引导下，虽然各地加强了文化产业基础设施的建设，但是由于缺乏建设发展资金，建设进程缓慢。例如，西藏、新疆、宁夏在文化场馆、演出次数等文化产业基础要素上都在全国范围内排名垫底。这就决定了当地的文化氛围不浓厚，进一步造成了居民文化生活的单调，居民对文化消费的需求较低，难以形成文化消费的习惯，对于文化市场的发展起到了制约作用。因此，弱势区域文化产业在市场环境和经济影响方面的表现都缺乏活力，与全国平均水平差距较大。

2. 文化产业人力资源匮乏

由于弱势区域文化产业发展水平落后，文化产业从业人员的工资待遇和职业发展前景等与文化产业发达地区差距很大，文化产业人才引进机制和政策环境不健全，导致该区域对文化产业人才的吸引力较弱。文化产业发达地区的从业人员不愿到弱势区域工作，弱势区域优秀的文化产业人才流向了文化产业发达地区，使得弱势区域内人力资源严重不足。一些文化产业领域尤其是新兴文化业态缺少专业人才、领军人才以及具有创新思维的高级管理人才，造成自主创新产品数量不多，具有高品质和高品牌特征的高科技含量文化产品较少，缺乏创新性和核心竞争力。如甘肃、吉林等地区虽然拥有历史、自然等独具特色的文化传统和底蕴，但由于缺乏高端人才的打造，没有形成创新的商业模式，只有用有创意的方式将这些宝贵的文化资源赋予新的文化商业价值，推广到更广阔的文化市场，才能有较大的发展前景。可见，人才短缺成为制约弱势区域文化产业发展的关键因素。

3. 文化产业市场环境不佳

文化产业弱势区域由于行业协会作用发挥不充分、文化消费需求不足、知识产权保护力度不够、融资渠道不畅通等因素，文化产业发展的市场环境亟待优化。弱势区域文化产业行业协会发展较慢，没有发挥联合当地文化企业开展信息交流、市场拓展、品牌打造、人才培养、知识产权保护等活动的作用。由于弱势区域人均可支配收入普遍较低，文化消费能力和需求均不足，导致本地的文化消费市场空间较小。弱势区域文化产业管理和从业人员的知识产权保护和开发意识相对薄弱，不懂得很好地保护自身的知识产权，对知识产权的开发、包装、交易甚至用于抵押融资更是无从谈起。此外，和全国大部分地区一样，文化企业融资难的问题在弱势区域更为普遍和严峻，导致很多重大的文化产业项目难以建设以及保证后续的正常运营。

（三）中国文化产业发展弱势区域典型省份分析

1. 新疆维吾尔自治区

（1）文化产业发展现状与优势。

截至 2015 年底，新疆已建设区级、地级文化产业示范园区近 20 个；国家级文化产业示范基地 6 家，区级文化产业示范基地 76 家；拥有小微文化企业近 2 万家①，建

① 新疆文化产业借“一带一路”再现古丝路辉煌.（2015-12-26）. http://www.chinanews.com/cul/2015/12-26/7688898.shtml.

成了涵盖以旅游、演艺、动漫、网络、艺术品等为代表的现代文化的产业体系。目前乌市文化产业增加值占 GDP 的比重已达到 5.6%①。第十二届中国（深圳）国际文化产业博览交易会展会五天期间，新疆代表团招商引资 3.62 亿元，收获满满。

在社会影响、市场环境和公共环境方面，新疆发展态势良好，已经超过全国平均水平（见图 4－71）。

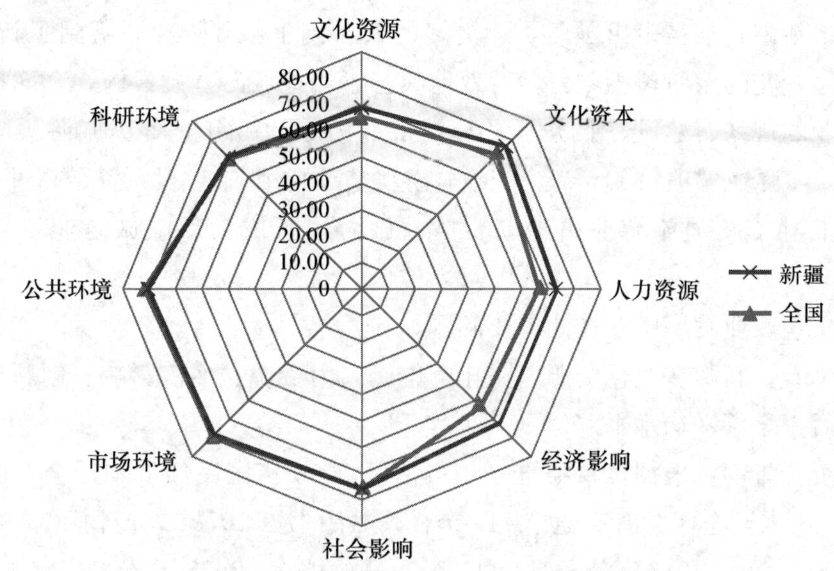

图 4－71　2016 年新疆维吾尔自治区文化产业二级指标雷达图

社会影响方面，新疆有“歌舞之乡”的美誉，已将歌舞打造成产业链。中国新疆国际民族舞蹈节、中国—亚欧博览会“中外文化展示周”、中国新疆国际艺术双年展等一系列精品文化活动的举办，将新疆“民族和睦、艺术繁荣、文化开放”的信息传递到了世界各地，国内外艺术家、观众通过这些活动，近距离地感受到新疆的文化魅力和特色。歌舞剧《情暖天山》、大型音舞诗画《木卡姆印象》参加第五届全国少数民族文艺会演，并取得优异成绩。自治区直属院团新创《农民的女儿》《艾德莱斯传说》《阿凡提变变变》等 23 部作品。“新疆第二届话剧演出季”和“四个一批”等文化惠民活动成功举办。这些作品和活动极大地丰富了自治区各族群众的精神文化生活，振奋了精神，凝聚了人心，传播了正能量，也将新疆的美好形象传播到了远方。

市场环境方面，新疆的文化行业协会和知识产权保护满意度实现了大幅度的提升。2016 年新疆文化行业协会作用指数和知识产权保护满意度指数分别是 81.14 和

① 乌市文化产业增加值占 GDP 的比重已达到 5.6%. http://www.xjqnpx.com.cn/news/54787.html.

80.95，由2015年的倒数第1名分别跃至全国第8名和第4名，可见新疆的市场环境优化效果显著。

公共环境方面，2016年8月，《自治区文化产业发展专项规划（2016—2020）》出台，推动新疆由文化资源大区向文化发展大区转变。同时建立起辐射城乡的公共文化服务体系，形成了区地县乡村五级公共文化网。越来越多的新疆文化企业和文创产品走出新疆，甚至走出国门，让更多的人看到了新疆形象，听到了新疆声音。同时，遍地开花的旅游援疆项目，有效地改善了当地旅游基础设施，全面提升了新疆旅游产业的规划、建设、服务水平和接待能力。2016年，各类旅游援疆项目达到124个，实际在建项目116个，实施旅游扶贫项目10个，投入资金超过10.98亿元，全面推进了新疆旅游业再上新台阶，旅游援疆成为新疆旅游业发展的重要推力。

（2）文化产业发展中存在的主要问题。

总体来看，新疆在文化资源、文化资本、人力资源、经济影响、创新环境等方面都远落后于全国平均水平。

文化资源方面，根据《新疆维吾尔自治区2016年国民经济和社会发展统计公报》，2016年末，全区共有文化馆119个，公共图书馆107个，博物馆90个，艺术表演团体110个；国家综合档案馆111个，开放档案62.75万卷；广播电台6座，电视台8座，广播电视台91座，中、短波广播发射台和转播台68座。广播综合人口覆盖率96.82%。电视综合人口覆盖率97.25%。有线电视用户198.39万户，其中，有线数字电视用户193.16万户。广播电视农村直播卫星用户340.67万户。此外，2016年新疆的博物馆文物藏品量指数只有62.87，排在全国倒数第6位。综合以上数据可知，新疆在文化场馆资源方面远落后于全国平均水平。

文化资本方面，新疆文化产业起步较晚，发展尚未成熟，对政府财政依赖性过强，没有建立起多元化的文化产业投融资体系，轻资产属性的文化企业普遍出现融资难问题，银行对中小文化企业尤其是小微文化企业普遍表现出拒贷心理。2016年，新疆文化资本指数为72.02，排在全国倒数第5位，和我国其他地区尤其东部地区存在较大差距。

人力资源方面，新疆高等教育机构和文化艺术科研机构较少，在培养和吸引文化产业经营领域管理人才和科技创新人才方面存在一定困难。现有的文化企业管理者相当一部分是从文艺团队提拔上来的，很少有人接受过高质量的文化产业经营管理方面的系统培训，导致人才的专业知识或运营管理能力不足，制约文化产业发展。

在以上因素的综合影响下，新疆文化产业发展缓慢，尤其是文化产业规模偏小，文化产业经济效益较差，2016 年新疆文化产业经济影响指数只有 63.25，在全国排名倒数第 2 位。

2. 吉林省

（1）文化产业发展现状与优势。

2016 年吉林省群众文化事业机构数为 979，与上年基本持平。组织文艺活动 14 977 次，较上年略有下降。专业电影放映单位 661 个，电影院 128 个，放映场次为 78.17 万场，观众人次达 2 101.6 万人次。艺术馆、文化馆、文化站数达到 1 396 个。

吉林在社会影响和创新环境方面，与全国平均水平的差距较小（见图 4－72）。在社会影响方面，由吉林省戏曲剧院吉剧团牵头组织的国家艺术基金扶持项目“绿色二人转中国行”全国巡演顺利举行。“2016 年吉林省直文艺院团优秀舞台剧（节）目惠民系列演出”于 5 月正式启动，吉林省直文艺院团通过公益惠民的形式，并结合纪念建党 95 周年和红军长征胜利 80 周年红色演出季、吉林省市民文化节等重要文化活动以及省直各文艺院团每周末剧场惠民演出和进社区演出，在吉林省东方大剧院、大众剧场、桃李梅大剧院、吉林省交响乐团音乐厅、长春大戏楼等地为观众们奉献数百场内容丰富、形式多样的舞台艺术精品。“2016 感知中国・俄罗斯行——吉林文化周”、第 18 届东北亚地区美术作品展、第三届吉林省农民文化节暨“东北三省一区”民间绘画剪纸联展、“2016 城市晚报新春音乐会”以及省交响乐团、京剧团、曲艺团和民乐团系列“文化惠农”演出等成功举办。

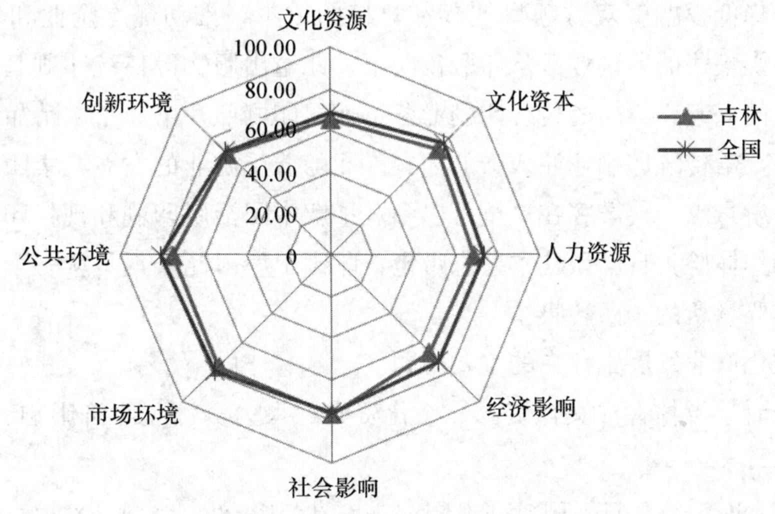

图 4－72　2016 年吉林省文化产业二级指标雷达图

创新环境方面，根据《吉林省 2016 年国民经济和社会发展统计公报》，截至 2016 年末，全省有中国科学院和中国工程院院士 24 人。已建成国家级重点实验室 11 个，省部（吉林省与科技部）共建重点实验室 3 个，省级重点实验室 57 个，省级科技创新中心（工程技术研究中心）116 个。全年全省国内专利申请量 18 922 件，授权量 9 995 件，分别比 2015 年增长 27.9%和 12.6%。其中，发明专利申请量7 537 件，增长 22.5%；发明专利授权量 2 428 件，增长 8.4%。2016 年度登记省级科技成果 717 项。全年有 4 项科研成果获得国家科技奖励；23 项获得省科技进步一等奖；84 项获得省科技进步二等奖；123 项获得省科技进步三等奖；4 项获得省科学技术发明一等奖；3 项获得省科学技术发明二等奖；11 项获得省科学技术发明三等奖；9 项获得省自然科学一等奖；14 项获得省自然科学二等奖；15 项获得省自然科学三等奖。全年共签订技术合同 5 671 份，实现合同成交额 115.00 亿元。可见，吉林省的创新效率较高，呈现快速增长态势。

吉林省大力支持文化产业与金融机构加强合作，综合利用多种金融业务和金融产品，创新推出信贷、债券、信托、基金、保险等多种工具相融合的一揽子金融产品，为文化企业的不同成长阶段提供具有针对性的融资产品。同时注重“文化+科技”融合发展，例如长春市出台《中共长春市委、长春市人民政府关于促进服务业加快发展的若干实施意见》，设立文化创意产业发展支持专项，对符合条件的新建文化创意与科技研发等融合发展的专业孵化器给予补助。吉林省 2016 文化产业创意项目路演活动在长春举行，此次文化产业创意项目路演旨在为吉林省小微文化企业与投资机构搭建对接、交流、合作平台，培养小微文化企业借助资本市场融资发展的意识，降低投融资双方项目搜寻和对接的成本，推动优秀企业和项目融资①。长春吉广传媒集团的印刷业务从印刷说明书、儿童出版物等传统印刷起步，伴随着互联网行业的兴起，集团的传统印刷业务迅速向印刷照片书、个人精品杂志等互联网印刷发展，给传统印刷业注入新的内容。而随着旅游业的发展，集团又将印刷工厂变身成旅游景点，使游客在这里可以参观了解中国活版印刷和现代印刷技术，还可以亲身操作体验，自己做几本杂志带走，印刷工厂由此实现了从一个加工车间到一个文化体验场所的华丽转身。

（2）文化产业发展中存在的主要问题。

总的来看，吉林省在文化资源、文化资本、人力资源、经济影响、市场环境、

① 吉林省 2016 文化产业创意项目路演 22 日举行.（2016-10-24）. http://www.jl.xinhuanet.com/2012jlpd/2016-10/24/c_1119770498.htm.

公共环境等方面与全国平均水平有较大差距。

文化资源方面，根据《吉林省2016年国民经济和社会发展统计公报》，2016年末全省拥有文化馆78个（包括群众艺术馆），艺术表演团体40个，公共图书馆66个，博物馆77个，全年博物馆参观人数达1 116万人次。全年出版图书26 295种（套），其中，新出15 412种。定价总金额44.23亿元。报纸全年总印数7.89亿份，定价总金额10.23亿元。期刊全年总印数7 510.96万册，定价总金额4.85亿元。年末广播人口覆盖率达到98.68%；电视人口覆盖率达到98.77%。有线广播电视用户数为530.03万户，其中，数字电视用户数达到488.90万户。相比全国其他地区的各项指标，吉林省文化基础设施建设比较落后。

文化资本方面，2016年全省在文化体育与传媒上财政支出绝对值为72.03亿元，较2015年下降1.3%。在全省财政总支出中占比仅为2.01%，说明吉林省在文化产业上的投入力度还有待加强。

人力资源方面，吉林省文化创意产业对于人才的吸引力亟待提高。2015年，全省文化艺术业从业人员总计11 782人，总的从业人员数为3 250 620人，文化艺术业从业人员占比仅为0.36%。其中国有单位从业人员数11 215人，城镇集体单位从业人员数24人，其他类型单位从业人员数543人。数据表明，吉林省文化艺术业从业人员不仅人数较少，而且主要分布在国有单位。吉林省缺乏大型且具有市场竞争力的文化企业，缺乏能将经济、文化发展以及经营融合发展的企业家，难以吸引文化企业经营管理和创意创新人才。

经济影响方面，吉林省文化产业基础较薄弱，文化产业规模仍相对较小。2015年，吉林省文化及相关产业增加值为102.16亿元，较2014年增长了18.09%，发展速度较快，但规模仍旧较小，文化产业增加值与GDP的比值只有0.73%。

市场环境方面，吉林省仍然需要在发挥文化行业协会作用、培育居民文化消费习惯、疏通融资渠道、促进文化教育等方面持续发力，为文化企业营造良好的发展环境。此外，吉林省的知识产权保护满意度指数也较低，政府应建立健全文化创意成果保护体系，进一步鼓励文化创新。

公共环境方面，政府还应进一步发挥积极作用，出台更有操作性和针对性的政策措施，加大对文化产业的财政投入，加大对文化产品和服务的政府采购力度，努力搭建吸引文化企业投资以及与其他相关行业融合发展的平台，完善文化产业公共服务体系。

3. 西藏自治区

（1）文化产业发展现状与优势。

党的十八大以来，西藏文化产业发展迅猛，文化产业市场主体以每年超过30%

的速度增长。截至2016年底，西藏各类注册文化企业已达4 680家，从业人员近3.2万人，年产值达到34.5亿元，占自治区GDP的2.8%。动漫、游戏等新兴文化业态还实现了零的突破。呈现出多门类、多层次、多元化齐头并进的蓬勃发展态势①。

在创新环境方面，西藏发展态势良好，高于全国平均水平。此外，文化资源、社会影响、公共环境方面，和全国平均水平差距较小（见图4-73）。

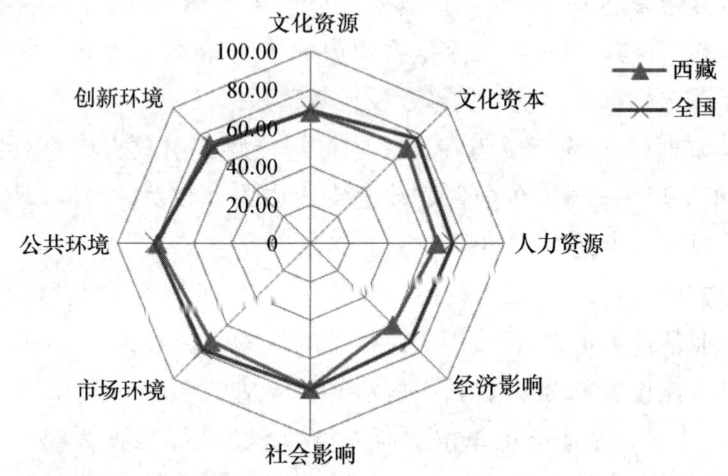

图4-73　2016年西藏自治区文化产业二级指标雷达图

文化资源方面，目前西藏现有联合国人类非物质文化遗产代表作2项（藏戏、格萨尔），国家级代表性项目89项，国家级代表性传承人68名，自治区级代表性项目323项，自治区级代表性传承人350名②。近年来，西藏依托自身拥有的独特资源，高度重视特色文化产业的发展，加大对特色文化产业的引导和扶持力度，重点推进文化与旅游深度融合。

公共环境方面，西藏通过出台优惠政策和法规、提供公共服务等方式扶持文化产业发展。西藏设立了文化产业发展专项资金，出台了《西藏自治区推进文化与旅游深度融合发展 加快特色文化产业发展的意见》，制定了《西藏唐卡分类地方标准》等一系列法规规范文化市场，评选了一批自治区级文化产业示范基地和示范园区。截至2016年9月30日，西藏拥有国家级文化产业示范基地和示范（试验）园

① 2016年西藏文化产业年产值34.5亿　同比增长15%.（2017-03-09）. http://www.ocn.com.cn/chanye/201703/reopt09192942.shtml.

② "砥砺奋进五年"西藏非遗保护国家级代表性项目已达89项.（2017-09-12）. http://www.xizang.gov.cn/zwgk/xwfbh/201709/t20170912_143649.html.

区3个、自治区级产业示范基地17个[①]。

社会影响方面，2016年9月10日，第三届中国西藏旅游文化国际博览会在拉萨开幕，成绩斐然。第三届藏博会继续深化“人间圣地·天上西藏”主题，紧紧抓住国家“一带一路”战略机遇，围绕“大旅游、大产业、大发展”，突出“高端、特色、精品”，全力打造西藏旅游升级版，努力建设重要的世界旅游目的地、重要的中华民族特色文化保护地和面向南亚开放的重要通道。本届藏博会有3万余各族群众参演文艺展演，20余万客商和各族群众参加展览展示，15个国家的政要、驻华使节、投资商、旅行商和专家代表，中国16个国家部委和有关单位领导、25个省市代表团等共1 067名嘉宾出席。本届藏博会开设6个论坛，邀请国内外近70名知名专家学者。参会媒体64家，累计刊播相关报道640余篇。签约项目协议资金首次突破千亿元，展览展示销售营业额近5 000万元，为西藏经济社会发展注入了强大活力。藏博会正成为具有国际影响力、全国辐射力、区域带动力的高端展示、开放合作、经贸交流的新平台，正成为创新发展的新载体、绿色发展的新引擎、科学发展的新动力[②]。

创新环境方面，2016年，西藏成功举办“大众创业万众创新活动周”活动，西藏“双创”成果集体亮相自治区自然博物馆，两场产业和学术论坛相继在西藏大学和拉萨高新区举行。中共西藏自治区委员会办公厅、西藏自治区人民政府办公厅联合发布了《关于推进西藏科技长足发展促进大众创业万众创新的意见》，全区各地（市）积极推进大众创业万众创新，经统计，目前全区已建成“拉萨高新区N·元众创空间”、“拉萨科技众创空间”、“太阳能＋众创空间”、“喜孜众创空间”、“文化创意空间”和西藏（成都）科技孵化器、昌都经济开发区企业孵化器、拉萨达孜县企业孵化器、西藏加速工场孵化器有限公司、昌都市芒康县高原特色资源孵化器以及西藏民族大学创业孵化基地等11家创业创新载体，孵化场地面积达13万平方米，在孵企业和创新团队达121家（个），共有创新创业者1 560人[③]。

（2）文化产业发展中存在的主要问题。

总的来看，西藏在人力资源、文化资本、经济影响、市场环境等方面都远落后于全国平均水平。

人力资源方面，西藏的企业专业人才和经营管理人才十分匮乏，文化产业人才

① 西藏文化产业发展迅速.（2016－09－30）. http://www.xinhuannet.com/culture/2016－09/30/c_1119650672.htm.

② 第三届中国西藏旅游文化国际博览会闭幕. 中国西藏网，2016-09-17.

③ 全区各地（市）积极推进大众创业万众创新.（2017-06-06）. http://www.tibetsti.gov.cn/article.aspx?cate=3&id=6183.

引进机制不健全，企业自发的专业技能培训规模小、实力薄弱，阻碍着人才的成长和培养。人才的缺乏使得许多具有民族和区域特色的优秀文化资源未能得到充分挖掘和创新，地域特色和品牌市场竞争力较弱。2016 年西藏人力资源指数仅为 65.21，在全国排名倒数第 2 位。人才问题成为西藏文化产业发展的制约因素。

文化资本方面，西藏文化企业整体规模偏小，融资渠道窄，项目申报相关专项资金难度大，企业缺少技术改良和扩大规模的发展资金。2016 年西藏文化资本指数仅为 70.00，在全国排名倒数第 1 位，成为西藏文化产业发展的瓶颈。

市场环境方面，西藏由于居民人均可支配收入较低，文化消费积极性不高，2016 年西藏人均文化娱乐消费支出不足我国文化产业强势区域的十分之一，在全国排名倒数第 1 位。

在以上因素的综合影响下，西藏文化产业发展缓慢，尤其是文化产业规模偏小，文化产业经济效益较差，2016 年西藏文化产业经济影响指数只有 60.00，在全国排名倒数第 1 位。

4. 甘肃省

(1) 文化产业发展现状与优势。

2015 年，甘肃省文化产业实现增加值 157.09 亿元，较 2014 年增长 18.19%。在甘肃省各市（州）中，陇南市、张掖市、兰州市、临夏州发展相对较快。相比 2014 年，2015 年甘肃省文化产业从业人员增加了 12 668 人，法人单位增加了 937 家，资产规模增加了 24.18 亿元[①]。2016 年甘肃省文化产业增加值同比增长 25%，以文化旅游为龙头的现代服务业高速增长。

在社会影响方面，甘肃文化产业发展水平超过了全国平均水平。在文化资本、公共环境方面，甘肃文化产业发展水平接近全国平均水平（见图 4-74）。

社会影响方面，2016 年丝绸之路（敦煌）国际文化博览会成功举办，大大提升了甘肃的影响力。来自 85 个国家、5 个国际和地区组织的 95 个代表团、1 700 多位嘉宾汇聚一堂，在人类文化圣殿莫高窟所在地共议全球文化发展愿景，在丝绸之路黄金段甘肃同论“一带一路”建设大计。围绕“彰显丝路精神、推进融合发展”的主题，在 3.6 万平方米的展厅，分设 4 个展区、33 个专题，荟萃 60 多个国家的 8 000 余件展品，全景式、跨时空集中展示丝绸之路文明成果。围绕“荟萃艺术精品、共享文化成果”的主题，25 国艺术家演出了 13 项优秀文艺剧目[②]。

① 高翔，刘海天. 2015 年甘肃文化产业实现增加值 157.09 亿元.（2016-02-20）. http://news.ifeng.com/a/20160220/47508236_0.shtml.

② 首届丝绸之路（敦煌）国际文化博览会综述. 甘肃日报，2016-11-04.

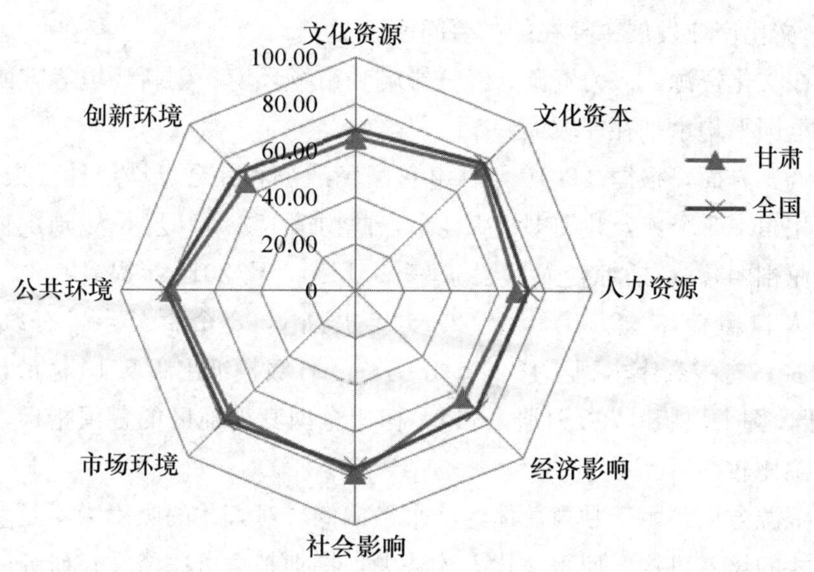

图 4-74　2016 年甘肃省文化产业二级指标雷达图

文化资本方面，2016 年甘肃在文化体育与传媒方面财政支出为 63.41 亿元，较 2015 年增加 1.02%，在财政总支出中占比 1.13%。6 月 8 日，庆阳香包民俗文化产业发展（北京）研讨会在北京市朝阳区郡王府敦煌艺术馆举行。此次研讨会是第十四届中国庆阳端午香包民俗文化节活动的一项重要内容，旨在搭建交流合作的平台，深度研讨民俗文化保护传承、设计创意和品牌建设的新思路新途径，共同推动庆阳香包民俗文化产业持续健康快速发展。研讨会现场签约文化项目 7 个，协议金额 366.17 亿元①。

公共环境方面，甘肃省文化产业政策环境和公共服务较优。党委政府带头营造良好的创作环境，着力打造文艺创作竞争性平台。充分发挥华夏文明传承创新区、丝绸之路（敦煌）国际文化博览会重大文化平台作用。丰富深化文艺创作载体，实施文艺品牌建设规划，以“十个一”文化品牌建设为龙头，依托现有文艺工作者协会组织，发挥各自优势，力争每个协会打造一个文艺品牌。设立甘肃省文艺精品创作生产专项资金，列入财政预算，探索建立文艺精品创作生产专项基金。建好用好管好剧场、电影院、文化馆（站）、群艺馆、美术馆、工人文化宫、文化广场、基层综合性文化服务中心等各类文艺阵地。推进省直文艺院团“一院一场”和基层文艺单位排练演出场所建设。

① 庆阳香包民俗文化产业发展（北京）研讨会举行.（2016-06-12）. http://www.hsxzf.gov.cn/zssdt/sdt1/lddt3/2016/06/12/1547245988.html.

(2) 文化产业发展中存在的主要问题。

甘肃在文化资源、人力资源、经济影响、市场环境、创新环境等方面仍然存在问题，与全国平均水平存在较大差距。

文化资源方面，根据《2016年甘肃省国民经济和社会发展统计公报》，年末全省共有文化馆103个，公共图书馆103个，博物馆152个，艺术表演团体69个（不含民间职业剧团）。广播综合人口覆盖率98.12%，比2015年提高0.11个百分点。电视综合人口覆盖率98.55%，比2015年提高0.08个百分点。有线电视用户206.14万户，有线数字电视用户171.37万户。省级报纸出版5.10亿份，期刊出版9 713万册，图书出版6 792万册（张）。相比全国其他地区的各项指标，甘肃省文化场馆资源比较落后。

人力资源方面，由于甘肃总体经济水平偏低，对人才的吸引力不足，又缺乏文化产业人才的培养机构，使得文化人才缺失，特别是从事民俗文化研究的高级人才和新产品研发的创意人才及市场营销、企业管理人才等。有些产业手工生产队伍不稳定，农忙季节人员减少，农闲季节人员增多，加之手工制作费时耗工，利润空间小，影响了生产人员的积极性，制约了甘肃省文化产业的发展。

市场环境方面，甘肃省由于居民人均可支配收入较低，文化消费积极性不高，文化消费氛围不浓厚，2016年甘肃文化产业行业协会作用指数只有71.56，在全国排名倒数第1位。此外，甘肃文化消费指数也较低。

创新环境方面，甘肃省没有足够的资金建设文化科技型企业孵化器，来满足初创文化科技型企业的需求。2016年甘肃省文化产业创新环境指数为65.79，在全国排名倒数第2位。可见，甘肃省的文化创新环境亟待改善。

在以上因素的综合影响下，甘肃文化产业发展缓慢，尤其是文化产业规模偏小，文化产业经济和社会效益较差，2016年甘肃文化产业经济影响指数为64.07，在全国排名倒数第3位。

5. 宁夏回族自治区

(1) 文化产业发展现状与优势。

近年来，宁夏紧紧围绕把文化产业打造成为国民经济支柱性产业的目标任务，出政策、抓规划、搭平台、促融合，促进文化产业加快发展，推进文化与金融融合，出台《自治区文化厅、人民银行银川支行等九部门关于进一步加强全区金融服务文化产业工作的意见》，搭建“政+银+企”融资对接平台，推动文化企业与金融资本对接，加快文化产业发展。截至2015年底，全区共有文化产业单位12 246个，从业人员6.5万人，规模以上文化企业95家。全区现有国家级文化产业试验园区1家，示范基地6家，自治区级文化产业示范园区4家、示范基地41家、示范户56家、特色村镇5个。2015年全区文化产业实现增加值64.94亿元，占GDP的2.23%，比2014年增长10.6%[①]。

在社会影响方面，宁夏发展态势良好，超过全国平均水平（见图4-75）。

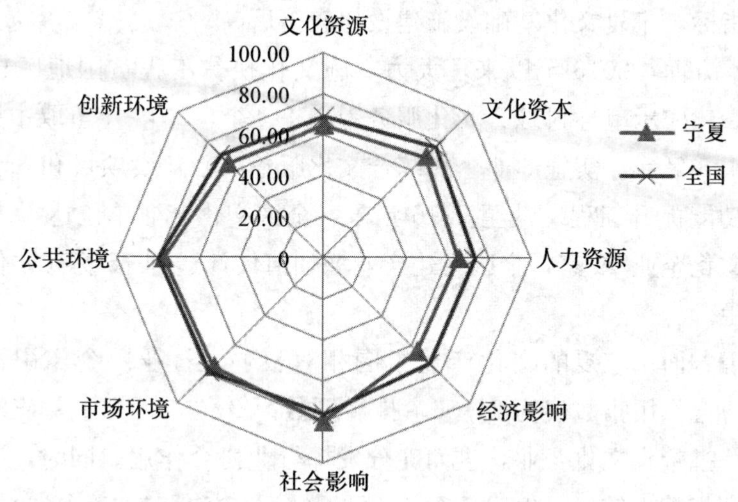

图4-75　2016年宁夏回族自治区文化产业二级指标雷达图

社会影响方面，2016年11月28日，首届"宁夏互联网+文化商品产业峰会暨宁夏蓝图商品交易市场发售模式启动仪式"在宁夏启幕。此外，第四届亚洲微电影艺术节"金海棠"奖颁奖典礼在云南省临沧市举行，由宁夏微电影协会报送的影片获七项大奖。全区5家动漫企业通过文化部等部门认定，8家文化创意企业在新三板成功挂牌，《马兰花动漫广场》等10多部拥有自主知识产权的动漫游戏产品推向市场，动漫形象"小哈家族"荣膺"中国十大卡通形象"大奖。WCA全球总决赛举办地永久落户银川。银川市成为国家首批文化消费试点城市，并得到文化部通报表扬。宁夏大剧院实行专业化管理、多元化演出，满足不同层次观众消费需求，投入运营以来累计演出200多场，惠及观众20多万人次[②]。

（2）文化产业发展中存在的主要问题。

宁夏在文化资源、文化资本、人力资源、经济影响、市场环境、公共环境和创新环境等方面仍然存在问题，与全国平均水平存在较大差距。

---

① 宁夏举办中小文化企业投融资路演活动.（2016-11-01）. http://www.nxwh.gov.cn/new/wenhuazixun/wenhuasulan/news_8083.html.

② 宁夏深入实施文化惠民工程保障群众基本文化权益见实效.（2017-07-20）. http://www/mcprc.gov.cn/whzx/qgwhxxlb/nx/201707/t20170720_685613.htm.

文化资源方面，2016 年末全区共有博物馆 75 个，国家综合档案馆 27 个，公共图书馆 26 个，文化馆 26 个，各类艺术表演团体 13 个。全年地方出版报纸 19 种，出版期刊 37 种，出版图书 3 098 种。数字电视实际用户 71.26 万户。年末广播节目综合人口覆盖率为 96.72%；电视节目综合人口覆盖率为 99.34%①。相比全国其他地区的各项指标，宁夏文化基础设施建设比较落后。

文化资本方面，2016 年以来，大力实施文化扶贫工程贫困地区村综合文化服务中心项目，建成示范性村综合文化服务中心 110 个，2017 年争取中央部委和自治区专项资金 1.5 亿元，实施 606 个村综合文化服务中心建设项目和 555 个村综合文化服务中心功能提升工程。截至 2016 年末，全区文化产业单位达 12 400 多家，其中规模以上文化企业 99 家，全区文化产业增加值估计达到 76 亿元，但与发达地区仍有较大差距。

市场环境方面，宁夏的文化产业氛围相对较弱，行业协会作用不明显。2016 年宁夏行业协会作用指数仅为 71.56，排名倒数第 2 位，可见宁夏应注重协同行业发展，培育一批带头文化企业，进而充分发挥行业协会作用。同时，宁夏的知识产权保护满意度指数也较低，仅为 70.94，可见知识产权保护也有待加强。

公共环境方面，宁夏先后出台《关于加快构建现代公共文化服务体系的实施意见》《推进全区基层综合性文化服务中心建设实施方案》《关于做好政府向社会力量购买公共文化服务工作的实施意见》等配套政策。但政策实施的满意度较低，2016 年宁夏政策支持满意度指数为 73.52，在全国位列倒数第 6 位。因此，宁夏应加强文化产业相关政策的落实，加强对文化力和新经济形态的研究，合理配置公共资源和优秀人力资源，扶植重点文化产业项目，努力创造更大的经济效益。此外，还应着力为群众提供更加普及的公共文化服务，提供人民群众喜闻乐见的文化服务项目。

---

① 宁夏回族自治区 2016 年国民经济和社会发展统计公报.（2017－05－11）. http://www.tjcn.org/tjgb/30nx/35162_2.html.

第五章　中国省市文化产业发展建议

根据《中华人民共和国国民经济和社会发展第十三个五年规划纲要》，“十三五”期间要实现“文化产业成为国民经济支柱性产业”目标。近年来，文化产业增速高于同期 GDP 增速，在推动经济发展、优化产业结构中发挥着越来越重要的作用。发展文化产业是培育区域经济新的增长点，实施区域可持续发展的重要举措，也是满足人民群众文化需求，体现以人为本、构建社会主义和谐社会的内在要求。但目前，我国文化产业的发展尚不完善，本章将从整体分析我国各省市地区文化产业发展存在的现实问题，并从问题出发，对新时期文化产业的发展提出意见和建议。

一、中国省市文化产业发展存在的现实问题

近年来全国各地越来越重视发展文化产业，纷纷加大文化设施建设投入，积极推动文化体制改革，把发展文化产业作为应对国际金融危机、调整经济结构、培育新型业态的重要措施来抓，取得了显著的成效。但应该看到，我国文化产业发展依旧存在问题，文化产业发展地区均衡性有待提高，文化产业发展受制于资金制约，文化产业人才多样性不足，文化资源开发效率有待提高，文化产业园区有待优化升级，文化消费需要进一步引导和扩大，文化科技创新亟须鼓励与推动，文化旅游产业融合程度有待加深等等。

（一）文化产业发展的地区均衡性有待提高

1. 变异系数转升为降，文化产业发展日趋均衡

2011—2016 年期间，中国省市文化产业发展指数的变异系数从 0.056 降低至 0.036（见图 5－1），年均下降 8.46%，其中 2013 年曾下降至 0.035，说明我国文

化产业发展总体趋于均衡，大部分地区文化产业生产力、影响力和驱动力发展速度较快，并逐步趋向均衡。但应该看到，2013—2015 年，均衡度每年略有下降，在2015 年均衡系数突破 0.040，2016 年均衡度大幅提升，达到 0.036。

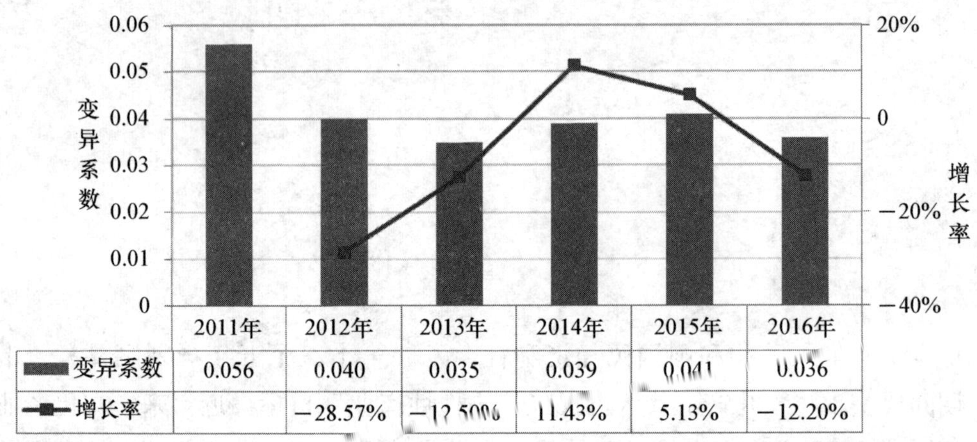

图 5-1　2011—2016 年中国省市文化产业发展指数变异系数

2. 中部地区文化产业发展均衡度显著高于东西部地区

从 2016 年中国东中西部的变异系数来看，东部地区变异系数在 2016 年为0.042，中部地区为 0.021，西部地区为 0.040（见图 5-2），可见东西部地区的均衡度相差不多，中部地区在文化产业生产力、影响力和驱动力方面的均衡度显著高于东部地区和西部地区，因此东西部地区应借鉴中部地区发展经验，注意克服短板因素，有效提升文化产业发展均衡度。中部地区应继续保持良好的发展状态。

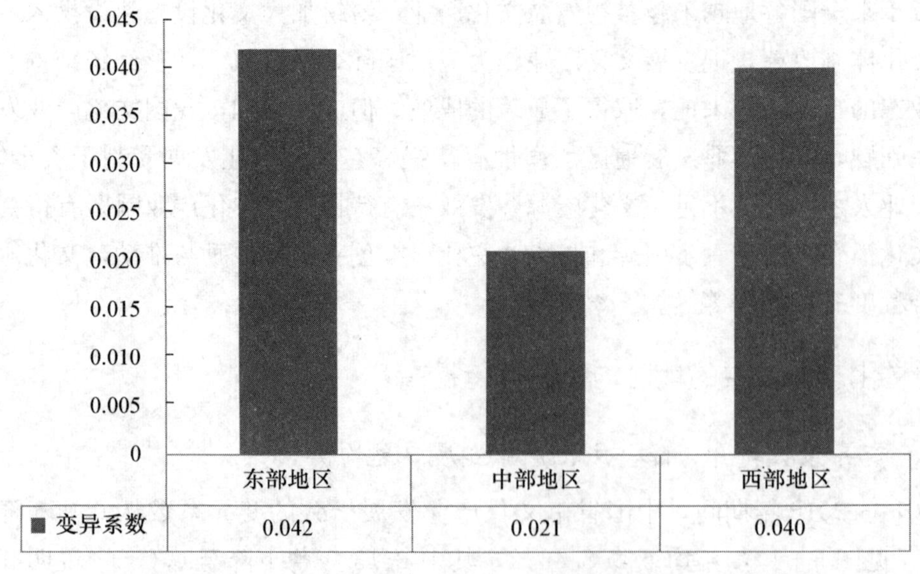

图 5-2　2016 年中国省市文化产业发展指数分地区变异系数

3. 东西部地区文化产业发展不够均衡

文化产业的发展格局与我国的经济发展格局类似，也存在“东高西低”的区域发展失衡问题。相较于东部地区，西部地区的文化产业不管是在资源、资本、人力、技术以及产业规模方面，还是在市场、价值创造、创新、品牌和品质上，由于自然条件、观念意识、经济水平、人才积累、技术创新、融资环境和管理体制等因素导致的问题在短期内还很难得到实质性的解决。相对而言，中部地区文化产业发展的均衡程度最高，需要继续保持良好的发展状态。

4. 文化产业发展呈现区域同质化倾向

近年来，国家推出了一系列促进文化产业发展的政策，各省市也纷纷积极响应，出台了相应的政策。然而，从各地文化产业发展规划中不难发现文化产业区域发展同质化现象愈加严重，在一定程度上存在脱离实际或者违背产业发展规律的问题。新兴的文化产业园区、特色小镇及美丽乡村等建设形式，随着近年来市场经济的蓬勃发展，在数量方面也迎来了大爆发，然而形式和内容方面一味地追求模仿先兴起的成功案例，使得大批量的文化产业园区同质化现象严重，各地美丽乡村的建设都如出一辙，没有与当地特色有机结合。我国文化产业盲目、重复投资现象严重，已有多达1 000多亿元的资产投入到“人造景观”中①。大部分省市文化产业结构大同小异，地区比较优势和协作效益不明显，重点不突出，重复建设严重，没有有效实现资源互补。

(二) 文化产业发展受制于资金约束

1. 文化产业面临融资约束较多

由于消费市场的不确定性和投入产出的不对称性，文化产业具有典型的“高投入、高风险、高回报”的特征，因此，在投融资渠道、结构及机制方面都面临着严重的融资约束问题。

文化产业投融资渠道匮乏。虽然政府一直在加大力度对文化产业进行投资，其他金融机构也都在努力满足文化产业的投融资需求，但是就目前而言，我国的文化产业投融资渠道依然比较匮乏。首先，政府的财政资金是有限的，政府对文化产业的投资扶持不足以满足其蓬勃发展的需要。其次，银行信贷难度大。一方面，文化企业拥有的多是无形资产，而无形资产价值评估体系尚不完善。另一方面，文化产

① 王成强，毕西娟，刘兆莹. 我国文化产业布局存在的问题及对策探究. 科技论坛，2016 (3).

业项目或者为文化企业提供贷款仍属银行等金融机构较新的业务领域，能够借鉴的风险参考体系和业务经验很少，并且文化企业本身多为中小型企业，拥有的市场风险抵御能力比较有限，无形中更增加了银行等金融机构面临的信贷风险，因而难以成功获取银行信贷。最后，资本市场融资相对困难。由于绝大部分文化企业的财务业绩和商业模式很难达到上市融资的要求，因而上市直接融资并不是普遍适合文化企业的融资路径。另外，目前民间资本进入文化资本市场的可能性也比较低，这也在一定程度上限制了文化产业发展的投融资渠道。

投融资结构不合理。虽然文化体制改革数年来取得了很大的成效，但文化产业发展的主导者仍然是政府，文化产业发展的第一资金来源仍是财政融资。此种情况下，社会资本与海外资本等试图进入文化产业还面临着许多障碍。2015 年中国实际使用外资金额（FDI）7 813.5 亿元人民币（折合 1 262.7 亿美元），同比增长 6.4%（未含银行、证券、保险领域数据），增幅较 2014 年提高 4.7 个百分点。但是在文化、体育和娱乐业的投资上资金总额只有 78 941 万美元，占总额的比例不足 0.63%[①]。2015 年全国固定资产投资（不含农户）551 590 亿元，增长 10.0%。而文化、体育和娱乐业固定资产投资额为 6 724 亿元，比上年增长 8.9%，占固定资产投资比重仅为 1.22%。可见，社会资本进入文化产业发展还是存在困难，而社会资本作为主要的资本之一，其进入文化产业的难度大，势必会严重阻碍文化产业的发展壮大。

投融资机制僵化。首先，很多文化企业习惯采用传统的管理模式来经营管理，使得企业缺乏必要的积极性和主动性，同时造成投融资主体错位。其次，文化产业的主管部门十分复杂，在涉及文化产业具体的投融资问题上，很难明确主体责任，因此阻碍了文化产业投融资部门的发展和进步。

2. 文化产业无形资产流转市场尚待完善

在文化产业中，无形资产是产业的核心资产，如版权资产等。但是，国内很多文化企业更多地要把拥有的无形资产作为一种资源，而不是传统意义上的资产，并且文化企业本身和银行等金融机构对于知识产权等无形资产都缺乏清晰的认识和有效的管理，目前也未能建成完善的无形资产流转市场。形成无形资产流转市场的基础是确权与确权后的法律保护，然后是在市场正确认知下的资产评估，最后是在有效定价下无形资产完成在公共平台中的流传。在基础性制度不健全的环境下缺少市

① 2015 年 1—12 月全国吸收外商直接投资情况.（2016－01－20）. http://www.mofcom.gov.cn/article/tongjiziliao/v/201601/20160101238883.shtml.

场认同的无形资产评估体系，虽然包括政府部门及大型企业在内的相关机构都在致力于无形资产交易平台的建设工作，但是在无形资产认定、评估、登记、抵质押、流传等流程不畅通的情况下，成效微弱，且流转市场的推进工作也缺少在市场中的知识普及。

相较于有形资产，无形资产更容易受到侵权，在外部法律环境不健全的情况下难以得到保护。近年来，针对该问题政府制定了一系列法律法规，在很大程度上完善了保护体系，但是执行力度尚待进一步提高，例如，地方政府为了保护当地的一些侵权企业经常出现护短行为，造成了有法难依的状况，从而损害了整个市场保护体系的规范。

版权资产作为一种无形资产，是文化产业及其产品的核心资产和价值载体，并且与物权、股权以及债券等财产权利相联系，拥有典型的所有权属性、财富属性以及高附加值属性，而这些属性恰恰是版权资产成为文化企业重要生产要素和财富来源的原因。因此，如何将知识产权等无形资产资本化，包括无形资产产权的归属和流转，如何严格和明确地保护、评估知识产权等无形资产的商业价值等，也都是版权等无形资产开发和运用亟待解决的问题。

3. 中小文化企业面临风险收益不匹配的融资困境

中小文化企业投融资陷入困境的主要原因是风险与收益不匹配。我国投融资体系是以信贷为主导，为了控制风险，商业银行采用的是在一定利率浮动范围内进行信贷配给，由于利率相对固定，银行不能分享企业的成长性收益。中小微企业融资难的问题是一个全球性问题，而我国80%以上的文化企业为中小微企业，文化企业轻资产的特质更是加剧了该类企业的融资障碍，使得成长性较高的中小微文化企业在市场化的信贷融资环境中很难获得信贷资源。此外，许多无形资产的抵质押也与国家相关规定存在冲突。

通过股权投资可以支持具有高成长性的文化企业，然而我国主板市场对上市企业的要求严格，且无形资产占比也不能超过一定比例，尚处于起步阶段的中国文化企业绝大部分难以符合上市条件，甚至是挂牌新三板市场。同理，债券也是只有极少数文化企业具备发行资质。虽然我国的文化产业基金发展迅速，但是在对接文化产业中也存在诸多问题。

近几年来，我国的融资性担保公司、小额贷款公司、融资租赁公司、典当及质押都得到了较快发展。但是这些新兴的融资渠道依然没有看好文化产业，这也让文化企业从新兴金融企业获得资金的难度增大。

（三）文化产业人才多样性不足

1. 人才供需结构失衡制约文化产业发展

优秀文化人才缺乏已成为制约文化产业发展的一大瓶颈。而我国文化人才存在总量不足、精英不多、结构失衡、分布不均等问题①。就目前我国文化产业发展的现状来看，一是经营管理人才数量偏少，专业化程度不高，既懂文化艺术又擅长经营管理和市场营销的人才匮乏，在资本运作、项目策划、文化经纪等方面的专业人才奇缺，难以适应文化产业持续快速发展的需要；二是文化创意人才缺乏，文化经营管理人才的开拓能力和创新能力尚不够强，不能做到既关注文化观照，又能创造盈利点；三是熟悉国际惯例和规则、擅长媒介市场运作、具有战略思维的外向型经营人才奇缺，缺乏对金融领域的掌控和较高的文化产业投融资水平；四是文化经营管理的后备人才不足、活力不强，尤其缺少既有较高的专业素养又谙熟市场经济规律，具有丰富的文化产业运作及经营管理经验的高层次、高素质的文化管理人才。文化产业的发展离不开丰富的人力资源，文化产业快速发展和文化产业人才队伍结构失衡之间的矛盾是我国亟须解决的问题。

2. 文化产业人才培养机制不健全

文化产业的人才短缺源于人才培养机制的不健全，人才的市场配置效能未能充分发挥，尚未构建起契合文化产业发展需要的选人用人机制。

一是文化产业学历教育不够完善。由于我国文化产业起步较晚，高校学科体系建设思路不清晰。高校自 1993 年开设文化艺术管理专业，2004 年开设了文化产业管理专业，发展至今，文化产业学科的归属和学科体系的建构还存在很多争议，学科发展尚未定型，使文化产业人才培育存在一定的模糊性，还没有在文化产业方面形成一个独立的学科体系，文化和创意并没有进入高校的学科目录，而只是附属在其他各个学科之下。作为新兴产业，政府、高校和社会机构对于文化产业相关专业人才的培养方式还处于摸索阶段，完整的培养方法和培养系统仍在酝酿中②。很多学校在未对文化产业人才市场进行很好研究的情况下，受利益驱使盲目开设文化产业专业，但并未对培养文化创意人才起到实质的促进作用。

二是文化产业学校教学师资缺乏。由于文化产业是一门新兴产业，这方面的师资力量整体水平有待于提高，国内对文化产业有深厚研究基础的专家、学者仍然屈

---

① 欧阳友权．文化产业人才建设：问题与思路．福建论坛（人文社会科学版），2012（2）．

② 王丽琦．文化创意产业亟待突破人才瓶颈．中国人才，2010（5）．

指可数，部分教师处于发展和自我提升的阶段。因此文化产业专业出身以及具备文化产业背景、拥有相关知识的专业师资队伍至今尚未形成。此外，由于文化产业专业人才更偏重实战性，而一些高校教师并非一线的文化产业从业人员，更注重理论研究，对市场的敏感度相对较低，多表现出重学术、轻运用，重科研、轻教学的特点。此外，学术研究、产业发展和专业教学不能有机统一，这些问题导致文化产业人才培育缺乏完备的师资力量作为支撑。因此，应结合社会实践，充分发挥产业基地园区的作用，开辟文化产业人才资源的配置路径。

三是培育层次单一。我国文化产业人才培育资源整合力度不够，不利于文化产业人才的持续性、有效性开发。文化产业人才培养需要教学层次和教学方式的多元化。我国目前文化产业人才的培育比较单一，很难全方位满足人才培育的需要，没有把学校、企业和社会等资源有效统一，不能有效提升文化产业人才质量。

（四）文化资源开发效率有待提高

1. 文化资源盲目开发，效果欠缺

个别地区不遗余力地挖掘自己的文化资源，打出各种文化牌，有“建筑文化”“名人文化”“饮食文化”“酒文化”等等，近于泛滥，并集中于可以商品化、实物化的文化开发方面，只关注表层文化形式的开发，忽略对深层文化内涵的挖掘。充斥市场的多是处于产业链和价值链的低端廉价产品，品种单一，虽然能满足部分低端市场的需求，但容易造成精品减少和增加大众化、模式化的生产趋势，使得文化产品丧失审美上的异质性、创造性和复杂性。许多民间戏曲、仪式、风俗习惯的开发都被庸俗化、简单化，如曾经受过毛泽东、周恩来等同志大加赞许五十年代出国演出的河北徐水狮子舞，现在已从根本上失去了原有的神韵，沦为缺乏实质性内涵的纯机械式的表演。民俗的大杂烩或流于形式的“快餐文化”，缺乏持久的生命力。这种低效的粗放开发，在一定程度上埋没了很多市场潜质极高的文化资源，并且很有可能使之失去再度开发的机会。这种情况不仅导致了资源的浪费，也挫伤了原本对其当地文化具有兴趣的文化消费者的积极性，扰乱了当地的文化产业市场秩序。

还有一些地区对辖区资源的品种类型、数量价值等底数的总体把握不足，进行科学布局和结构调整的力度不足，所以资源优化整合的效果不好，难以系统开发充分利用，致使特色资源的强势聚集和优化配置进展缓慢，转化率和利用率不高。资源配置不够合理，分散经营缺乏竞争力，这些都降低了文化企业的存活率和增长率。如河北保定虽然有国家文物保护单位 47 处，在全国地市级以上城市中排第一

名，但来市区旅游的团队并不多，因为市内的文化遗址都各自为政，缺乏整合，没有系统的开发利用，也没有营造出协调的周边环境，如总督署、古莲池、淮军公所、光园、留法纪念馆等都是珍贵的资源，但没有形成统一的旅游环境和氛围。有的没开发，有的宣传不够，周边都是嘈杂的商业区，不能给人古城的印象和感官享受。

另外，目前文化市场上主体数量虽多但规模较小、集中度不高，缺乏有特色、有影响力的文化产业基地和文化产业群，不能以积极有效的方式加以整合和开发。很多具有特色的民间文化资源、节庆文化资源、红色旅游文化资源等缺少经营开发的整合性。由于缺乏整体性考虑，部门之间缺乏互动合作，交流联合少，造成一体化程度低。而且会使同一产业链条在不同部门间游离发展，发展参差不齐，削弱产业的竞争力。大家都各自为政，每个部门受各自利益驱动常常会造成无序竞争，甚至会引发矛盾。

2. 文化资源低技术开发，缺乏特色

我国地域广阔，历史悠久，文化璀璨，具有丰富可供开发利用的文化资源，但目前对文化资源的开发利用仍处于初级阶段，文化资源价值空间尚有待于进一步挖掘，总体看来，现阶段主要存在以下两个问题：

一是资源的开发利用形式单一。各地文化产业发展模式趋同，传统文化街区几乎采用同样的开发方法，纪念品雷同，小吃相似，千城一面，只见人头攒动，不见文化风貌。此外，“混搭”和“跨界”也让传统文化发展得更为畸形，即以传统文化为基础，中西文化混搭，使得产业园区内既有传统文化的穿插，也不乏西方文化中所常见的咖啡馆、酒吧等。如天津的古文化街，经典民俗传统如今只剩招牌，打着同样牌匾的店铺每走几步就会看到一家；凤凰古城、丽江古城更像商业区，遍布着酒吧和商铺。实际上，海外有许多值得我们思索的例子，如巴黎的著名文化景区左岸，靠其独有的文化魅力吸引着大量的游客，经久不衰，并未因游客需求而专门做什么改变。开发利用形式多以平面式的照片、实物放置、实景参观等静态展示方法为主，立体式、体验式的开发方式极为少见。从世界范围看，体验式是文化资源开发利用的一种创新型、更有卖点的方式，在旅游业发达的地区，这种方式已十分多见。如韩国民俗村的建立，就是将传统文化融入到生活中，游客可以通过角色扮演，体验古人的生活、食物，既加强了无形文化的传承，又增加了经济效益，创造了财富。

二是我国文化产业的创新性不足，文化资源的开发缺乏高端文化产品的开发和技术提升。目前文化资源开发项目的数量虽多，但大多数缺乏深度，层次浅，创意少，谋划粗，缺少大产业高起点的品牌运作。大多是依靠出卖粗加工的文化产品获取短期经济效益，很少能够真正深入挖掘文化资源的深层内涵，开发出有底蕴的形式。如曲阳石雕产业，大多数产品内容千篇一律，靠数量取胜，制作粗糙，缺乏新鲜的创意和深刻的文化内涵，既没有古代的工艺和神韵，又没有构思的现代感，必然造成市场狭小，利润微薄，还有很多类似产业在文化资源转化中，不能找到开发的新点子、新思路，由于创意不足、观念陈旧，再加上缺乏先进的生产技术和手段，生产出来的文化产品多属附加值较低的初级产品或低端产品，虽然数量不少，但实际带来的经济效益却极不明显。

3. 文化资源短视开发，保护不足

首先，政府在文化资源开发管理中发挥的作用不足。政府在资源型文化产业开发管理中一方面是文化资源所有者的代表，另一方面又是文化市场监管者。然而，随着城市建设步伐的加快，政府文化资源的管理职能被弱化，有些地方执法不严，肆意违法的现象频频发生。如全国重点文物保护单位德化窑保护范围被某陶瓷有限公司挖掘破坏，当事人未被依法追究刑事责任，仅以处罚了事；清源山、九日山、灵山圣墓文物保护区里有的群众开山炸石，乱修坟墓。这些乱象的出现，相关部门疏于管理是其深层次原因。

其次，在文化产业发展中，普遍存在着文化资源开发利用的短期行为，导致对文化资源不同程度的破坏。当前的开发更多侧重于有形文化而忽略无形文化资源，在开发过程中急功近利，没有处理好资源的保护和开发之间的关系，甚至为了追逐利益而损坏文化资源根基，对文化进行任意加工和破坏，造成了资源的极大浪费或者对文化资源造成不同程度的损坏。如在部分地方，为追求更高的门票收入，在文化遗产地制造大量假古建、人工景点和服务设施，一些古迹、文物和建筑在开发名义下被改头换面，重新包装，使它们遭到严重破坏，有些甚至是毁灭性的，使其失去了原貌，再也无法恢复。如河北保定搬迁保师附小，拆除原莲池书院的古旧院落和建筑，修建总督署广场和商业楼盘，重修莲池十二景，破坏了原有的幽雅景致，增加了大量粗制滥造人工雕琢的痕迹，既浪费了大量的金钱，又对遗留的文化资源造成极大破坏，这种不惜以牺牲文化资源为代价而追逐短期经济效益，没有保护的掠夺式开发，无异于竭泽而渔，最终必然会导致文化资源的枯竭，长远看来不利于经济与社会的可持续发展。

（五）文化产业园区有待优化升级

文化产业园区建设发展从整体来看，取得了较好的成效，但在具体规划建设及运营发展中，也出现了一些不容忽视的问题，主要有以下几个方面：

1．文化产业园区集聚效应差，定位不明确

部分城市文化产业园区的集聚效应尚不明显，城市文化产业园区内入驻的文化产业类企业数量较少，且企业之间缺乏内在关联，难以形成优势互补、利益共享的经济共同体，使得文化产业园区仅仅是一个地理空间概念，而非产业高度集聚、具备完整产业链的经济组织。

部分地区的各文化产业园区、基地呈点状分布，完全处于孤岛式发展的状态，不同园区、基地资源彼此割裂，难以共享。一方面，许多城市的大部分园区在空壳化，丰富的文化资源、充裕的发展空间以及其他资源要素却未能有效开发利用。另一方面，深圳、广州等地知名品牌园区、基地却遭遇发展空间不足的“天花板”。如深圳F518时尚创意园因空间极度饱和，优质产业资源根本无法引入。仅2014年，园区就有38家企业提出扩租需求，扩租面积将近1万平方米，还收到377家外部优质文化企业提出的入园申请，需要再建两个F518才能满足上述企业的入驻需求①。

还有部分产业园区定位不准确，创意不足，在发展中存在特色不鲜明、定位模糊及产业链不完善等问题。文化产业园区发展创意不足，缺乏创新精神，制约了特色文化产业发展，加剧了地区文化产业园区同质化。部分地区依托当地丰富的自然景观发展旅游业，但园区发展仅停留在旅游观光层面，对旅游资源的开发缺少精品，旅游纪念品等开发不充分，导致园区产业链条过短。还有部分地区依托当地民俗文化建设产业园区，但园区文化层次低、规模效应不明显，未形成完整的特色文化产业链。

2．文化产业园区运营管理机制有待健全，发展能力有待提升

在运营管理方面，部分园区运营管理模式粗放。园区公共文化平台及配套服务设施不健全，园区运营管理基本上依靠传统的招租模式运营，外加举办展览、活动创收，以及政府租金补贴及税收减免，园区运营管理机构实质上等同于“二房东”。

同时也存在部分示范区、基地名不副实的情况。广东省文化厅在考核巡查中发现，中山市小榄文化艺术品产业基地、佛山民间艺术社、佛山新石湾陶瓷美术有限公司、佛山三水云东海旅游文化产业园区、东莞粤晖园等多家国家级、省级文化产业示范园区、基地未能紧跟时代步伐，主动适应市场竞争，及时有效地实现转型升级，经营萧条惨淡，呈现出不良的发展势头，徒有示范园区、基地之名。

---

① 詹双晖．我国文化产业园区建设亟需破解的难题及其对策：以珠三角地区为例．新经济，2017（5）．

3. 文化产业园区面临同质化与空壳化问题

从总体上看，各地文化产业园区普遍比较弱小、散乱，产业集聚、孵化效应不显著，低端化、同质化、空壳化问题突出，初级阶段、低端特征非常明显。

一是重复建设导致同质化。许多文创园区由于发展定位、发展模式不清晰，园区间差异化发展不足，特色、个性化不鲜明，再加上普遍存在上项目比较随意、不注重投资回报、运作过程缺乏监管等现象，致使资源浪费、重复建设、题材雷同以及无序竞争等问题突出。

二是偏离创意园定位导致空壳化。许多文化产业园区，尤其是综合类创意园区，只有少数几家创意类企业，其余企业几乎与文化创意无关，有些变成美食街、购物街，甚至有不少创意园项目打着发展文化产业的幌子，行房地产、高尔夫开发之实，严重偏离创意园原有的定位。如广州东北部部分园区空壳化现象，甚至珠三角地区的一些国家级文化产业示范园区也沦为“商业区”“跳蚤市场”。

（六）文化消费需要进一步引导和扩大

随着我国经济发展水平的不断提高，人民在吃饱饭之余，有了更多的精神文化方面的需要，但是目前我国文化消费还有很大的发展空间，主要原因包括以下几个方面：

1. 经济条件制约文化消费水平的提高

首先，文化消费增长整体滞后于经济增长和收入增长。近年来，我国国内生产总值和城镇居民家庭人均可支配收入均有大幅度增长，但城镇居民文教娱乐服务支出的增长速度却明显滞后于经济增长和居民收入增长。文化消费整体水平偏低，文化消费潜力有待挖掘，目前我国城镇居民文化消费总量增长较快，但文教娱乐支出占居民总现金消费支出的比重则增长有限，我国城镇居民文化消费增长幅度明显滞后于消费总体增长幅度。

其次，收入水平差异影响文化消费。由马斯洛需求层次理论可知，人的需要层次建立在满足上升的基础之上，表现为一个从低层次到高层次的渐进过程，消费需求发展的这一梯度递进或上升的规律是经济社会生产力发展的自然历史过程。文化消费作为较高层次的需求，要在居民满足基本需求之后才可能渐进发展到这一层次。由国家统计局数据可知，居民用于文化消费的支出随着收入水平的提高而有所增加，收入水平越高的阶层用于文化消费的支出比例越高。在所有的消费支出类型中，我国城镇居民用于食品支出的比重仍然最高。对于收入水平不高的广大人民群众而言，食品和居住这两类生活必需品消费就已经占据了消费支出的很大一部分，在收入有限的条件约束下导致文化消费乏力。而追根究底，住房、医疗、养老等社会保障体系的不健全，是限制城镇居民文化消费需求增长的根源。

最后，文化消费结构依然存在不尽合理之处和层次失衡问题。从近几年发展情况来看，由文化娱乐用品和文化娱乐服务所构成的文化娱乐型消费在文化消费中开始居于主导地位，这说明就全国表现来说，我国文化娱乐市场开始进入蓬勃发展阶段，城镇居民文化娱乐型消费需求日益高涨。文化消费内部结构日渐趋于合理，文化娱乐用品支出占文化消费的比重略有下降，教育支出在文化消费中的比重明显下降，而文化娱乐服务支出的比重明显上升。但不可否认的是，我国城镇居民用于教育支出的占比仍然最高，说明国家财政用于教育支出的投入还太少，由居民自己负担的教育支出过高，这必然在很大程度上限制了居民用于文化娱乐部分的消费，因此城镇居民文化消费内部结构还有待进一步优化。

2. 文化产品出现供需矛盾

我国文化产品在种类和数量上都有很大的规模，文化产品供给有了较大提升，但是目前仍无法满足居民的文化消费需求。

文化产品内容缺乏内涵。随着文化体制的改革，文化产品质量有了较大的提升，但是文化产品在内容上缺乏竞争力，在十大文化产品提升的关键因素调查中，除文化娱乐活动、文化旅游、工艺美术品和收藏品外，其他 7 类文化产品被受访者认为内容亟须提升；此外，在国内外文化产品对比分析中，国外电影、动漫等产品在中国市场占据了很大份额，可以看出当前我国文化产品内容普遍存在较大问题，许多文化产品附加值比较低，内容缺乏内涵，核心竞争力不足。我国是文化资源大国，地域特色、民族特色独具一格，但是在资源开发、内容建设方面落后于发达国家。反观国外对我国的文化资源有很大的利用，例如，美国的《功夫熊猫》借鉴了我国博大精深的功夫文化，日本的《七龙珠》则采用了我国经典的西游记文化，且创作非常成功。文化产品兼具商业化和文化两部分属性，一些企业出于商业利益考量，生产过度娱乐化、低俗化产品，产品承载的文化不足；而且，许多企业文化品牌建设意识欠缺，不注重特色文化产品的培育。

文化产品缺乏多样性和创新性。国内近些年山寨、抄袭、剽窃、盗版等侵犯知识产权的现象层出不穷，创新成本高盗版成本低、创新收益低盗版收益高的利益怪圈，打击了文化原创者的自信，也助长了抄袭盗版者的嚣张。在如此环境下，出现文化产品不敢创新、不能创新、文化创新活力不足的奇怪现象，在意料之外，又在情理之中。此外，由于受外来文化冲击的影响，“拿来主义”文化产品却大受欢迎，比如近来比较热播的节目，《中国有嘻哈》《我是歌手》等，都是从国外引进的电视节目模式，其节目版权和模式都是十足的“外来品”，而许多珍贵的民间艺术产品却面临自生自灭的窘境。并且，文化产品同质化严重，没有进行市场细分，无法针对不同受众群体提供相应产品，真正能够获得市场认可的产品寥寥无几。资本的逐利性使投资商倾向于热门文化项目的投资，导致产品类型少，精品少，抄袭严重，粗制滥造。

3. 公共文化服务水平有待提升

近年来，我国公共文化建设投入稳步增长，覆盖城乡的公共文化服务设施网络基本建立，公共文化服务效能有了明显提高，但是公共文化服务仍有许多方面存在不足。首先，公共文化服务与居民的需求不对等，有许多公共服务并不是广大居民真正需求的，致使文化资源利用率低，浪费严重。其次，不同地区、不同群体的文化需求存在较大的差异性，公共文化服务采用一刀切的方式，无法实现效果最大化。如北京在促进文化消费方面做出的努力可谓之大，连续举办两届惠民文化消费季，并且是全国唯一出台文化消费专项政策的地区，但是北京居民享受的文化福利，和其他省市相比，并不具有任何优势。最后，公共文化服务资源不均衡。近来中央加大了农村地区、贫困地区的文化服务投入力度，但是与实现公共文化服务均等化仍有很大距离。

4. 文化出口现状有待改善

首先，我国文化贸易实现顺差。从出口状况来看，我国文化贸易出口额呈现波动上升趋势，文化贸易进口额同样呈现上升趋势，但文化贸易出口绝对额开始高于进口额，2016 年，全年文化产品进出口总额为 885.2 亿美元，其中出口 786.6 亿美元，实现顺差 688 亿美元。具体来看，文化服务出口中的文化娱乐和广告服务出口额 54.3 亿美元，同比增长 31.8%。文化体育和娱乐业对外直接投资 39.2 亿美元，同比增长 188.3%①。其次，从贸易出口持续期来看，虽然我国文化贸易已实现顺差，且发展趋势良好，但是我国文化贸易联系持续期普遍较短。其中，相关文化出口品的贸易持续期基本远高于大部分核心文化产品持续期，这说明我国大部分核心文化出口产品存在“短期”现象，即不能维持对出口目的国的持续出口。因此，有效提升核心文化出口持续期，成为我国文化贸易发展尤其是核心文化贸易发展面临的首要任务。最后，从不同目的国的出口持续期来看，我国文化贸易出口持续期低

---

① 2016 年我国文化产品出口数据分析.（2017-03-11）. http://www.baogaobaogao.com/C_QiTaBaoGao/2017-03/2016NianWoGuoWenHuaChanPinChuKouShuJuFenXi.html.

于发达国家持续期均值。而对部分发展中国家，部分产品类别持续期为0，说明部分文化贸易品并未有效进入部分发展中国家市场，文化产品在部分发展中国家仍然具有“奢侈品”或者高档消费品的色彩，从而导致发展中国家文化消费存在严重不足现象。

（七）文化科技创新亟须鼓励与推动

与文化产业发展水平高、速度快的国家进行对比，我国现阶段的文化产业科技创新存在着多方面的问题，如文化科技创新基础相对薄弱、文化科技创新制度不够完善、文化科技创新政府扶持力度较弱。具体分析如下①。

1. 文化科技创新基础相对薄弱

文化产业作为我国国民经济的重要组成部分，其经济总量高速增长和产业规模持续扩大实属正常，但大并不等于强。中国经济的高速增长多数依靠技术含量偏低的资金拉动，经济增长中科技贡献率较低，与发达国家的水平有较大差距。可以说，科技落后是制约我国经济增长的最大瓶颈。而目前科技发展基础相对薄弱，面临具有国际影响力的重大原创成果少，引领科学潮流的大师级人物和世界级科学家少，基础研究促进经济社会发展的作用少等现状，同时缺乏创新型人才，致使原始创新能力不够强。历史表明，文化的每一次革命性进步，都是重大技术创新和扩散的结果。如无线电技术的运用带来了广播和电视的新生，网络技术的发展引发了文化传播方式的革命。在新技术革命浪潮中，传统文化内容与信息技术、网络技术、数字技术对接，派生出网络游戏、数字视听、三维动画等一系列新兴业态，使文化内容更加吸引人、文化传播更加快捷、文化的影响力更加深远。不仅如此，信息技术和网络技术还催生了物联网等新兴产业的发育和发展。科技和产业革命对文化产业发展影响的深度和广度愈发凸显②。因此，在数字化、网络化、多媒体化等高新技术迅速发展的今天，如何促进其充分发展和利用，促进文化产业带来新的发展是各级政府和文化产业从业人员应思考的问题。

2. 文化科技创新制度不够完善

就科技体制而言，我国现行科技体制还存在着不同程度的弊端，对科技创新造成严重制约，集中体现在管理体制、治学体制、评价机制和转化机制上。就管理体

① 倪健．文化产业科技创新能力提升研究．经济视野，2016（15）.

② 以科技创新推动文化产业大发展．（2012－01－17）．http://xh.xhby.net/mp2/html/2012-01/17/content_496950.htm.

制而言，目前的科研管理正在引进市场竞争机制，但是从整体上看，科技资源分配的权力还是集中在少数部门、少数人身上；科技评价体系过分追求论文数量和刊物档次；转化机制则没有实现科技与经济的充分融合，由于缺乏科技成果转化的信息渠道、专门机构、专项资金以及专业人员，许多科技成果仅仅停留在纸面上而没有转化为现实生产力。相应地，在文化科技创新方面就会存在先天的限制与缺陷。

此外，文化科技创新中，文化创意成果是十分重要的，然而目前对此的保护措施却相对缺失，不够完善，也挫伤了相当一部分人发掘文化创意的积极性。因此完善的知识产权保护体系对于鼓励自主研发和创意创新具有十分重要的意义。目前我国在知识产权保护方面无论是在立法，还是在行政查处机制管理上都存在问题。由于创意成果本身的特点，权利人通过诉讼途径维护权益的成本相对较高，比如诉讼程序烦琐，调查取证常常造成延迟，导致同类竞争产品可能占领市场，给权利人的利益造成更大的损害。同时知识产品不同于有形资产，由于缺乏教育和经验，权利人自身避免和防止被侵权的意识和能力也不足。

3. 文化科技创新政府扶持力度较弱

文化产业科技创新制度的落后，制约了科技创新的发展步伐及文化产业的整体发展。国家制定的文化产业相关政策法规没有跟上科学技术创新的前进步伐，这样便导致了文化产业的旧制度无法与科技进步进行融合，而新制度存在的缺陷也使得文化产业科技创新能力无法进一步提高。这也使得我国社会市场中的文化企业虽然科技创新能力与水平高，但从事内容生产的文化企业数量较少。再加上我国文化产业发展的优势主要集中在传统型新闻出版、广播与电视、文化产品、文化设备生产等领域，但是就科技创新而言，互联网与传统文化产业进行整合的结构仍停留在表层，一定程度上陷入了文化产业的原创水平不高，企业生产规模小、市场竞争能力低的困境，阻碍了文化产业竞争力的整体提升。

(八) 文化旅游产业融合程度有待加深

目前，文化产业与各种业态的融合趋势逐步加强，文化产业要想取得长足的发展，也需要积极加深与各种业态的融合，诸如跨要素的“文化＋科技”“文化＋金融”“文化＋创意”等形式，跨行业的“文化＋制造业”“文化＋旅游”“文化＋农业”等多种业态融合模式，跨平台的“文化＋互联网”典型模式等。但相对经济发达国家和地区而言，目前我国文化产业融合的整体状态还有待进一步深化，尤其是在文化旅游产业融合方面。在调整经济结构，由第一、第二产业转向第三产业的要求之下，作为第三产业支柱的旅游业也亟须进一步升级其发展模式。不难看出，文化旅游产业融合发展就变得更为重要。对目前文化旅游方面存在的问题可做如下分析：

1. 文化旅游融合趋势明显，但融合深度不够

尽管现在注重文化旅游产业融合发展，但是各地文化旅游产品的设计和开发存在零打碎敲、东凑西搬的问题，产品结构上仍以观光为主、资源开发仅停留在景区的开发建设和文化的保护上，缺乏文化内涵，缺少文化旅游的娱乐性和游客的参与性。如有些民族文化旅游景区把不同的民俗生搬硬套地杂糅在一起，使得其产品品位不高，品牌效益不明显，难以让游客感受和体验当地民俗风情[①]。

2. 文化旅游产业迅猛发展，但创新力不足

目前各地的文化旅游产品的创新程度还远远满足不了人们的需求，其产品单一，雷同现象比较严重，空间地域差异体现得不明显。这种现象不仅体现在核心旅游产品上，更体现在食、行、住、购、娱等各个附属旅游产品上，如相似的旅游景点、娱乐项目、旅游纪念品等。另外，很多旅游产品的时间传承性也比较差，未能有效开发本土古老民族文化，也没有把握旅游者未来的消费文化，导致不能完全地发挥文化产业对旅游业经济效益的促进作用。

3. 文化与旅游产业融合发展缺乏规划性

旅游与文化产业融合发展的关键是规划，按照其文化资源转化为旅游产品的可行性进行科学规划。但是，由于文化旅游资源归属多个部门管辖，资源利用效率低。由于经营市场管理不够规范、宏观规划不够科学、路线策划实施不够全面、现有的专业人员素养不足等多方面的原因，各地在进行旅游与文化产业融合发展时在发展理念和方案实施中都缺乏规划性。一方面在发展理念上缺乏全域发展观和游客需求导向观。规划中未能从整个区域、整个景区的整体规划角度谋划，实现差异化发展，并考虑区域内的市建设施、绿化、交通、生态等建设布局。另一方面在方案实施中未能坚持资源的开发利用与保护传承相结合，因地制宜，深入挖掘其文化内涵，而是随波逐流。

二、中国省市文化产业的发展建议

针对以上评述的我国文化产业存在的问题，本节将从整体上为今后我国文化产

① 李虹．海南省文化与旅游产业融合发展研究．合作经济与科技，2016（21）．

业的发展提供意见和建议。

(一) 全面促进文化产业均衡发展

1. 全面提升文化产业发展水平

应充分了解文化产业市场规律。从源头抓起发展文化产业，保证在资源、资本、政策、人才、法规、科研等诸多方面协同配合，使文化产业在生产力、影响力和驱动力方面共同发展。同时，加大政府在文化产业链各环节的支持力度，既要保证文化产业的生产环境，也要丰富能满足人民群众需求的文化消费产品，增加文化需求，使产业均衡可持续发展。

2. 提高东西部地区产业发展水平及均衡程度

相对经济发达地区，西部欠发达地区文化产业有着“先天不足”的劣势，主要表现在：人民文化需求低，文化消费市场尚未形成；配套政策、服务、设施和条件跟不上；人才、技术资源短缺，以技术、创意等为核心要素的现代文化产业和新兴业态发展受阻。由于这些条件的限制，尽管短时间内政府在文化产业驱动力方面做出了很大的努力，但仍与东部发达地区有较大差距。西部地区应明确自身条件，对弱势和不足集中力量进行弥补，积极克服短板因素，提高产业发展的均衡度。同时，利用自身的优势资源，找准自己文化产业发展的重心，而不是一味地跟风，投资在并无竞争优势的产业方向上。

3. 合理统筹规划文化产业区域布局

实施差异化的区域文化产业发展战略，加强分类指导，鼓励和引导各地在推动文化产业发展上突出地方特色、体现文化差异、避免重复建设和同质竞争，努力形成东中西部优势互补、相互促进、共同发展的良好局面。针对东部、中部和西部自身的优劣势特点，应采取不同的产业发展策略。利用东部地区文化创意基地多、人才和资源集中的特点，应倡导文化创新，提升文化品质，加快发展如创意设计、网络文化、数字文化服务等行业，培育科技型文化产业集群。而中部地区应完善产业政策，扩大文化消费，规范市场秩序，加快产业崛起，引导西部地区发挥资源优势，突出区域特色，培育消费市场，带动产业发展。西部地区则应重点发展文化旅游、传统演艺、工艺美术、艺术品、节庆会展等文化产业。同时，统筹城乡文化产业发展，支持中小城市利用当地特色资源打造文化产业亮点和品牌，鼓励资源型城市在转型过程中将文化产业作为结构调整的重要着力点，培育一批特色文化产业乡镇和文化产业特色村。

4. 因地制宜，促进地方特色文化产业发展

根据十七届六中全会和《国家“十二五”时期文化改革发展规划纲要》的要求，应“发掘城市文化资源，发展特色文化产业，建设特色文化城市”，“鼓励各地积极发展依托文化遗产的旅游及相关产业，发展特色文化服务，打造特色民族文化活动品牌”。近几年，文化部、财政部联合出台促进特色文化产业的文件，并且启动了相关工程，这项工作受益最明显的就是中西部地区。文化产业具有很强的地域性，不同的地区文化特色也应发展出不同特色的文化产业。依托地方性和民族性文化资源发展文化产业，是欠发达地区和广大农村的现实选择，也是其突出优势。诚然，文化生产直接面对当地的消费者，因此作为公共服务类的文化设施和产业门类要尽可能齐全，以此来丰富当地居民的文化生活和文化市场，但这并不意味着十几个行业齐头并进，同步发展，从客观上来看也不现实。不同地区应根据本地区的资源禀赋和发展现状，精心选择具有比较优势和发展潜力的产业作为本地区的主导产业，对主导产业实行政策倾斜，重点突破，做大做强，使其在全国甚至国际上具有竞争力。主导产业在区域文化产业竞争中具有明显的竞争优势和领袖地位，能在较长时期内影响该行业在全国发展的走向和力量格局变动，是地区文化竞争力的突出标志，也是落后地区实现文化产业战略，缩小区域差距，赶超发达地区的一个捷径。一个地区的主导产业不宜过多，而各地区选择什么作为主导产业，应充分考虑当地的资源丰度、市场容量、技术成熟性、经济及产业关联性，周边的竞争形势以及自身优势等因素。主导产业的形成与发展，既是文化产业内部各行业相互竞争、相互作用下市场选择的结果，也是政府引导和扶持的结果。各地区应把特色发展放在首位，以特色求生存、谋发展、赢市场、保优势。

5. 提高文化开放水平

广泛吸纳全世界有益的文化成果，扩大人文交流、提高文化传播能力、发展文化贸易，增强我们的国际话语权和文化影响力。要充分利用好各种各样的文化资源，利用好各种类型的文化交流渠道，如文化贸易、文化旅游、文化外交、国际交流论坛等，进一步支持文化产业走向世界，开拓国际市场，努力搭建文化产业国际化的平台①。

（二）完善健全文化企业融资体系

1. 拓宽融资渠道，优化融资结构

为切实解决文化产业的融资约束问题，从宏观层面应考虑构建多层次资本市

---

① 缪锦春. 上海自贸区制度创新与我国文化产业开放发展对策研究. 文化贸易，2015（2）.

场，通过发挥市场的资源配置作用解决文化金融的供需错配问题。从微观层面考虑，需要各金融行业细分市场，根据自身资产配置的特性，寻找合适的进入领域，支持文化产业发展。

为解决文化企业融资难的问题，支持文化企业采取多种方式进行直接融资。鼓励文化企业采取短期融资券、中期票据、资产支持票据等债务融资工具优化融资结构；鼓励文化企业通过发行集合债券、区域集优债券、行业集优债券、企业私募债券等拓宽融资渠道；支持具备高成长性的文化企业上市融资、再融资和并购重组。促进文化企业充分有效地利用股票、企业债券等融资工具和保险、信托、PE 等融资方式发展壮大。通过搭建综合运用统贷平台、集合授信等方式，加大对小微文化企业的融资支持。

鼓励社会资本进入公众文化事业领域，优化文化产业融资结构。一是通过不同的渠道减免贷款贴息、降低税收和行政事业性收费、提高项目补助、加强绩效奖励等，鼓励不同的资本形式如民营资本、外资、风险投资基金投资文化产业。二是降低准入门槛，积极鼓励支持民间资本参加文化产业领域的发展。三是因地制宜，制定一套民营文化企业发展的“投资指导”、“政策引导”和“文化产业项目库”，有针对性地开展项目投资。四是要加大文化产业基地建设，发挥文化产业的集群效应，推动文化产业发展，吸引投资。

搭建合理的文化中介机构，实现市场机制资源的有效配置。一是搭建文化事业投融资平台。借助于政府的全面主导，发挥中介组织的关键作用，研究并搭建好文化事业的投融资平台，使银行在研究机构、中介组织、担保机构、会计师事务所、信用促进机构等的帮助下形成一个综合性的投融资平台，为有需要的文化项目进行投融资活动。二是建设信息服务平台。应当大力建设文化产业投资信息服务平台，例如通过举办信息发布会、项目推荐会等有效形式的活动，为资质优、经济实力强的企业和社会资本进入文化产业提供服务。

2. 建立完善的无形资产市场体系

无形资产保护体系建设是发展文化金融的基础，完善现有无形资产保护的法律体系、提升侵权违法行为的惩治力度、明晰市场的边界等是构建良好制度保护环境的基础，能够激发文化产业的创作活力与提高资本进入文化产业的积极性。

推进无形资产评估与流传平台建设，归集文化产业端与金融端的需求与供给信息，降低双方对接的搜寻成本与交易成本。明晰公益性文化产业与非公益性（营利性）文化产业的边界，推进国有非公益性文化产业的转企改制，降低该类企业的政策风险，降低行业准入标准，通过市场化竞争提高行业内企业的质量。

总结并借鉴文化金融发达国家的成功经验。例如，美国成熟的多层次资本市场建设经验，推进以市场为导向的金融对接模式；税费差异优惠、产业基金支持、专项资金配套的英国模式；无形资产证券化、政府提供融资担保、产业振兴基金支持的日本模式。

建立产权交易中心，为文化产业发展提供专业有效的平台和多渠道的支持。具体模式方面，体现在通过规范化的市场化运作，依托产权交易、信息披露等有效方式，为不同性质的文化产权主体提供资本渠道和定价参考模型，保证不同类型的文化企业能够顺利完成重组和并购。

3. 充分发挥政府引导作用，建立健全文化产业融资服务体系

一方面，作为投资者，政府应通过税收、财政补贴、政府采购、文化发展专项资金等鼓励政策，支持企业自主创新，引导资金流向文化企业。例如，设立文化产业投资基金，对新兴文化产业进行引导性、示范性投资，进而带动民间资本和外资进入。另一方面，政府应积极吸收非文化部门和社会的投资。政府作为文化产业的组织者和管理者，应鼓励有实力的企业投资文化产业；提供融资担保和优惠信贷资金，可以设立贷款风险补偿基金，对符合政策导向的文化产业贷款给予贴息支持，对银行贷款损失给予一定补偿，引导信贷资金向文化产业倾斜；制定减免税等优惠政策，吸引国内外企业积极参与文化设施建设和经营；引导多种经济成分参与国有文化企业股份制改造等①。通过设立专门从事文化企业无形资产评估与咨询的评估机构、建立知识产权交易市场、建立文化产业融资担保机构等方式，化解企业无形资产评估、处置难题，以消除资本对进入文化产业领域的后顾之忧。搭建文化产业信息服务平台，形成市场信息的集中化、规范化，能够促使市场供需双方的有效对接，降低信息搜集成本，提高投融资效率。

（三）加快建设文化产业人才队伍

1. 优化文化产业人才政策

解决人才结构性失衡、高端复合人才缺乏问题的关键在于完善有关文化产业人才的政策。需要将“引进和培养相结合、以培养为主体”作为人才政策的主要原则。在人才引进过程中，应有计划有针对性地引进和配置一批海外优秀文化产业人才，充实和优化当下的文化产业人才队伍。一方面发挥这类人才作为领军人物的作

① 谭福梅，纪瑞朴．国外文化产业融资机制的启示．(2012－10－26)．http://www.financialnews.com.cn/wh_138.jrwh/201210/t20121026_18859.html.

用，另一方面充分发挥利用其文化产业发展的前沿管理理念、创意思路、运营模式等优势，影响和带动现有的人才队伍，使我们的人才水平和素质能在较短的时间内尽快提升起来。在人才培养过程中，加速培养文化产业方面的国际化经营人才、国际文化商务谈判人才、电子商务人才、高端外语人才、国际国内法律通识人才、金融保险人才、国际旅游人才、文化产业创意与研究人才等。完善教育培训体系建设，建立文化高级人才培训开发基地，培养外向型、创新型、复合型、协作型的系列人才，健全多渠道筹措经费的机制，统筹利用政府、学校、企业、社会等各方面资源。注重从国家层面，通过教育、资助、营造外部环境、政策利好等多种方式为本国的文化创意人才吸纳和培养提供支持是建设并壮大文化产业人才队伍的共同道路。还应制定出能够满足不同行业领域、不同类别、不同层次文化产业人才培养及人才激励的合理可行的政策体系。

2. 完善文化产业人才培养培训机制

产学研合作教育，是一种以培养学生的全面素质、综合能力、就业竞争能力为重点，充分利用学校与企业、科研等多种不同的教育环境和教育资源以及在人才培养方面的各自优势，把以课堂传授间接知识为主的学校教育与以直接获取实际经验、实践能力为主的生产、科研实践有机结合的教育模式。采用不同的模式均可达到产学研一体的效果，具体有以下三种模式可供参考：一是校企合作模式。高校和企业合作办学有利于充分利用双方的资源优势，有利于对人才培养模式的更新，有利于培养社会急需的应用型合格人才，是互利互赢的举措，适应国家高等教育改革的方向。二是“校校合作”模式。中国文化产业的发展起步较晚，师资力量储备不足，急需“双师型”和“复合型”的教师队伍。但是，现有教师向这两方面发展需要一定的时间。不同高校根据自己的优势完成对应的教学内容，这种“强强联手”的形式充分整合了现有资源，形成一种专业优势互补和资源共享的状态，不但解决了教学水平参差不齐的问题，而且会使学生人文底蕴基础更加扎实，教学质量得到提高。另外，在“互联网＋”时代，还可以考虑发挥网络的优势，在“校校合作”模式的基础上发展远程教育。目前，具有远程教育资格的高校所开设的专业中尚未包括文化产业管理，如果在远程教育中增加文化产业管理专业，可以使已经从事文化产业管理相关工作的人员得到理论知识指导，解决他们面临的现实问题。他们中的大多数已经是实践经验丰富的人才，再加上理论知识的提高，将转化为一大批具有专业水准的文化产业管理人才。这不但增强了大学的文化辐射功能，而且从整体上提高了全民对文化产业的认识水平，将促使中国文化产业向着更好的方向发展。三是“专业＋”的培养模式。文化产业人才的典型特点是复合型，而单一的专业很难培养出复合型的人才。为此，提出“专业+”的新培养模式，以整体性的制度设计，确立了服务新常态和学生可持续发展的复合型创新创业人才培养目标；主干专业着重培养学生的专业核心能力，突破既有的专业壁垒和学科专业边界，实现跨界融合和资源共享；突破既有教育教学组织模式，建立开放和协同育人的运行机制；突破一考定终身的“计划型”弊端，把学习自主权还给学生。

3. 拓展文化产业人才培训渠道

面对人才匮乏已成为制约我国文化产业发展瓶颈的严峻现实，各级政府需要解放思想，大胆创新，全力推出一些加强文化产业人才培养的有效举措，根据市场需要，有针对性地开展多渠道、多层次的人才培训，加大文化产业人才培训的广度和力度。第一，制定长远的人才开发战略，建立学习型组织。倡导“以人为本”的管理理念，根据我国文化产业对人才的需要，制定长远的人才开发战略，将文化产业人力资源开发利用与企业产业结构调整、升级以及企业的发展战略等紧密结合。第二，重视人才的在职培训。我国文化企业要建立完善的人才培训体系和各项配套制度，包括选拔制度、协约制度和考核评价制度等。通过授权机制、工作轮换制、项目实践等各种方式组织人才学习。第三，充分利用高校培养高素质人才的教育优势，有计划地培养文化产业领域所需要的高素质人才，如建立人才培训基地，根据文化产业发展的需要和各地的要求，积极组织形式多样的培训活动，聘请国内外文化产业专家学者授课，重点开展法律法规、产业政策、经营管理、职业技能和技术应用等方面的学习与研究，进行出版、游戏、娱乐、经纪人、主持人等各种文化产业技能培训等。第四，引进国外文化培训机构，加强培训教育。可以引进国内外著名培训机构和培训组织建立文化培训机构，开办文化产业人才实习实训基地，为我国文化产业的可持续发展进行人力资源储备和高端人才的培养，提升本土文化产业从业人员的综合能力和技术水平。

（四）科学规划开发利用文化资源

1. 完善文化资源开发体制机制

处理好文化产业发展中的重大关系，进一步发挥市场在文化资源配置中的积极作用，同时始终坚持把社会效益放在首位，努力做到社会效益与经济效益相统一。

一是实现资源的优化组合。尝试推进文化产业向相关产业扩展和融合，加快组建文化产业集团，鼓励和支持文化产业集团打破区县分割和行业壁垒，跨县区、跨行业经营，依托区位优势和文化资源优势，培育和发展重点文化产业门类，形成相互补充、相互促进、富有鲜明地域特色的文化产业集群，以产业融合凝聚文化资源转化的合力。还有，文化旅游是我国很多文化产业发展相对滞后的地区发展的重心。其在对文化资源的开发、利用、保护上，基础设施建设、景点与景点的沟通、综合性和专题性的旅游形式、特色旅游产品的开发、客源构成和接待能力等各个方面都要进行周密考虑、妥善安排、协调发展。

二是管理机制体制进一步完善。就政府而言，应该优化顶层设计，提高政府作为。政府在出台一系列政策之前应多方思量，实地考察，提出可行的、扎实的、适合国家现阶段国情的方案，忌大忌空，反对快速的、单一的发展设计。同时，提高地方政府在资源开发方面的权限，着眼于各地自身条件，力求想出更多的创意和更好的模式。就地方而言，各部门应紧紧围绕总负责人的部署安排，在明确职责、合理分工的前提下，统一步调，各司其职，充分协作，在旅游、文化、文物、园林、宗教等各个方面开展工作。在文化资源密集的地区可专设管理区，由主管领导牵头，相关部门派员参加，设置共同管理委员会，由此加强领导、协调关系、完善管理。

2. 依托地方文化资源，打造特色文化品牌

对各地区文化资源进行科学梳理和归类，准确把握各类文化资源的特性，是合理开发文化资源、打造文化特色品牌的前提。在资源开发过程中，抓品牌、走特色道路是最重要也是最合理的发展方式。找出资源蕴含的独特文化，将其作为发展的立足点，以点出发，辐射于生活、生产的方方面面，形成品牌效应。在和其他地区趋同的资源方面，可以做到翻新升华，找出相同文化中的不同处，形成资源开发特色。开发道路更应走特色，“千城一面”终有腻烦的一天，只有创新资源开发方式，才不会被时代淘汰，才能引起人们的关注，流传更久。

文化是资源开发的根本，是资源开发的基础，一味地追求经济利益而不在乎从文化视角来看这样的发展是否合理，长此以往只会导致文化被掏空、变形、不复存在。因此，在开发地方文化资源时，不仅要考虑经济效益，而且要从文化视角方面，审视制度制定的合理性，以保护和传承为先，开发和利用才能做到有理有据，水到渠成。有针对性地出台扶持本地特色发展的政策，有选择、有目标、特色化、专业化地发展本地文化产业。同时在资源开发过程中，需要深化文化价值，注重提升文化品位。根据比较优势原理，发展优势文化产业，发挥集聚效应，形成行业带头示范作用。

文化资源在很大程度上存在可循环利用、反复开发的特点，因此在文化资源的开发过程中，也要注重资源的保护，走绿色可持续发展的道路，比如各类文化遗产

的传承和保护。做到发展方式绿色，推进文化与科技融合，节能环保；做到发展环境绿色，把握正确舆论导向，治理社会文化环境，依法规范；做到发展结果绿色，丰富优秀精神文化产品和优质文化服务供给，向上向善。

3. 健全现代市场体系，实现文化资源向文化资本转变

文化资本的实质是能带来新价值的文化价值积累，其价值增值的途径是文化资源经过优化配置后形成文化产品和服务。文化资源只有走向市场，才能成为文化资本，创造经济价值。实现文化资源向文化资本转变，必须建立健全现代文化市场体系，完善文化资源市场化配置制度，促进文化资源合理流动、优化配置。同时，加强文化市场监管和调控，明确文化市场主体权责，改进政府管理模式，加强综合执法，规范文化产业运营，维护文化市场公平竞争环境。

4. 完善产业发展机制，促进资源优势向产业优势转变

实现产业化发展，是文化资源创造价值、造福社会的必由之路。特别是中西部文化资源富集地区，把厚重的传统文化资源开发好、配置好、利用好，转化为产业发展优势，是区域文化和经济繁荣发展的重要途径。应完善文化产业发展机制，走集约化发展道路，注重培育品牌，形成自身特色和竞争优势；建设文化产业集群及文化产业基地，形成具有联动效应的文化产业带；引进和培养文化产业人才，完善人才有序流动机制，激发人才创新创业热情；出台扶持文化产业发展的政策措施，促进资源、要素向优势文化产业和企业集聚。

(五) 优化升级发展文化产业园区

1. 健全文化产业园区相关政策

一是建立并完善文化产业园区建设的准入制度以及有效的监督机制，切实解决园区同质化、低端化、空壳化问题。可以借鉴建筑工程项目专家评审制度，建立独立权威的文化产业重要项目建设专家评审制度（包括立项评审及运行考核评审等）。要在遵循市场化、产业化、专业化运作模式的基础上对项目建设进行规范有效的监管。政府主导的园区可以组建园区投资开发公司，实行企业化、市场化、专业化运营管理。各级文化行政部门要做好各级各类文化产业园区基地的命名工作，制定清晰、量化的认定标准，执行公平、公正的认定程序，坚持宁缺毋滥的原则，严格控制新命名园区、基地的数量，保证新命名园区、基地的质量，坚决防止将不符合要求的单位命名为文化产业园区、基地。对于辖区内没有命名的园区、基地，文化行政部门也要加强调控和管理，坚决防止一哄而上、盲目投资、过多过滥，或以文化

产业园区、基地名义开展与文化产业无关的建设、经营活动。

二是加强监管，理顺管理职权配置，强化产业统筹管理。科学准确地把握政府部门角色定位，切实推动文化管理体制机制创新，理顺文化产业管理职权配置，建立完善以市场为资源配置手段的公平市场环境，形成全省文化产业统筹发展、高效服务的管理机制，有效解决政出多门、管理分头、审批烦琐等问题。充分发挥属地文化行政部门对国家级文化产业示范园区、基地的管理职能，形成末端管理有着力点的机制。建立严格的园区、基地退出机制。各级文化行政部门要严格按照各级各类文化产业园区、基地管理办法，加强对园区、基地的动态监管，及时、准确掌握园区、基地发展情况，建立严格的退出机制，杜绝名不副实、低水平重复建设、浪费土地资源、破坏文化资源、损害社会效益等情况发生。

三是完善文化产业配套政策，强化政府对产业发展的引导作用。切实推动国家相关政策执行落地，健全基地和园区文化产业政策法规体系，不仅要制定完整详细、目标合理清晰的中长期文化产业发展规划，还要出台文化与科技、金融、旅游及制造业等相关产业融合的一揽子专项政策及其实施办法，并编制接地气的融合发展项目（招商）目录，形成发展规划、专项政策以及扶持资金“三位一体”的文化产业发展政策体系。财政扶持基金既要“扶优助强”，又要“扶小助新”，要把企业的创新性、成长性、解决就业等作为财政支持中小微企业的主要考量指标。

四是建立园区、基地发展绩效科学评估机制。各级文化行政部门要鼓励专业权威的第三方机构，开展文化产业园区、基地评估工作，建立文化产业园区、基地综合和专项评价体系，从文化内容、经济效益、社会效益、创新能力、管理制度、发展规模、集约程度、示范带动作用等方面评选出具有综合竞争力、影响力、创新力、入驻价值和投资价值等的园区、基地。将评估数据纳入园区、基地数据库，形成园区、基地数据池，将评估数据和结果作为园区、基地管理和监督指导的依据。

2. 创新模式，指导园区科学可持续发展

各级行政部门要引导园区在建设中探索建立开放、共享、协同发展的新模式、新路径，推动区域内外资源整合，引导产业链、人才、资本、技术等资源的横向整合，促进区域协调发展。一是以建设区域内园区（基地）共享的公共服务平台与中介服务体系为突破口，推动区域内外产业链、人才、资本、技术等资源的横向整合，形成园区及产业发展的合力。二是要通过文化产业转移园实现部分地区文化产业的转型升级，并带动欠发达地区文化产业的发展；二三线地区园区发展可探索与品牌园区运营商、龙头企业的合作共建的模式。三是鼓励区域内园区通过收购、兼并等方式整合产业链上下游优秀文化创意企业，通过资源整合，形成推动企业和行业快速发展的强劲动力。四是探索依托实体园区，打造无界域国际化的虚拟文化产业园区，这是未来文化（创意）产业园区发展的崭新模式。

3. 拓宽路径，推动园区、基地健康快速发展

各级文化行政部门要注重优化园区、基地的服务，同时理顺存量，严控增量，加强管理，推动产业融合，促进园区产业结构优化与产业效益的提升。一是按照准入门槛对各地文化产业园区存量进行分类清理，对名不副实、功能定位不明确、缺乏文化内涵或地产化问题严重的园区要予以关停并转，严格控制增量。二是对一些具有较高的公众认可度并初具地方文化名片效应但经济贡献还有限的“三旧”改造文化艺术类产业园、地方特色文化园，政府要更多地从城市创意文化的培育、公共文化空间的配套建设出发予以保留，同时创造条件使其与相关产业链条接驳，形成规模效应，实现从创意到创富的漂亮转身。三是大力推动文化与科技、制造、旅游等产业的融合，加大对核心内容产业重点项目的扶持，充分发挥政府文化产业发展基金的杠杆作用，引导社会资本进入重点发展项目，引导园区产业向中高端发展，促进园区产业结构优化与经济效益的提升，从根本上扭转园区普遍亏损的局面。

（六）加速创建文化产业共建共享

中央经济工作会议提出推进供给侧改革，通过创造新供给提高供给体系质量和效率。推进产业结构性改革，成为当前适应新常态经济发展的主题词。推进共建共享，发挥人民群众在文化产业发展中的主体作用，体现文化产业的普遍服务原则，满足广大群众日益增长的多元化的精神文化需求。面对转型升级的要求，从供给侧发力，通过创新生产思路，创造新的消费增长点，以更多更高品质的文化产品供给释放市场活力，将是文化产业未来持续健康发展的关键所在。

1. 创新驱动，培育文化消费新增长点

目前，制造新的文化消费增长点将是文化产业供给侧改革的重要抓手。这就需要深入研究文化市场需求的新变化新特点，逐步促进文化供应市场繁荣，积极开拓大众文化消费市场，提供思想性、艺术性、观赏性有机统一、群众喜闻乐见的文化产品和服务，使文化产品和服务供应更加丰富多彩，从而达到降低文化产品价格的目的。此外，由于文化产品的消费价格弹性为负，因此也需通过竞争使文化产品和消费价格更加符合市场实际。吸引并允许各类人群对文化产业的投资，通过市场和政府相结合，引导文化企业树立品牌意识、提高管理水平、加大文化创新力度，提升我国整体文化软实力，促进文化供应和消费市场繁荣。

同时需要引导居民树立正确的文化消费观念，改善文化消费现状。近年来，我国城镇居民文化消费水平明显提高，文化消费市场日益发展，居民文化消费正从过去的封闭内向向开放互动演变，从以前的求稳求同向求变求新演变，文化消费已体现出了其提高社会文明程度、促进人类全面发展的作用。但不可否认的是，我国城镇居民文化消费在总消费结构中的占比仍然不高，城镇居民的文化消费观念仍需进一步调整，文化消费市场仍有待发展。另外，不可否认的是，社会上还存在一些低俗、庸俗、媚俗的不正确文化消费观念，这些都需要加强引导力度，改变居民文化消费观念，提高居民对文化消费的接受力、领悟力和辨别力，以此进一步改善城镇居民文化消费乏力的现状。

2. 提升文化产品供给质量，加深文化业态融合

一方面，我国文化产品生产在数量上增势明显；另一方面，文化产品有单一化、跟风盛行、精品匮乏的问题存在。这是由文化市场开放度不平衡造成的，具有原创性、思想性的高端产品供给不足，另一些复制性、娱乐性的产品因竞争过度导致生产过剩。因此，应继续从推进文化体制改革入手，通过制度设计，排除阻碍文化生产者自主经营、自由选择和公平竞争的因素。

当前，以“文化＋”带动的跨界融合效应正在显现，各路资本纷纷进军文化领域，诸如跨要素的“文化＋科技”“文化＋金融”“文化＋创意”等形式，跨行业的“文化＋制造业”“文化＋旅游”“文化＋农业”等多种业态融合模式，跨平台的“文化＋互联网”典型模式等，不仅为传统资源注入了活力，重构了产业经济的生态环境，也为打造更多个性化、分众化、多样化的产品和服务拓展了新思路。

3. 拓宽渠道，促进文化贸易的繁荣发展

一是要进一步挖掘发达市场的文化贸易潜力，助推文化贸易品质提升。从进出口规模来看，发达国家或地区的文化贸易均远高于其他国家或地区。发达国家不仅具有较高的购买力，而且由于文化消费具有“理性成瘾”特征，发达国家的文化消费对于文化产品品质的提升具有间接的促进效应。因此在出口市场选择方面，应鼓励和支持我国文化产品市场积极向发达国家进行倾斜，重点研究发达国家市场动态，这对于我国文化贸易的品质提升、可持续发展具有重要的现实意义和价值。

二是要充分利用文化“地缘”优势，提高我国文化贸易联系的持续期。针对我国文化贸易联系的持续期较短，即出口品在国外市场“生存期”较短的现象，要扩大文化贸易产品的市场范围、延长出口时期，就要有选择地开拓国外市场。首先，要充分利用我国与部分国家文化社会相近的“地缘”文化优势，尤其是针对中华文

化圈地区的出口贸易，在继续巩固原有的文化产品出口的同时，进一步发挥这些区域中华文化的外溢效应，拓展对其文化贸易出口的市场和份额。其次，应深入把握文化产品的本质特征和消费偏好特点，此前有过出口贸易的区域对于继续构建和开拓国际市场作用重大，因此国内文化贸易企业不仅要从利润角度出发，而且要借助各种渠道，比如大使馆等开拓国外市场。

三是要综合运用多种手段，提高文化产品的国际影响力和感染力。目前，我国文化“走出去”的过程中，经常采用演出和图书出版等传统方式。应借鉴国外先进经验，注重技术和艺术的融合，赋予文化产品生气勃勃的气质和昂扬向上的生命力，用夺人眼球的形象和别具风格的表演，直接与观众互动，拨动观众的情感，直入人们的内心。同时要学会打“组合拳”，通过多种手段的综合利用，用艺术的感染力吸引和打动外国观众的心。

（七）积极鼓励文化产业科技创新

《中华人民共和国国民经济和社会发展第十三个五年规划》明确提出，要“推进文化业态创新，大力发展创意文化产业，促进文化与科技、信息、旅游、体育、金融等产业融合发展”。因此，优化文化资源和生产要素，从要素驱动转向创新驱动，是文化产业发展的方向。要推进文化内容和形式、文化产品和服务、文化业态、载体渠道、体制机制、政策法规、运营模式等各方面创新，激发各方面参与文化产业发展的积极性、创造性。

1. 完善文化产业政策体系，支持文化科技创新发展

文化产业以创作、创造、创新为根本手段，是科技应用最广泛、科技创新最活跃的领域之一。因此，应全面梳理我国文化方面的法律、政策和条例，找出结构缺陷和不足；摸清文化产业现状，结合文化产业实际需要，确立文化法律体系建设的基本方向，拟定文化法律体系的整体框架，形成我国统筹全局的文化产业法律规章制度和规范。政府相关部门应为文化产业技术创新提供系统制度保障，加大文化科技资金投入；积极推动和扶持文化科技融合园区基地和骨干企业发展，实施包括数字文化产业工程在内的一些重大项目，在支持文化产业关键技术研发、推广和应用，加强文化科技创新体系建设和培养既懂文化又懂科技的复合型人才等方面开展相应的工作。

2. 出台科学政策，保护文化创意产业发展

对于文化创意产业的保护应该从根本上加大知识产权方面的政策保护力度。一

是应加大对知识产权的保护力度，实行属地管理和层级管理，强化市区（县）各级的知识产权监督管理责任，形成层级联动，实现执法指导与执法监管相结合，保证有法可依，并以较高的效率解决知识产权纠纷。除此之外，文化企业应建立健全知识产权管理制度，如采用采取保密措施、与员工签订保密协议及竞业禁止协议、细化和拆分开发项目环节等方式加强商业秘密保护。相关部门或协会应提供知识产权认知及维护方面的知识培训，提高文化企业的知识产权管理水平；提供知识产权纠纷调解服务，接受会员纠纷调解请求；对于恶意侵权企业或者恶意跳槽人员进行行业内通报等①。二是加大对知识产权的扶持力度，提高高新技术型文化企业以知识产权出资人入股的比例。对于文化企业知识产权研发费用、知识产权转化和实施费用等准予纳入企业研发费用予以抵扣，成果优异者给予适当奖励。建立知识产权评估程序和标准，探索文化企业以自主知识产权等无形资产进行质押或登记融资的模式与途径。三是政府加大对知识产权的保护和普法宣传力度，严厉打击盗版侵权行为，适当提高违法成本，强化知识产权体系中著作权、专利和商标在实际操作上的有效联系，提高工商、公安查处和办案时效，整顿和规范文化市场，构建公平竞争的秩序。

3. *着力发展数字创意文化产业*

数字创意文化产业是以创意为核心数字技术引领的战略性新兴产业，主要包含网络文学、动漫、影视、游戏、创意设计、VR、在线教育等7个细分领域。《2016中国数字创意产业发展报告》指出，2015年中国数字创意产业已集聚了36 948家企业、近384万从业人员，产值突破5 939亿元，同比增长22.9%，其中VR增幅最大，达267.5%。七大细分领域中，网络文学是IP源头，增速快；动漫的衍生市场潜力大；影视受众广泛，爆发强劲；游戏规模1 424亿元，电竞、VR是新增长点；VR规模15.4亿元，处于起步阶段，潜力旺盛；在线教育结合语音识别、AI等技术将有更多应用。不难看出，我国数字创意产业已经进入高速发展期。而且目前看来，英国数字创意产业占GDP的比重达到8%，居全球首位，全球音乐的15%来自英国，日本动漫制作占了全球60%的份额，而中国数字创意占GDP的比重仅为0.7%，未来还有巨大的发展空间。数字创意产业园区方面，呈现多业态聚合、信息技术作引擎的特点，2015年园区数量达到2 506家，主要以混合产业型为主，占比近七成。典型园区代表如常州创意产业基地是国家重要文科融合示范基

① 于雯雯．文化创意产业知识产权保护法律问题研究：以北京市为例．贵州师范大学学报（社会科学版），2013（5）．

地，以恐龙文化+VR+主题旅游为特色，入驻企业达700多家，2014年园区产值突破260亿元。

面对创意文化产业市场蓬勃发展的现状，一方面要大力发展新兴文化产业，推动“文化+”“互联网+”，促进新技术、新模式不断涌现，尽快成为新的增长点；另一方面加快传统产业转型升级，通过创新、创意、创造，推动传统增长点焕发新动力、满足新需求。推动技术、创意、内容与市场需求对接，催生新型文化业态，是文化产业结构优化升级的突破口。数字创意文化产业作为新一代信息技术和互联网、广播电视网、数字出版、数字文化艺术资源开发，以及虚拟现实（或增强现实）+动漫、游戏、演艺、文博会展、电影等相结合的产业，将会形成新的文化业态。

(八) 推动文化旅游产业深度融合

1. 深入挖掘旅游资源的文化内涵，提升融合深度

旅游资源是旅游产业发展的核心组成部分，同时也是文化产业的重要组成部分，面对不同类型的旅游资源，应当分别制定措施深入挖掘其文化内涵，提高两者融合的深度。以海南省少数民族文化旅游为例，海南省是多个民族聚集的省份，主要有汉、黎、苗、回、藏、彝、满等30多个民族。不同的民族又有着不同的风俗习惯和民族服饰，它们本身承载着厚重的历史和深厚的文化底蕴，构成了海南文化的重要组成部分，我们应该保持其各自原生态的生活和习俗，并传承下去，最终形成品牌效应，提升融合的深度。

2. 创新人才发展机制，发展创新创意产业

文化产业是创意型产业，其核心资源为人才，而且旅游业的产业升级以及吸引力增强也需要借助文化产业的创意性，地区需要创新和完善人才引进、培养、使用机制。具体而言，实现“引进一个，提升一批本土后备人才”的人才使用思路，并按照“先急后缓”的思路，走“先满足产业急需的高端人才，后培养实用型的产业基础人才”的人才发展道路，最终培养具有广泛开展产业特色资源挖掘、整理和研究能力的多功能型人才。同时，创新创意产业作为旅游与文化产业融合发展的主要动力，地区应当通过系统科学的方法依托其独特文化资源组织文化创意人才进行相关的旅游、文化、会展、动漫等创作，引导文化创意产业发展，为两者的融合发展奠定基础。

3. 因地制宜，实现差异化发展

旅游产业和文化产业的融合是一个逐渐发展的过程，两者之间的融合大致可以

分为三个阶段：以文化促销、文化单纯为旅游服务为特点的初级阶段；以物质及非物质文化保护性开发为特点的中级阶段；以文化产品具有文化和旅游双重属性为特点的高级阶段。因此，规划者需要了解各自所处的阶段，并从政府引导、制度安排和资金导向等方面促使两者的融合由初级阶段向高级阶段发展。同时，两者融合发展的空间规划也是十分重要的，需要紧密依托各个地方不同的自然、地理、文化等特色资源，通过文化项目、物质文化遗产、生态休闲等模式实行差异化建设和错位化发展。

附件一　文化及相关产业分类（2012）

一、目的和作用

（一）为深入贯彻落实党的十七届六中全会关于深化文化体制改革、推动社会主义文化大发展大繁荣的精神，建立科学可行的文化及相关产业统计制度，制定本分类。

（二）本分类为界定我国文化及相关单位的生产活动提供依据，为当前的社会主义文化建设、文化宏观管理提供参考，为文化及相关产业统计提供统一的定义和范围。

二、定义和范围

（一）定义

本分类规定的文化及相关产业是指为社会公众提供文化产品和文化相关产品的生产活动的集合。

（二）范围

根据以上定义，我国文化及相关产业的范围包括：

1. 以文化为核心内容，为直接满足人们的精神需要而进行的创作、制造、传播、展示等文化产品（包括货物和服务）的生产活动；

2. 为实现文化产品生产所必需的辅助生产活动；

3. 作为文化产品实物载体或制作（使用、传播、展示）工具的文化用品的生产活动（包括制造和销售）；

4. 为实现文化产品生产所需专用设备的生产活动（包括制造和销售）。

三、分类原则

（一）以《国民经济行业分类》为基础

本分类以《国民经济行业分类》（GB/T 4754—2011）为基础，根据文化及相关单位生产活动的特点，将行业分类中相关的类别重新组合，是《国民经济行业分类》的派生分类。

（二）兼顾部门管理需要和可操作性

根据我国文化体制改革和发展的实际，本分类在考虑文化生产活动特点的同时，兼顾政府部门管理的需要；立足于现行的统计制度和方法，充分考虑分类的可操作性。

（三）与国际分类标准相衔接

本分类借鉴了联合国教科文组织的《文化统计框架—2009》的分类方法，在定义和覆盖范围上可与其衔接。

四、分类方法

本分类依据上述分类原则，将文化及相关产业分为五层。

第一层包括文化产品的生产、文化相关产品的生产两部分，用“第一部分”、“第二部分”表示；

第二层根据管理需要和文化生产活动的自身特点分为 10 个大类，用“一”、“二”……“十”表示；

第三层依照文化生产活动的相近性分为 50 个中类，在每个大类下分别用“（一）”、“（二）”、“（三）”……表示；

第四层共有 120 个小类，是文化及相关产业的具体活动类别，直接用《国民经济行业分类》（GB/T 4754—2011）相对应行业小类的名称和代码表示。对于含有部分文化生产活动的小类，在其名称后用“＊”标出。

第五层为带“＊”小类下设置的延伸层。通过在类别名称前加“—”表示，不设代码和顺序号，其包含的活动内容在表2中加以说明。

五、文化及相关产业分类表

表1　　文化及相关产业的类别名称和行业代码

类别名称	国民经济行业代码
第一部分　文化产品的生产	
一、新闻出版发行服务	
（一）新闻服务	
新闻业	8510
（二）出版服务	
图书出版	8521
报纸出版	8522
期刊出版	8523
音像制品出版	8524
电子出版物出版	8525
其他出版业	8529
（三）发行服务	
图书批发	5143
报刊批发	5144
音像制品及电子出版物批发	5145
图书、报刊零售	5243
音像制品及电子出版物零售	5244
二、广播电视电影服务	
（一）广播电视服务	
广播	8610
电视	8620
（二）电影和影视录音服务	
电影和影视节目制作	8630
电影和影视节目发行	8640
电影放映	8650
录音制作	8660
三、文化艺术服务	
（一）文艺创作与表演服务	
文艺创作与表演	8710

续前表

类别名称	国民经济行业代码
艺术表演场馆	8720
（二）图书馆与档案馆服务	
图书馆	8731
档案馆	8732
（三）文化遗产保护服务	
文物及非物质文化遗产保护	8740
博物馆	8750
烈士陵园、纪念馆	8760
（四）群众文化服务	
群众文化活动	8770
（五）文化研究和社团服务	
社会人文科学研究	7350
专业性团体（的服务）*	9421
—学术理论社会团体的服务	
—文化团体的服务	
（六）文化艺术培训服务	
文化艺术培训	8293
其他未列明教育 *	8299
—美术、舞蹈、音乐辅导服务	
（七）其他文化艺术服务	
其他文化艺术业	8790
四、文化信息传输服务	
（一）互联网信息服务	
互联网信息服务	6420
（二）增值电信服务（文化部分）	
其他电信服务 *	6319
—增值电信服务（文化部分）	
（三）广播电视传输服务	
有线广播电视传输服务	6321
无线广播电视传输服务	6322
卫星传输服务 *	6330
—传输、覆盖与接收服务	
—设计、安装、调试、测试、监测等服务	
五、文化创意和设计服务	
（一）广告服务	
广告业	7240
（二）文化软件服务	
软件开发 *	6510

续前表

类别名称	国民经济行业代码
—多媒体、动漫游戏软件开发	
数字内容服务 *	6591
—数字动漫、游戏设计制作	
（三）建筑设计服务	
工程勘察设计 *	7482
—房屋建筑工程设计服务	
—室内装饰设计服务	
—风景园林工程专项设计服务	
（四）专业设计服务	
专业化设计服务	7491
六、文化休闲娱乐服务	
（一）景区游览服务	
公园管理	7851
游览景区管理	7852
野生动物保护 *	7712
—动物园和海洋馆、水族馆管理服务	
野生植物保护 *	7713
—植物园管理服务	
（二）娱乐休闲服务	
歌舞厅娱乐活动	8911
电子游艺厅娱乐活动	8912
网吧活动	8913
其他室内娱乐活动	8919
游乐园	8920
其他娱乐业	8990
（三）摄影扩印服务	
摄影扩印服务	7492
七、工艺美术品的生产	
（一）工艺美术品的制造	
雕塑工艺品制造	2431
金属工艺品制造	2432
漆器工艺品制造	2433
花画工艺品制造	2434
天然植物纤维编织工艺品制造	2435
抽纱刺绣工艺品制造	2436
地毯、挂毯制造	2437
珠宝首饰及有关物品制造	2438
其他工艺美术品制造	2439

续前表

类别名称	国民经济行业代码
（二）园林、陈设艺术及其他陶瓷制品的制造	
园林、陈设艺术及其他陶瓷制品制造＊	3079
—陈设艺术陶瓷制品制造	
（三）工艺美术品的销售	
首饰、工艺品及收藏品批发	5146
珠宝首饰零售	5245
工艺美术品及收藏品零售	5246
第二部分　文化相关产品的生产	
八、文化产品生产的辅助生产	
（一）版权服务	
知识产权服务＊	7250
—版权和文化软件服务	
（二）印刷复制服务	
书、报刊印刷	2311
本册印制	2312
包装装潢及其他印刷	2319
装订及印刷相关服务	2320
记录媒介复制	2330
（三）文化经纪代理服务	
文化娱乐经纪人	8941
其他文化艺术经纪代理	8949
（四）文化贸易代理与拍卖服务	
贸易代理＊	5181
—文化贸易代理服务	
拍卖＊	5182
—艺（美）术品、文物、古董、字画拍卖服务	
（五）文化出租服务	
娱乐及体育设备出租＊	7121
—视频设备、照相器材和娱乐设备的出租服务	
图书出租	7122
音像制品出租	7123
（六）会展服务	
会议及展览服务	7292
（七）其他文化辅助生产	
其他未列明商务服务业＊	7299
—公司礼仪和模特服务	
—大型活动组织服务	
—票务服务	

续前表

类别名称	国民经济行业代码
九、文化用品的生产	
（一）办公用品的制造	
文具制造	2411
笔的制造	2412
墨水、墨汁制造	2414
（二）乐器的制造	
中乐器制造	2421
西乐器制造	2422
电子乐器制造	2423
其他乐器及零件制造	2429
（三）玩具的制造	
玩具制造	2450
（四）游艺器材及娱乐用品的制造	
露天游乐场所游乐设备制造	2461
游艺用品及室内游艺器材制造	2462
其他娱乐用品制造	2469
（五）视听设备的制造	
电视机制造	3951
音响设备制造	3952
影视录放设备制造	3953
（六）焰火、鞭炮产品的制造	
焰火、鞭炮产品制造	2672
（七）文化用纸的制造	
机制纸及纸板制造＊	2221
—文化用机制纸及纸板制造	
手工纸制造	2222
（八）文化用油墨颜料的制造	
油墨及类似产品制造	2642
颜料制造＊	2643
—文化用颜料制造	
（九）文化用化学品的制造	
信息化学品制造＊	2664
—文化用信息化学品的制造	
（十）其他文化用品的制造	
照明灯具制造＊	3872
—装饰用灯和影视舞台灯制造	
其他电子设备制造＊	3990
—电子快译通、电子记事本、电子词典等制造	

续前表

类别名称	国民经济行业代码
（十一）文具乐器照相器材的销售	
文具用品批发	5141
文具用品零售	5241
乐器零售	5247
照相器材零售	5248
（十二）文化用家电的销售	
家用电器批发*	5137
—文化用家用电器批发	
家用视听设备零售	5271
（十三）其他文化用品的销售	
其他文化用品批发	5149
其他文化用品零售	5249
十、文化专用设备的生产	
（一）印刷专用设备的制造	
印刷专用设备制造	3542
（二）广播电视电影专用设备的制造	
广播电视节目制作及发射设备制造	3931
广播电视接收设备及器材制造	3932
应用电视设备及其他广播电视设备制造	3939
电影机械制造	3471
（三）其他文化专用设备的制造	
幻灯及投影设备制造	3472
照相机及器材制造	3473
复印和胶印设备制造	3474
（四）广播电视电影专用设备的批发	
通讯及广播电视设备批发*	5178
—广播电视电影专用设备批发	
（五）舞台照明设备的批发	
电气设备批发*	5176
—舞台照明设备的批发	

表 2　　对延伸层文化生产活动内容的说明

序号	类别名称及代码		文化生产活动的内容
	小类	延伸层	
1	专业性团体（的服务）（9421）	学术理论社会团体的服务	包括党的理论研究、史学研究、思想工作研究、社会人文科学研究等团体的服务。
		文化团体的服务	包括新闻、图书、报刊、音像、版权、广播、电视、电影、演员、作家、文学艺术、美术家、摄影家、文物、博物馆、图书馆、文化馆、游乐园、公园、文艺理论研究、民族文化等团体的服务。
2	其他未列明教育（8299）	美术、舞蹈、音乐辅导服务	包括美术、舞蹈和音乐等辅导服务。
3	其他电信服务（6319）	增值电信服务（文化部分）	包括手机报、个性化铃音、网络广告等业务服务。
4	卫星传输服务（6000）	传输、覆盖与接收服务	包括卫星广播电视信号的传输、覆盖与接收服务。
		设计、安装、调试、测试、监测等服务	包括卫星广播电视传输、覆盖、接收系统的设计、安装、调试、测试、监测等服务。
5	软件开发（6510）	多媒体、动漫游戏软件开发	包括应用软件开发及经营中的多媒体软件和动漫游戏软件开发及经营活动。
6	数字内容服务（6591）	数字动漫、游戏设计制作	包括数字动漫制作和游戏设计制作等服务。
7	工程勘察设计（7482）	房屋建筑工程设计服务	包括房屋（住宅、商业用房、公用事业用房、其他房屋）建筑工程设计服务。
		室内装饰设计服务	包括住宅室内装饰设计服务和其他室内装饰设计服务。
		风景园林工程专项设计服务	包括各类风景园林工程专项设计服务。
8	野生动物保护（7712）	动物园和海洋馆、水族馆管理服务	包括动物园管理服务，放养动物园管理服务，鸟类动物园管理服务，海洋馆、水族馆管理服务。
9	野生植物保护（7713）	植物园管理服务	包括各类植物园管理服务。
10	园林、陈设艺术及其他陶瓷制品制造（3079）	陈设艺术陶瓷制品制造	包括室内陈设艺术陶瓷制品、工艺陶瓷制品、陶瓷壁画、陶瓷制塑像和其他陈设艺术陶瓷制品的制造。
11	知识产权服务（7250）	版权和文化软件服务	版权服务包括版权代理服务，版权鉴定服务，版权咨询服务，海外作品登记服务，涉外音像合同认证服务，著作权使用报酬收转服务，版权贸易服务和其他版权服务。文化软件服务指与文化有关的软件服务，包括软件代理、软件著作权登记、软件鉴定等服务。

续前表

序号	类别名称及代码		文化生产活动的内容
	小类	延伸层	
12	贸易代理（5181）	文化贸易代理服务	包括文化用品、图书、音像、文化用家用电器和广播电视器材等国际国内贸易代理服务。
13	拍卖（5182）	艺（美）术品、文物、古董、字画拍卖服务	包括艺（美）术品拍卖服务，文物拍卖服务，古董、字画拍卖服务。
14	娱乐及体育设备出租（7121）	视频设备、照相器材和娱乐设备的出租服务	包括视频设备出租服务，照相器材出租服务，娱乐设备出租服务。
15	其他未列明商务服务业（7299）	公司礼仪和模特服务	公司礼仪服务包括开业典礼、庆典及其他重大活动的礼仪服务。模特服务包括服装模特、艺术模特和其他模特等服务。
		大型活动组织服务	包括文艺晚会策划组织服务，大型庆典活动策划组织服务，艺术、模特大赛策划组织服务，艺术节、电影节等策划组织服务，民间活动策划组织服务，公益演出、展览等活动的策划组织服务，其他大型活动的策划组织服务。
		票务服务	包括电影票务服务，文艺演出票务服务，展览、博览会票务服务。
16	机制纸及纸板制造（2221）	文化用机制纸及纸板制造	包括未涂布印刷书写用纸制造，涂布类印刷用纸制造，感应纸及纸板制造。
17	颜料制造（2643）	文化用颜料制造	包括水彩颜料、水粉颜料、油画颜料、国画颜料、调色料、其他艺术用颜料、美工塑型用膏等制造。
18	信息化学品制造（2664）	文化用信息化学品的制造	包括感光胶片的制造，摄影感光纸、纸板及纺织物制造，摄影用化学制剂、复印机用化学制剂制造，空白磁带、空白磁盘、空盘制造。
19	照明灯具制造（3872）	装饰用灯和影视舞台灯制造	包括装饰用灯（圣诞树用成套灯具、其他装饰用灯）和影视舞台灯的制造。
20	其他电子设备制造（3990）	电子快译通、电子记事本、电子词典等制造	包括电子快译通、电子记事本、电子词典等电子设备的制造。
21	家用电器批发（5137）	文化用家用电器批发	包括电视机、摄录像设备、便携式收录放设备、音响设备等的批发。
22	通讯及广播电视设备批发（5178）	广播电视电影专用设备批发	包括广播设备、电视设备、电影设备、广播电视卫星设备等的批发。
23	电气设备批发（5176）	舞台照明设备的批发	包括各类舞台照明设备的批发。

附件二　中国省市文化产业发展水平调研问卷

一、文化产业发展水平调查问卷（居民部分）

致受访者

您好，这里是中国人民大学创意产业技术研究院，我们正在进行一项中国省市文化产业发展水平的调查，请您对所在城市的以下生活现象给以评价，您的回答无所谓对错，谢谢您的合作！

甄别题

S1. 您目前居住在＿＿＿＿＿省＿＿＿＿＿市。（抽样市加其他选项，若选其他则终止访问）

S2. 请问您是否在所在城市居住一年以上？

①是（继续访问）　　　　　②否（终止访问）

S3. 您是否知道文化产业的概念？

①是　　　　　②否

（注：文化产业可以被理解为向消费者提供精神产品或服务的行业，包括新闻出版、广播电影电视服务、文化艺术服务、网络服务、休闲娱乐服务等等。）

S4. 您的年龄：＿＿＿＿＿

①16～20 岁　②21～29 岁　③30～39 岁　④40～49 岁　⑤50～65 岁

问卷主体

1. 请您为本市的文化氛围打分。（注：文化氛围是指对居民所在地区开展文体活动的次数、从事文化产业的企事业单位数量、文化产品和服务集散地与居民居住地间的距离、当地文化底蕴、文化环境、居民精神文化状况以及文化产业参与度等能反映一个城市文化气氛的一些因素的综合评价。）

几乎没有	1　2　3　4　5	非常浓厚

2. 一个城市应该包容多种文化，请您对这种说法的认同度打分。

非常不同意	1　2　3　4　5	非常同意

3. 请您为本市文化包容度打分。（注：一个城市的文化包容度就是一个城市是否包容多种文化元素、是否尊重和理解他人习惯传统、价值观等。）

非常不满意	1　2　3　4　5	非常满意

4. 据您所知，本市是否有象征性的文化符号（如雕塑、建筑、文化景观等能代表该城市文化形象的文化符号）？

①是　　②否　　③不知道

5. 与全国其他城市相比，请您为本市的文化形象打分。（注：城市文化形象，指一个城市文化环境、城市行为方式以及从中所反映出的城市思想观念、价值体系、意识形态等文化现状在社会公众心目中所产生的综合印象。）

几乎没有	1　2　3　4　5	非常浓厚

6. 您认为当前本市文化产业的发展状况如何？请您打分：________分。

市场不成熟，举步维艰	1　2　3　4　5	发展迅速，潜力巨大

基本信息

H1. 您的性别：________

①男　　②女

H2. 您的文化程度：________

①小学及以下　　②初中　　③高中及中专

④大学专科　　　　　　⑤大学本科　　　　　　⑥研究生及以上

H3. 您的邮箱：__________（选填）

H4. 您的联系电话：__________（必填）

二、文化产业发展水平问卷（企业部分）

导语（经理及以上级别）

您好！这里是中国人民大学创意产业技术研究院，我们受文化部委托，正在进行一项中国省市文化产业发展水平的研究，想了解一下贵公司的意见，我们的访问仅做统计研究之用，我们承诺对您公司的资料绝对保密，所有资料只用做统计分析。谢谢您的支持和配合！

甄别部分

S1. 公司所在城市为__________省__________市。（抽样市加其他选项，若选其他则终止访问）

S2. 贵公司是否从事文化产业相关业务？（注：文化产业可以被理解为向消费者提供精神产品或服务的行业，如生产与销售图书、报刊、雕塑、影视、音像制品的行业，戏剧舞蹈的演出、体育娱乐策划经纪业，装潢、装饰、形象设计、文化旅游行业。）

①是　　　　②否（终止访问）

S3. 贵公司的主要产品，大致属于下列哪一类型？（单选）__________

①新闻出版发行服务　　②广播电视电影服务　　③文化艺术服务

④文化信息传输服务　　⑤文化创意和设计服务　⑥文化休闲娱乐服务

⑦工艺美术品的生产　　⑧文化产品生产的辅助生产

⑨文化用品的生产　　　⑩文化专用设备的生产

S4. 您的姓名：__________　电话：__________（必填）

职务：__________（经理以下级别判断无效）E-mail：__________（选填）

问卷主体

1. 本市文化产业集聚效应如何？请您打分：__________分。（注：集聚效应包括两个方面的内容：一是在地域上的集聚，如形成一定规模的文化产业园区；二是企业间相互合作，资源共享，形成成熟的产业链或产业网。）

产业分散，规模效应非常差	1　2　3　4　5	规模效应很强

2. 本市文化产品和服务的市场需求情况如何？请您打分：__________分。

需求很小	1　2　3　4　5	需求巨大

3. 本市文化产业发展融资渠道是否令人满意？请您打分：__________分。

渠道单一	1　2　3　4　5	渠道多样

4. 本市针对文化产业的专项资金支持力度如何？请您打分：__________分。

力度非常小	1　2　3　4　5	力度非常大

5. 对本市文化产业政策支持的满意度，请您打分：__________分。

非常不满意	1　2　3　4　5	非常满意

6. 对本市知识产权保护的满意度，请您打分：__________分。

非常不满意	1　2　3　4　5	非常满意

7. 本市为文化产业提供服务的行业协会组织，起到了多大作用？请您打分：__________分。

作用非常小	1　2　3　4　5	作用非常大

8. 总体而言，贵公司对文化产业公共服务的满意度，请您打分：__________分。

非常不满意	1　2　3　4　5	非常满意

9. 本市文化企业与国外交流（包括对外贸易、项目合作、出国培训等）是否频繁？请您打分：__________分。

交流很少	1　2　3　4　5	交流频繁

基本信息

H1. 贵公司资产规模为__________。

①10 万～100 万元（含 100 万元）　②100 万～500 万元（含 500 万元）

③500 万～1 000 万元（含 1 000 万元）　④1 000 万～5 000 万元（含 5 000 万元）

⑤5 000 万～1 亿元（含 1 亿元）　⑥1 亿元以上

参考文献

[1] 国家统计局. 2015 年国民经济和社会发展统计公报.（2016-02-29）.

[2] 2016 年中国广电行业发展报告（2017-06-21）. http://www. sohu. com/a/150868071_152615.

[3] 中科动漫. 2016 年中国游戏产业报告.（2016-12-19）. http://sohu. com/a/121998140_502900.

[4] 2016 年新闻出版产业分析报告：数字出版高速增长.（2017-07-28）. http://www. xinhuanet. com/zgjx/2017-07/28/c_136479321. htm.

[5] 国家新闻出版广电总局. 2016 年新闻出版产业分析报告（摘要版 · 上）.（2017-07-25）. http://www. chinaxwcb. com/2017-07/25/content_358659. htm.

[6]“十三五”国家战略性新兴产业发展规划.（2016-11-29）. http://www. gov. cn/zhengce/content/2016-12/19/content_5150090. htm.

[7] 中国文化报. 中华人民共和国文化部 2016 年文化发展统计公报.（2017-05-18）. http://www. xinhuanet. com/culture/2017-05/18/c_1120994698. htm.

[8] 2016 年江苏省国民经济和社会发展统计公报.（2017-03-06）. http://www. tjcn. org/tjgb/10js/34836_5. html.

[9]北京市 2016 年国民经济和社会发展统计公报.（2017-02-25）. http://www. bjstats. gov. cn/tjsj/tjgb/ndgb/201702/t20170227_369467. html.

[10] 文化强国建设稳步推进　文化改革发展成绩显著.（2017-07-28）. http://www. stats. gov. cn/ztjc/ztfx/18fczj/201802/t20180212_1583201. html.

[11] 文化部. 文化部“十三五”时期文化科技创新规划.（2017-04-26）. http://zwgk. mcprc. gov. cn/auto255/201705/t20170503_493589. html.

［12］江苏文化产业向全方位纵深化发展.（2017－09－25）. https://www.ce.cn/culture/gd/201709/25/t20170925_26284681.shtml.

［13］2016 年我国文化产品出口数据分析.（2017－03－11）. http://www.baogaobaogao.com/C_QiTaBaoGao/2017－03/2016NianWoGuoWenHuaChanPinChuKouShuJuFenXi.html.

［14］王成强，毕西娟，刘兆莹. 我国文化产业布局存在的问题及对策探究. 科技论坛，2016（3）.

［15］欧阳友权. 文化产业人才建设：问题与思路. 福建论坛（人文社会科学版），2012（2）.

［16］王丽琦. 文化创意产业亟待突破人才瓶颈. 中国人才，2010（5）.

［17］詹双晖. 我国文化产业园区建设亟需破解的难题及其对策：以珠三角地区为例. 新经济，2017（5）.

［18］倪健. 文化产业科技创新能力提升研究. 经济视野，2016（15）.

［19］以科技创新推动文化产业大发展.（2012－01－17）. http://xh.xhby.net/mp2/html/2012-01/17/content_496950.htm.

［20］北京市国有文化资产监督管理办公室. 北京文化创意产业发展白皮书（2017）.（2018－01－30）. http://zfxxgk.beijing.gov.cn/110091/tzgg52/2018－01/31/content.9387184d40134eoea94354d9ad7e3f3b.shtml.

［21］李虹. 海南省文化与旅游产业融合发展研究. 合作经济与科技，2016（21）.

［22］缪锦春. 上海自贸区制度创新与我国文化产业开放发展对策研究. 文化贸易，2015（2）.

［23］谭福梅，纪瑞朴. 国外文化产业融资机制的启示.（2012－10－26）. http://www.financialnews.com.cn/wh_138.jrwh/201210/t20121026_18859.html.

［24］于雯雯. 文化创意产业知识产权保护法律问题研究：以北京市为例. 贵州师范大学学报（社会科学版），2013（5）.

［25］北京市文化局 2016 年工作总结.（2017－02－27）. http://www.bjstats.gov.cn/tjsj/tjgb/ndgb/201702/t20170227_369467.html.

［26］2016 年度全省文化发展相关统计报表.（2017－05－18）. http://wht.jiangsu.gov.cn/art/2017/5/18/art_48960_6694023.html.

［27］超级干货｜授权发布《2016 年上海文化产业发展报告》.（2017－02－16）. http://shcci.eastday.com/c/20170216/u1ai10345503.html.

[28]【文创前沿】江苏文化产业：呈现全方位纵深化发展态势.（2017-07-24）. http://www.sohu.com/a/159650773_488939.

[29] 高波，张志鹏. 文化资本：经济增长源泉的一种解释. 南京大学学报（哲学·人文科学·社会科学版），2004（5）.

[30] 融合产业占文创固定资产投资半壁江山. 北京日报，2017-02-27.

[31] 浙江省文化厅 2016 年工作总结.（2017-01-24）. http://zjwh.gov.cn/zwxx/2017-03-20/209637.htm.

[32] 宁夏回族自治区 2016 年国民经济和社会发展统计公报.（2017-05-11）. http://www.tjcn.org/tjgb/30nx/35162_2.html.

[33] 2016 北京文创产业发展：政策利好、营收同比增长 8.5%.（2017-02-24）. http://www.jiemian.com/article/1131971.html.

[34] 江苏省"十二五"时期文化发展情况统计分析. http://wht.jiangsu.gov.cn/art/2016/8/29/art_48958_6381224.html.

[35] 浙江文化产业掘金"万亿" 底气源于满园春色.（2017-08-10）. http://zj.cnr.cn/zjyw/20170810/t20170810_523893920.shtml.

[36] 国家统计局. 2016 年我国文化及相关产业增加值比上年增长 13%.（2017-09-26）. http.//www.stats.gov.cn/tjsj/zxfb/201709/t20170926_1537729.html.

[37] 国家统计局. 2016 年全国规模以上文化及相关产业企业营业收入增长 7.5%.（2017-02-06）. http://www.stats.gov.cn/tjsj/zxfb/201702/t20170206_1459430.html.

[38] 全中看传媒. 2016 年广播影视业创收收入超 1.3 万亿元；数字出版产业去年总收入 5 720 亿元.（2017-07-16）. http://www.sohu.com/a/157644428_481352.

[39] 2016 年我国文化产品出口增长迅速. 光明日报，2017-03-10.

[40] 王帆. 广东文化产业增加值首破 4 000 亿元 连续 14 年居全国之首.（2017-09-26）. http://epaper.21jingji.com/html/2017-09/26/content_71312.htm.

[41] 第九届"全国文化企业 30 强"名单.（2017-05-12）. http://www.ce.cn/culture/gd/201705/12/t20170512_22738843.shtml.

[42] 第四届北京惠民文化消费季落幕 消费金额突破 160 亿元.（2016-12-29）. http://culture.qianlong.com/2016/1229/1263290.shtml.

[43] 2016 年广东文化产业发展再上新台阶.（2017-07-11）. http://www.gdstats.gov.cn/tjzl/tjkx/201707/t20170711_367536.html.

[44] 加大力度补齐文化建设短板 广东朝"文化小康"目标迈进.（2017-04-

23). http://news.ycwb.com/2017-04/23/content_24693832.htm.

[45] 广东文化产业创新发展领跑全国.(2017-05-10). http://gd.people.com.cn/n2/2017/0510/c123932_30163879.html.

[46] 新疆文化产业借“一带一路”再现古丝路辉煌.(2015-12-26). http://www.chinanews.com/cul/2015/12-26/7688898.html.

[47] 乌市文化产业增加值占 GDP 的比重已达到 5.6%. http://www.xjqnpx.com.cn/news/54787.html.

[48] 吉林省 2016 文化产业创意项目路演 22 日举行.(2016-10-24). http://www.jl.xinhuanet.com/2012jlpd/2016-10/24/c_1119770498.htm.

[49] 2016 年西藏文化产业年产值 34.5 亿　同比增长 15%.(2017-03-09). http://www.ocn.com.cn/chanye/201703/reopt09192942.shtml.

[50]“砥砺奋进五年”西藏非遗保护国家级代表性项目已达 89 项.(2017-09-12). http://www.xizang.gov.cn/zwgk/xwfbh/201709/t20170912_143649.html.

[51] 西藏文化产业发展迅速.(2016-09-30). http://www.xinhuanet.com/culture/2016-09/30/c_1119650672.htm.

[52] 第三届中国西藏旅游文化国际博览会闭幕. 中国西藏网,2016-09-17.

[53] 全区各地(市)积极推进大众创业万众创新.(2017-06-06). http://www.tibetsti.gov.cn/article.aspx?cate=3&id=6183.

[54] 高翔,刘海天. 2015 年甘肃文化产业实现增加值 157.09 亿元.(2016-02-20). http://news.ifeng.com/a/20160220/47508236_0.shtml.

[55] 首届丝绸之路(敦煌)国际文化博览会综述. 甘肃日报,2016-11-04.

[56] 庆阳香包民俗文化产业发展(北京)研讨会举行.(2016-06-12). http://www.hsxzf.gov.cn/zssdt/sdt1/lddt3/2016/06/12/1547245988.html.

[57] 宁夏举办中小文化企业投融资路演活动.(2016-11-01). http://www.nxwh.gov.cn/new/wenhuazixun/wenhuasulan/news_8083.html.

[58] 宁夏深入实施文化惠民工程保障群众基本文化权益见实效.(2017-07-20). http://www/mcprc.gov.cn/whzx/qgwhxxlb/nx/201707/t20170720_685613.htm.

图书在版编目（CIP）数据

中国省市文化产业发展指数报告. 2017/彭翊主编. —北京：中国人民大学出版社，2018.12
（中国人民大学研究报告系列）
ISBN 978-7-300-25580-4

Ⅰ.①中… Ⅱ.①彭… Ⅲ.①文化产业-产业发展-指数-研究报告-中国-2017 Ⅳ.①G124

中国版本图书馆 CIP 数据核字（2018）第 031330 号

中国人民大学研究报告系列
中国省市文化产业发展指数报告 2017
主编　彭翊
Zhongguo Shengshi Wenhua Chanye Fazhan Zhishu Baogao 2017

出版发行	中国人民大学出版社			
社　　址	北京中关村大街 31 号	**邮政编码**	100080
电　　话	010－62511242（总编室）		010－62511770（质管部）
	010－82501766（邮购部）		010－62514148（门市部）
	010－62515195（发行公司）		010－62515275（盗版举报）
网　　址	http://www. crup. com. cn		
	http://www. ttrnet. com（人大教研网）		
经　　销	新华书店		
印　　刷	北京玺诚印务有限公司		
规　　格	185 mm×260 mm　16 开本	**版　　次**	2018 年 12 月第 1 版
印　　张	15.5 插页 1	**印　　次**	2018 年 12 月第 1 次印刷
字　　数	282 000	**定　　价**	49.00 元